Grass-roots Governance

杨荣／著

社区权力与基层治理
基于北京市 L 街道的实证研究

Community Power and Grass-roots Governance:
An Empirical Study Based on L Street in Beijing

社会科学文献出版社
SOCIAL SCIENCES ACADEMIC PRESS (CHINA)

前　　言

改革开放以来,特别是20世纪90年代以来,随着城市基层管理体制的变迁和社区建设的不断推进,社区研究成为我国社会科学研究中的"显学"。国内外许多专家学者分别从政治、经济、文化、社会等角度对社区进行了深入的研究,探讨了社区的内涵、外延、构成要素、功能特征、组织结构以及社区居民参与、内部资源整合、发展变迁趋向等。虽然西方专家学者对社区的研究较为深入,并形成了许多理论流派,但西方社区与我国城市基层社区存在很大的差异,对西方社区的剖析和判断在很多情况下并不适用于我国社区。但不可否认,以西方社会学为理论指导,以实证研究为基础,以特定对象为个案,从城市基层管理体制、社区组织结构、社区精英的产生及其角色、社区资源分配、显性权力与隐性权力在社区中的影响等维度出发,分析研究我国城市基层社区的权力结构及其运行机制,无疑是对我国社区研究的丰富和深化,具有重要的理论意义。

社区权力结构及其运行机制研究是社区研究的新视角。权力与政治相联系,研究基层社区权力结构及其运行机制实际上就是研究社区政治。借鉴声望法、决策法、职位法等西方社区权力结构研究方法,对我国一个城市基层街道社区进行实证分析,结合我国城市基层社区行政管理体制、文化传统、社会背景等具体特征,通过问卷、访谈、参与等实证研究,回答"谁在社区行使权力"、"行使哪些权力"以及"如何行使权力"等问题,无疑将为城市社区发展和基层治理提供理论指导。改革开放以来,我国的社区建设和基层治理取得了令人瞩目的成就,促进了社会整合、维护了社会稳定,也成为城市社会管理和公共服务的基础。但一些深层次的矛盾并没有得到根本解决，社区发展仍然面临许多制度性障碍。如何科学规划社区组织、合理设定功能布局、促进居民参与、形成各具特色的社区文化，是当前社区治理需要解决的一项迫切任务。这就要求我们必须对基层社区的组织结构、社区权力架构、社区管理体制和运行机制、社区资源状况、社区权力在不同群体中的分布等问题进行深入研究，进而提出改进社区权力结构的路径和目标。对社区权力结构与运行机制的研究的重要意义还在于：通过实证分析，找出社区内隐形的权力结构或潜在的社区领袖和精英，发掘传统社区权力秩序向现代社区权力秩序转变过程中的影响要素、内在规律及其特征，探讨在国家权力回缩的状态下，社区组织、个人以何种行为方式和互动模式分享让渡出来的社区公共权力。

从实践层面看，对社区权力结构及其运行机制的研究是对转型期中国城市基层管理体制变革路径的一种求解。在一个国家和地区的城市化进程和工业化发展道路上，城市人口的构成及职业分布、基层社会的形态及管理方式、居民的空间流动和职业转换等，都会发生根本性的变革，这就要求城市基层管理体制必须进行相应的变革。街道社区是新中国成立后我国城市管理的基本形式，伴随中国特色市场经济体制的逐步确立和完善，街道社区的内涵和外延都在发生变化：一些新的组织和社会阶层开始涌现，并由此产生了不同的社会需求；社区居民参与社区事务管理的愿望日益强烈；社区资源利用和整合的方式也与以前大不相同；社区的功能更加多样化；等等。为了适应新的制度环境，街道社区的组织设置、管理方式、权力结构、运行机制等也都必须做出相应调整。这些改革措施是否合理、是否与特定情境下的社区内在属性相一致，不仅关系到社区自身的发展，而且也会影响国家政策的执行力，甚至影响到基层社会的整合与稳定。

本书以北京市一个具体的街道社区为研究对象，主要试图回答以下三个问题。一是社区权力的主体包括哪些组织和个人？二是社区权力主体如何获得并行使权力？三是社区权力运行的机制有什么特点？围绕这三个问题，本书聚焦"社区发展决策"和"社区资源分配"两类重要事务，进行深入研究。本书共分八章，主要包括以下内容。

第一章主要介绍社区及社区权力研究的相关背景，属于"导论"性质，重点阐述了社区及社区权力研究的现状以及课题研究的意义，并对国内外相关研究文献进行了梳理。在此基础上，提出本项研究的理论视角、研究框架、研究内容和研究方法，以及个案选择的缘由等。第二章从街居关系切入，重点分析了案例街道的组织结构特点，以及在街道这个科层化的组织中权力的运行和精英分布状况。特别是在街居关系的调整中，街道在社区发展和资源分配、人事安排等方面的权力等。第三章主要研究社区党组织。社区党组织是社区权力的核心，是社区工作的领导力量。社区党组织的组织结构特点以及社区党组织与居委会交叉任职的情况下权力运行的状况直接影响着社区权力的分布。第四章主要研究社区居委会的变化过程。重点分析在社会变迁的背景下，社区居委会如何从松散的团体变成精英联盟，以及社区居委会在社区权力结构中的位置和权力特征。第五章主要研究社区权力结构中的非制度精英，也即业主参加社区权力运行的情况。重点分析了非制度精英的现状和参与社区事务的动机，非制度精英参与社区发展和资源分配的途径等。第六章主要研究社区能人群体在社区权力结构中的角色及作用。重点分析了以楼门组长和党小组长为主体的社区能人产生的背景、分类、在社区权力结构中的位置等。同时，以一个具体的社区服务项目为案例，分析了社区能人群体如何参与社区事务和社区决策，在社区发展中的作用与影响等。第七章主要研究了案例街道社区居委会的总体情况，重点归纳分析了在三类不同社区中，各个权力主体是如何彼此互动，并参与到社区发展和资源分配中来，提出了"类金字塔型""并列有限合作型""核心联盟型"三种不同的权力结构模型。第八章对全书的研究结论做出总结，提出权力主体的状况会影响社区权力结构的形态，同时在社区权力结构中分散着不同类型的社区精英，社区内外环境对于社区权力运行机制产生影响，而且社区权力多在社区日常事务的处理过程中呈现等观点。

社区权力研究是社区研究的新领域，相关研究还需要进一步深化、完善。受水平所限，本书难免存在不足之处，恳请读者批评、指正。笔者将在今后的研究中继续努力！

目　录

第一章　社区与社区权力研究 / 001
第一节　社会变迁中的社区权力研究 / 001
第二节　社区权力研究现状 / 007
第三节　理论视角与方法论选择 / 024

第二章　社区权力的纵向联结：街居关系 / 039
第一节　权随责长：街道办事处的发展与现状 / 039
第二节　权力分解：街道办事处社区管理的新路径 / 054
第三节　权力整合：街居关系调整的新趋势 / 069

第三章　社区权力的政治核心：社区党组织 / 075
第一节　社区党组织的结构与特点 / 075
第二节　决策与资源：社区党组织权力的实际应用 / 080

第四章　社区权力的运行核心：居委会的发展与嬗变 / 085
第一节　居民委员会的变迁与角色 / 085
第二节　从"松散组合"到"精英团队" / 093
第三节　作为社区制度精英的居民委员会 / 098
第四节　社区居委会行使社区权力的方式和途径 / 109

第五章　新的社区权力分享者：业主代表的成长与参与 / 115
  第一节　社区非制度精英的产生与发展 / 115
  第二节　社区资源争夺中的非制度精英 / 123
  第三节　非制度精英与有限社区权力 / 132

第六章　社区权力的非制度参与：社区能人的介入与影响 / 136
  第一节　社区能人的类型、特点及其参与方式 / 136
  第二节　社区能人在社区权力结构中的地位和作用 / 158

第七章　多元社区权力结构的类型与特点 / 169
  第一节　类金字塔型社区权力结构 / 169
  第二节　并列有限合作型社区权力结构 / 175
  第三节　核心联盟型社区权力结构 / 178

第八章　总结与思考 / 187

附录一　北京市基层管理体制的历史变迁 / 193

附录二　社区"优治理"
  ——北京市朝阳区社区治理模式研究 / 206

附录三　访谈提纲 / 239

参考文献 / 243

后　记 / 256

第一章 社区与社区权力研究

社区是社会学研究的重要内容。社区作为社会的组成细胞，是社会发展和社会变迁的晴雨表。社区内部权力结构的组成、运行及其演化不仅体现了社会结构的发展变化，而且反映了社会发展和基层社会治理体制的变迁。改革开放40年来，伴随着经济社会结构的调整和政治体制的改革，我国城市治理方式发生了深刻的变化。与之相适应，我国城市基层社区的变革也是空前的，原有的城市基层社区管理体制和权力结构、运行方式都出现了前所未有的改变，这些改变又反过来影响着我国的社会结构和社会发展。因此，对社区权力结构进行深入研究就成为近些年来社会学研究的一个重要命题。

第一节 社会变迁中的社区权力研究

一 市场经济与社区变迁

20世纪80年代，改革开放政策的全面实施对中国社会的政治、经济、人们日常生活的方方面面都产生了深刻的影响，城市基层社会也在悄悄发生变化。从重建居民委员会到提出社区服务，从社区建设到社区综合发展，从社区管理到基层治理，政府和社会对于基层社区都给予了高度的关注。中国特色社会主义市场经济体制的探索、建立、发展和完善，对城市基层社区管理体制改革提出了新要求。早在1991年，以社区服务发展为基础，民政部就适时提出社区建设的政策，明确了社区建设的目标、意义和内容。自那时起，特别是进入 21 世纪以来，社区服务、社区卫生、社区经济、社区文化、社区安全、社区教育等都被纳入其中，使社区建设的内容不断丰富。在社区建设初期，居民委员会作为基层群众性自治组织所拥有的权力、地位和责任不断得到重视、提高和加强，"自我管理、自我监督、自我教育"功能发挥得非常到位，承担了社区建设的主要任务，在基层社区治理中扮演着相当重要的角色。随着社区建设的逐步深入，社区权力结构呈现分散化、多元化趋势。

在我国市场经济转轨、社会转型的大背景下，原有的单位体制受到冲击并逐渐弱化。最明显的特征是"企业办社会"的模式逐步被淘汰，企事业单位逐渐将自己承担的社会服务和社会保障的职能转移到社会；同时在企业改制的过程中，出现了大量的失业和下岗人员，他们买断工龄或事实上失业后，就回归社会，回到社区。这部分人的生活保障和再就业等问题就需要在社区解决。这使得社区在整合基层社会中的重要性日益突出。社区地位日益提高的另一个原因是人口流动的加剧。一方面是城市内部人员流动频繁，人们不再局限在一个工作岗位；另一方面是大量农村人口向城市流动，许多来自农村的青壮年劳动者来到城市务工、谋生、求学。职业流动、地域流动等对城市基层社区的管理也提出了更高的要求。此外，随着老龄化社会的提早来到，以及我国人口政策导致的家庭结构的单一化都使得社区需要承担家庭的一部分保障功能，比如社区养老、社区照顾等。在这种情况下，社区居民委员会的职能和权责迅速扩充，与街道办事处以及各级政府的关系也变得更为紧密。城市治理的民主化和利益的多元化还导致在社区层面出现了越来越多的各类社会组织，它们也参与到社区建设中来并担任了重要的角色，也可以说在社区权力结构中占有一席之地。这些新的变化和挑战对于原来的以居委会为主体的社区管理体制来说是一个很大的冲击。这就需要在街道和社区层面重新调整和界定社会结构的层次，厘清社区内部不同组织、团体和个人之间的权力关系，引导社区向着更为科学化治理的方向发展。

我国政府和专家学者对于城市基层社区发生的这些变化都十分关注。社区建设可以说就是政府从社区服务入手逐步改革社区管理模式，并将之引向深入的一种探索。通过社区建设，政府不仅改变了社区服务的体制和服务观念，能够满足社区居民的一般生活服务需求，而且以此为契机探索并建立了基层社区管理体制的新模式。专家学者们则从不同的理论视角对发生在基层社区的组织和结构变化进行理论上的阐释。有的以治理理论为视角，在社区层面分析国家和社会的关系；有的以社会资本为切入点，分析社区居民的参与及其对社区治理的价值；还有的从精英理论入手，研究居委会的定位、社区组织的结构和关系；等等。其中也有不少研究者对社区权力结构进行了分析和解释，或者从组织结构和制度建立等方面提出政策建议。这些研究比较侧重于宏观的方面，相较而言，从微观层面开展的以社区权力结构为核心的实证性研究较少。

在对社区权力研究的有关文献进行分析的过程中，笔者发现社区权力结构及其运行机制变化是对国家和社会关系的一个很好的解释。这是因为，权力的结构和运行在基层社区与社区居民、社区组织和各类驻区单位都有着密切的联系，权力的解释和行使、权力和责任的关系、对权力的监督等在社区都会有很生动的表现，而这恰恰反映了国家与社会关系在社区这一平台上的进退、消长。在社区，每一个参与社区事务的人或者组织都是社区权力结构的组成部分，也都在自觉不自觉中分享着社区的权力和资源，他们的行为又反过来会影响社区权力的结构和运行的方式，并且在社区层面形成动态的社区权力的网络。从比较个体和微观实证的角度来研究社区权力结构应当是一个相对较新的视角。

关于社区的定义，目前学术界有上百种观点，但尚未形成共识。德国社会学家滕尼斯最早使用"社区"这一概念，他认为社区是"一种持久的和真正的共同生活，是一种原始的或者天然状态的人的意志的完善的统一体。血缘共同体、地缘共同体和宗教共同体等作为共同体的基本形式，它们不仅仅是各个组成部分加起来的总和，而是有机地浑然生长在一起的整体"[①]。美国芝加哥学派代表人物帕克（Rorbert E. Park）认为，社区的基本特点可以概括为三个：一是有一群按地域组织起来的人群；二是这些人口程度不同

---

① 〔德〕斐迪南·滕尼斯：《共同体与社会》，林荣远译，商务印书馆，1999，"译者前言"第3页。

地深深扎根在他们所生息的那块土地上；三是社区中的每一个人都生活在一种相互依赖的关系之中。① 2000年民政部印发的《关于在全国推进城市社区建设的意见》指出，"社区是指聚居在一定地域范围内的人们所组成的社会生活共同体。目前城市社区的范围，一般是指经过社区体制改革后作了规模调整的居民委员会辖区"。

综合近年来国内外研究成果，成为一个社区，基本上应包括以下要素。一是人口。必须有一定数量的人群，他们以一定的生产关系或社会关系为纽带，参加共同生活。二是地域。虽然并非任何地理空间都是社区，但要成为实体社区则必须具有一定的边界。可以说，地域是社区活动的基本依托，也是分析社区的基础。三是组织结构。社区内人与人之间存在许多共同事务需要处理，社区需要与社区之外的其他社区或者组织协调立场和各种关系，因此管理机构和特定的制度规范是构成社区不可或缺的要素。四是文化认同或是社区归属感。生活在一定区域内的人们，由于有着共同的利益需要维护、有着共同的问题需要解决、有着共同的追求需要奉献力量，因此在情感上和心理上应当对社区具有认同感和归属感。

二 社区权力研究的意义

（一）社区权力研究的理论意义

社区是世界各国社会结构与社会关系的重要组成部分，对社区的研究无疑是国际公认的传统课题。在此背景下，社区已成为多个学科共同进入的一个研究领域。国内外许多专家学者分别从政治、经济、文化、社会等角度对社区进行深入的研究，对社区的内涵、外延、构成要素、功能特征、组织结构以及社区居民参与、内部资源整合、发展变迁趋向等问题进行积极的探讨。西方发达国家对社区的研究较为深入，并形成了有一定影响力的理论流派，成果也较为丰富。由于西方社区与我国社区存在较大差异，对西方社区的剖析和判断在很多情况下并不适用于我国社区，因此对社区居委会权力结构的研究还必须立足于我国社会现状。改革开放以来，特别是20世纪90年

---

① 转引自黎熙元主编《现代社区概论》，中山大学出版社，2007，第1页。

代以来，随着城市基层管理体制的变迁和社区建设的不断推进，社区研究成为我国社会科学研究中的"显学"，陆续涌现出一批多学科研究的成果。对这些研究成果的分析可以发现，以政治学为进路的较多，而以社会学为进路的相对较少。因此，以社会学为理论指导，以实证研究为基础，以特定对象为个案，从城市管理体制、社区组织结构、社区精英的产生及其角色扮演、社区资源分配、显性权力与隐性权力在社区中的影响等角度出发，分析研究我国城市基层社区的权力结构及其运行机制，无疑是对我国社区研究的丰富和深化。

我国的城市社区研究是在社区建设和社区治理的大背景下兴起并逐步发展起来的，研究的内容主要涉及理论分析和实务模式两个层面。从研究的理论视角看，主要来自政治学和社会学，大体可分为三个层次：一是从宏观角度，运用国家与社会关系理论、政府与社区关系理论以及治理理论讨论基层社会管理体制的变迁；二是运用一种"中观理论"[①] 分析社区模式、社区实务和社区发展；三是从相对微观的角度，探讨社区居民的参与意识、社区精神、社区传统以及社区居民的归属感等问题。权力与政治相联系，所以对我国社区权力的研究多数都归入政治学范畴，有学者专门提出了"社区政治学""社区政治发展"等概念。[②] 从社会学的角度研究社区权力结构及其运行机制，尤其是通过实证研究，借鉴西方社区权力结构研究方法来分析我国城市基层社区，具有较强的理论意义。笔者尝试在社区居委会层面，运用声望法、决策法以及职位研究等方法，结合我国社区的行政管理体制、文化传统、社会背景等具体特征，通过访谈、参与等实证研究，回答"谁在社区行使权力"、"行使哪些权力"以及"如何行使权力"等命题。

最近20多年来，我国的社区建设和社区治理取得了令人瞩目的成就，促进了社会整合、维护了社会稳定，也成为城市社会管理和公共服务的基础。但一些深层次的矛盾并没有得到根本解决，社区发展仍然面临许多制度性障碍。如何科学规划社区组织、合理设定功能布局、促进居民参与、形成

---

① 〔美〕罗伯特·金·默顿：《论理论社会学》，何凡兴等译，华夏出版社，1990。
② 王剑敏：《城市社区政治发展》，社会科学文献出版社，2006。

各具特色的社区文化，是摆在社区工作者面前的一项迫切任务。这就要求必须对社区的组织结构、社区权力架构、社区管理体制和运行机制、社区资源状况、社区权力在不同群体中的分布等问题进行深入的研究，进而提出改进社区权力结构（比如在社区管理和社区服务中引入专业社会工作者）的路径、方向和目标。对社区权力结构与运行机制的研究，恰恰能够通过实证的方法，找出社区内隐形的权力结构或潜在的社区领袖和精英，发掘传统社区权力秩序向现代社区权力秩序转变过程中的影响要素、内在规律及其特征，探讨在国家权力回缩的情况下，社区组织、社区居民（个人）以何种行为方式和互动模式分享让渡出来的社区公共权力。

（二）社区权力研究的实践意义

在一个国家和地区的城市化进程和工业化发展道路上，城市人口的构成以及职业分布、基层社会的形态及其管理方式、居民的空间流动和职业转换等，都会发生根本性的变革，这就要求城市基层管理体制必须进行相应的变革。社区居委会是新中国成立后我国城市基层社会管理的基本形式，伴随着中国特色社会主义市场经济体制的逐步确立和完善，社区居委会的内涵和外延都在发生变化：一些新的社会组织和社会阶层开始涌现，并由此产生了不同的社区需求；社区居民参与社区事务管理的愿望日益强烈；社区资源利用和整合的方式也与之前大不相同；社区的功能更加多样化；等等。为了适应新的制度环境，国家对社区居委会的基本性质、功能定位、组织设置、管理方式、权力结构、运行机制等，也都做出了相应的探索和改革。这些改革措施是否合理，是否与特定情境下的社区内在属性相一致，不仅关系到社区自身的发展，而且也会影响国家政策的执行力，甚至影响到基层社会的整合与稳定。因此，社区权力结构及其运行机制的研究对于健全我国基层社会治理体制具有重要的现实意义。

自20世纪90年代城市社区建设在全国逐步推开后，民政部已陆续确立了数十个试验区，由各省（自治区、直辖市）自主建立的省级试验区也已有100多个。这些社区建设试验区在具体实践过程中，基于理解认识、基础条件、工作重点的不同，逐步形成了不同的模式，比较著名的有沈阳模式、江汉模式、青岛模式等。不同的模式都是对社区组织角色和功能定位、社区居民参与、行政权力与自治权力的协调以及社区公共资源分配等问题的不同探索。其目的都是试验在城市基层社会治理中如何合理分配社区权力，并使之形成良性的运行机制。比如，沈阳模式注重对社区组织的划分和对社区功能的定位；武汉的江汉区则以政府九大职能为基点，推出了一系列关于社区组织构成及其权利、责任与义务关系的规定，成为"打破政府对权力和资源的垄断，还权于民"的一面旗帜。[①] 从社会学的理论视野出发，围绕社区权力结构及其运行机制，总结和提炼多年来社区建设实践中形成的规则、模式和内涵，无疑是对社区建设和社区治理成果的一种梳理。

研究社区权力结构，将不仅有助于对社区稀有资源和社区事务的了解，也能使社区决策可以获得充分的认知，这对于解决地方冲突或增加整合，都有实质上的效益，对建构社区权力结构理论，将可能产生更大的包容性和解释力。[②] 因此，以实证方式研究社区权力结构及其运行机制，对于丰富我国社区发展理论，使之更具有解释力，无疑具有重要的意义。

第二节　社区权力研究现状

一　西方视野中的社区权力

社区权力研究在西方的政治学和社会学领域都是一个热门话题，学者们有许多的著述，而且不同研究流派之间的分歧和融合过程也表现得非常明显。

（一）关于社区研究与社区权力研究

社区研究（community study）是社会科学家以社区为单位，对社区居民的群聚行为和组织所做的各种科学的分析与研究。一般来说，社区研究可以分为两个层面，即理论性的研究与行动性的研究。社区权力研究是对社区研究的深化，是更深入的社区研究，在具体研究方法上既涉及理论性的研究，

[①] 何晓玲主编《社区建设：模式与个案》，中国社会出版社，2004，第25页。
[②] 文崇一：《台湾的社区权力结构》，台北：东大图书公司，1989，第2页。

也涉及行动性的研究。

西方学者对社区权力的研究发轫于对社区的认识、理解和研究。社会学者对社区的关注和研究，最早开始于德国社会学家斐迪南·滕尼斯（Ferdinand Tönnies）。他第一次从社会学角度对社区和社会做了较为系统的阐述和分析，认为社区既是社会最简单的形式，又是一种自然状态。他所分析的是传统农业社会的社区，具有成员对本社区有强烈的认同意识、重感情、重传统、彼此比较了解等特征。滕尼斯对社区的认识和理解，虽然仅限于农业社区，也存在很大的片面性，却为后来的社区研究奠定了基础。[①] 除了滕尼斯的开创之作外，后来的社会学家纷纷发表了对社区的看法，提出了社区的定义，据不完全统计，社区的定义有140多种。[②] 社区定义的多种多样说明社区在人们日常生活中的重要性，也说明其在社会学领域内的重要研究地位。在不同时期、不同地点、不同的文化背景下，社区呈现多元且动态的特点。

滕尼斯之后，到20世纪二三十年代，人类学家所从事的一些"田野工作"，被认为是社区研究最初成果的开山之作。这些研究往往与功能主义相结合，又被称为"功能主义社区研究"，也就是研究文化以什么样的方式满足人的基本需要，其基本的"功能"是什么[③]等。从功能主义社区研究开始，社区结构问题逐步进入人们的研究视野。

---

① 〔德〕滕尼斯：《共同体与社会》，林荣远译，商务印书馆，1997。
② 其中比较有代表性的观点有：美国学者考夫曼（Harold F. Kaufman）认为，社区是具有互动性质的概念，强调人们之间的互动和往来；德国著名学者马克斯·韦伯（Max Weber）主要从社会过程和组织社会学的角度来分析城市社区；德国社会学家齐美尔（Georg Simmel）主要从社会心理学的角度来解释城市社区，认为城市社区的性质和特点基本上是从城市环境以及居民的心理经验发展出来的，可以说是环境因素与社区居民互动的结果；美国社会学家帕森斯（Talcott Parsons）从社会结构的观点出发，认为社区是社会的一个基础分析单位，可以表现社会集体现象的某些层面。R.E. 帕克在《城市社会学》一书中指出：社区是"占据在一块被或多或少明确地限定了的地域上的人群汇集"。E.W. 伯吉斯则强调"社区的地域环境"。F.M. 罗吉斯与L.I. 伯德格在《农村社会变迁》一书中指出：社区是一个群体，它由彼此联系、具有共同利益或纽带、具有共同地域的一群人所组成。社区是一种简单群体，其成员之间的关系是建立在地域的基础上的。B. 菲利浦斯在《社会学：从概念到应用》中指出，"社区是居住在某一特定区域的、共同实现多元目标的人所构成的群体。在社区中，每个成员可以过着完整的社会生活"。
③ 卢晖临：《社区研究：源起、问题与新生》，《开放时代》2005年第4期。

从社区的概念、特征、组织到权力结构、运行机制，对社区权力的认识是在对社区研究逐步深入的基础上形成的。在美国早期社会学研究视野中，社区就已经是非常重要的研究内容了。20世纪20~30年代美国的芝加哥学派，就以研究美国芝加哥的都市化过程而著称。该学派以芝加哥为实证研究对象，用以分析都市化过程中美国城市结构变迁的规律。在研究中该学派充分运用了人类生态学理论，这一理论就是在分析社区区位的基础上发展起来的。芝加哥学派的主要代表人物帕克关于社区本质特征的观点，对社区的研究产生了相当大的影响，也促使人们开始关注社区的构成以及社区的权力问题。

1924年，美国学者R.S.林德和H.M.林德夫妇开创了社区研究中以田野调查为基础的实证性全貌研究，他们以美国印第安纳州的一个居民小镇为对象，通过实地调查和参与式观察，详细描述了社区的各个组成部分、各自的功能以及这些不同部分之间的相互关系。林德夫妇的研究成果在1929年出版，即《中镇》一书。[①] 该书从过去35年间可见的行为变化趋势出发，对这个特定的美国社区的现代生活进行了一个全面的、动态的、功能性的研究。研究中，他们运用了一种全新的社区研究方法，即社区综合研究法。在书中，他们用量性和质性相结合的方法，比较全面地描述了这个大约有3.5万名居民的小镇的结构状况和居民生活情状，包括居民的谋生、安家、休闲、教育、社区参与、参加宗教活动等方面的内容，进而结合社区权力，解释了小镇内潜在的各种社会关系。《中镇》成为社区研究的"金字塔"，是社区案例研究的典范。1937年，林德夫妇在对中镇做了追踪调查之后，又出版了《过渡中的中镇》一书，进一步分析了社区结构和权力分布，林德夫妇提出了著名的单一权力结构支配——精英控制模式的观点。这两部著作被认为是美国社会学的经典作品，使用的方法也在欧洲被多次仿效。林德夫妇的系列研究为社区权力研究贡献了理论和方法，成为对小区域社区研究的典范。

---

① 〔美〕罗伯特·S.林德、海伦·梅丽尔·林德：《米德尔顿：当代美国文化研究》，商务印书馆，1999。

（二）关于社区权力的定义、来源及其结构

社区权力自然是指权力在社区这样一个地域范围内的构成、分布及其运行情况。社区权力，包括社区权力的结构及其运行、含义和来源等，都是社会学家和政治学家广泛讨论的内容和话题。其中美国学者的研究成就令人瞩目，这与美国的发展历史有重要的关系。美国社会"是一个移民社会，当初从欧洲移民来的时候，没有政府的帮助，一切都是靠着邻里互助，社区在地方组织中占有重要的地位，许多地方事务都是通过社区组织完成。没有地方政府，也没有家族力量可以依赖"[1]。正是由于社区在美国城市形成及基层社会整合过程中的重要作用，美国学者关于社区组织和社区权力的理论才会随着社会的发展而逐步成熟。当然，还有一个因素就是美国社会学者有着对社区的实证研究传统。对社区的研究必然涉及对社区权力的研究，而对社区的实证研究比较容易深入下去。普瑞斯（Robert Presthus）从政治学的角度来分析社区权力，以社区权力和权力结构为中心，对多元主义理论展开评论。[2] 斯库克（Paul Schumakee）则对社区权力结构、民主形式和多元主义进行了分析。[3] 瓦斯特（Robert J. Waste）"不仅对多元论——精英论的几十年的争论有个评论，而且更希望能为社区权力研究指出一个积极的方向"[4]。柯瑞达（Yasumasa Kuroda）是从政治学的角度对日本 Reed 镇的社区权力结构和政治变迁进行了分析。[5]

关于社区权力的来源有以下这样几种观点。一是来源于组织。美国学者认为，组织是除了人格、财富之外的第三个权力来源。查尔斯·林德布洛姆（Charles Edward Lindblom）就强调，组织既包括政府组织，也包括非政府组织，是一切权力的最终来源。社区权力自然也来源于社区内的各种组织。二

---

[1] 文崇一：《台湾的社区权力结构》，台北：东大图书公司，1989，第287页。
[2] Robert Presthus, *Men at the Top: A Study in Community Power*, New York, Oxford University Press, 1964.
[3] Paul Schumakee, *Critical Pluralism, Democratic Performance, and Community Power*, University Press of Kansas, 1991.
[4] Robert J. Waste, *Community power: Directions for Future Research*, SAGE Publications, 1986.
[5] Yasumasa Kuroda, *Reed Town, Japan: A Study in Community Power Structure and Political Change*, Honolulu, 1974.

是来源于民众。任何一种权力都需要得到民众的支持和认可，因为只有这样权力才具有合法性。三是来源于财力。在很多情况下，财产会与权力相联系，拥有的财产越多，被赋予的权力就越多，这在历史上很常见。同样的，一定的权力也就意味着拥有可以动员和支配一定财力的能力。四是来源于授权。接受政府或其他组织的委托授权也是权力来源的重要渠道之一。五是来源于个人。个人的性格、能力、魅力、行为方式等也会影响一个人的权威，进而影响其拥有的权力。

社区权力结构是指在一个社区中，掌握一定权力的社会组织或个人共同组成的、体现为特定社会关系的网络，他们相互联系在一起，并且通过这种联系来行使和体现各自的权力。也有人认为社区权力结构就是社区决策网络，就是社区中哪些人是真正的当权者，可以参与决策过程和影响社区决策。社区权力的表现形式不一，或者是影响力，即指具有明显或潜在的说服他人的能力，可能存在于正式或非正式的组织中；或者是权威，即指正式组织中的合法权力，不容置疑。[1]

对社区权力结构的研究，美国学者的成果最为丰富。他们通过实证研究，归纳出社区权力结构的四种类型[2]，即金字塔型（pyramidal）、党派型（factional）、联盟型（coalitional）和散漫型（amorphous）。其中，金字塔型还可以分为纵向的复合金字塔式和横向的复合金字塔式两种。前者是指少数人处于社区权力结构的顶端，但他们对权力的行使必须通过中间阶层或多少已经等级化的组织来实现，这些组织各自控制着社区某一方面的活动领域；后者主要强调权力中心不是唯一的。除此之外，一些学者还将社区权力结构划分为单一中心的社区权力结构和多元式社区权力结构。前者是指社区内只有一个权力中心，后者则是指社区内有不止一个权力中心，并且它们在行使各自权力时的边界相对模糊。

（三）多元论和精英论：社区权力的两大理论

社区权力研究最为著名的方法是亨特（Floyd Hunter）的声望研究法、

---

[1] 文崇一：《台湾的社区权力结构》，台北：东大图书公司，1989，第288页。
[2] 文崇一：《台湾的社区权力结构》，台北：东大图书公司，1989，第295页。

达尔（Robert Dahl）的决策研究法以及米尔斯（Peter Mills）的职位研究法。这些方法可以划归为两大主要的理论流派，即精英论和多元论。精英论的代表人物是亨特和米尔斯，多元论的代表人物是达尔。

精英论者认为，社区政治权力掌握在少数社会名流手中，地方重大的政治方案通常由这些精英起决定作用，地方官员给予配合来实现少数人的意志。亨特在20世纪50年代出版了《社区权力结构：决策者研究》一书，提出了社区权力研究的新理论和新方法，即"声望研究法"。"声望研究法"对社区成员的职位层次和决策关系做出假设。亨特认为，亚特兰大市的权力运作掌握在由一帮政治家和商人组成的一个单一的、整合的精英集团手中。亨特的结论是：构成主要商业利益的少数精英占统治地位。

在精英论者看来，社区权力结构有两个特点：一是社区由经济领袖统治；二是极少数真正的领袖掌握着社区机构或组织的正式职位，他们在幕后操纵权力，躲避公众的注意。声望研究法有自己的假定和具体的技术路线，通常通过一步程序或两步程序来完成。① 所谓一步程序，就是由调查员向被调查者提出一些问题，比如"请说出您认为最能影响社区事务意见的5个人的名字"，或是"假如社区有重大的工程，需要大部分居民都能接受的一群领导人来决策，你会选择哪些人组成这个领导集团"。两步程序的主要方法是：先拟定社区各个部门的领导人名单，然后由一些专家或裁决人从名单中选择最有权力的人。亨特就是采用这种方法先后在波普勒村（Poplar Village）和雷吉纳市（Regional City）做了调查。对亨特的社区权力结构研究，学术界有不同的看法和争议。主要的批评意见集中在声望研究法没有测量权力本身，只是对声望的判断，而且没有展示所研究的权力结构。还有一些调查细节方面的缺陷，比如被调查者对权力的理解有可能存在偏差等。也有学者认为，其致命弱点在于他仅使用了一种声望法，让社区名流去确认谁拥有权力，他们挑出来的正是那些与自己非常相似的公众名流，通常还是那

---

① 高鉴国：《美国社区权力结构的研究方法》，《社会》2002年第8期。

些与自己有私交的人。[1] 声望研究法是20世纪50~60年代最常用的研究方法，是对社区权力结构研究的新尝试、新探索。

除声望研究法之外，职位研究法也是精英论者广泛使用的一种研究方法。米尔斯在《权力精英》一书中，分析了社区领袖（通常不仅仅是财富方面的领袖）与其群体其他成员共享的成员关系。[2] 这一方法展现了富有的统治阶级和那些在国家和地方决策过程中握有大权、占据高位的个人的一幅图景。[3] 它通过正式的职位或官职来定义领导人，假定那些在社区主要的社会、经济和政治机构中占据关键职位的人就是社区领导者，那些具有重要和多个官职的人是社区的领导者。这个方法的假定是认为掌握重要的社区资源，包括经济的、政治的和社会的人就等同于掌握领导权。为了准确起见，还有学者利用指数计算，将不同的职位对应不同的分值，每个领导人担任几项不同的职位相加得出一个总分，最高的领导人就是得分最高的人。对于职位研究法的批评观点主要为不能简单地认定在政治、经济和社会领域中职位最高的人就是在决策过程中真正发挥和使用权力的人。此外，他们认为在人口和经济发展条件不一样的社区，这种方法的运用也会产生不同的结果。

美国耶鲁大学政治学系教授罗伯特·达尔等人对声望研究法提出了异议。他们认为精英的多元模式更能反映美国社区的特点。在达尔看来，社区权力直接与决策方法相联系，考察社区权力就必须考察特定事务的决策过程。因此，他们认为社区权力没有固定的模式，而且社区权力总是和具体的事务相联系，并且会随着环境的改变而改变。达尔在1961年出版了专著《谁统治：美国城市中的民主和权力》一书。在书中，他对美国纽黑文市地方政府的决策系统做了实证研究。达尔利用决策研究法，考察了纽黑文市政府三个最主要的领域：城市重建、政治任命和公共教育政策的实际决策过程。达尔认为，社区政治权力分散在多个团体或个人的集合体中，各个群体都有自己的权力中心。对达尔的决策研究法提出的批评意见主要集中在他的

---

[1] 〔澳〕马尔科姆·沃特斯：《现代社会学理论》（第二版），杨善华译，华夏出版社，2000。
[2] 〔美〕米尔斯：《权力精英》，王昆、许荣译，南京大学出版社，2004。
[3] 夏建中：《现代西方城市社区研究的主要理论与方法》，《燕山大学学报》2000年第2期。

研究方法的局限性上。达尔后来又把对社区权力的讨论扩展到有关影响的一些术语，比如控制、影响、权力、权威、支配、劝说、诱导、强制和强力等，同时，他还在影响社区权力变动的因素中增加了强度、分布、领域和范围等概念。

事实上，在研究社区权力结构的具体过程中，很难只强调或只运用其中一种方法。更多的时候，需要几种方法的交替和混合使用。罗伯特·O. 舒尔茨和伦纳德·U. 布卢姆伯格对一个化名"西柏拉"（Cilibola）的小城镇进行研究的时候，就分别使用了声望研究法和职位研究法①，突破了多元论和精英论的畛域限制。综合运用各种研究方法是社会科学研究的一个趋势。比如福瑞门（Linton C. Freeman）等四人在纽约都会区的希瓦口（Syracuse）采用四种方法联合运用，即运用声望（reputation）、社会活动（social activity）、职位（position）、参与（participation）四种方法来研究社区领导人士，最后发现并归类为制度上的领导人士（institutional leaders）、社区事务的活动人员（active worker）、活跃人士（activists）等。

对美国社区权力结构研究进行总结的著作有：克拉克（Terry N. Clark）主编的《社区结构与决策》（Community Structure and Decision-making, 1968）、艾肯与莫特（Michale Aiken and Paul E. Mott）撰写的《社区权力结构》（The Structure Of Community Power, 1970）、波杰等人（C. M. Bonjean, T. C. Clark and R. L. Lineberry）编写的《社区政治：行为的研究》（Community Politics：A behavioral Approach, 1971）等。② 在这些著作中，学者们对几种方法在社区权力研究中的使用频率进行了统计和分析。Walton对61个社区权力研究个案、Curtis和Petras对76个社区研究个案分别统计后发现，从整体上来看，使用声望研究法的人最多，综合法次之。在Walton的分类中，声望法占到44%，综合法占到21%；而在Curtis和Petras的分类中，声望法占40%，综合法占21%③（见表1-1）。

---

① 高鉴国：《美国社区权力结构》，《社会》2002年第8期。
② 转引自文崇一《台湾的社区权力结构》，台北：东大图书公司，1989，第287页。
③ 转引自文崇一《台湾的社区权力结构》，台北：东大图书公司，1989，第294页。

表1-1　社区研究方法统计

单位：个，%

研究者	声望法		决策法		综合法		个例		合计
Walton	27	44	3	5	13	21	18	30	61
Curtis&Petras	30	40	7	9	23	30	16	21	76

资料来源：文崇一：《台湾的社区权力结构》，台北：东大图书公司，1989，第294页。

在20世纪中后期，多元论和精英论在社区权力研究中互不相让，被称为多元论与精英论的"僵局"（impasse）。精英论是一种传统的社区权力结构研究方法，强调社区权力是根据社会经济地位而划分的，由社会阶级所形成。多元论是一种现代的社区权力结构研究方法，认为社区权力是根据社区参与而定，又考虑职业团体而形成。后来的学者一方面对两种理论进行了评估和分析，另一方面也尝试从更宽广的视野来分析研究社区权力。

从20世纪70年代末80年代初开始，多元论和精英论互不相让的局面得到改变，其原因是多方面的。一是新马克思主义理论视角的介入。在社区权力和地方社区权力研究中，马克思主义视角对精英论和多元论都产生了影响，并诱发了学者们新的研究兴趣。二是学者们尝试将两种理论综合起来运用。斯通（C. Stone）在对亚特兰大的研究中，力图将决策方法与职位方法结合起来。三是类型学方法的提出。彼得森（P. Peterson）在社区研究中提出了地方政策的类型学，这对于精英论和多元论都是一个重要的里程碑。彼得森将社区政策划分为四种类型：发展政策、再分配政策、居住政策和组织政策。不同类型的社区政策在实施过程中和社区权力结构的关系疏密度不同，有些政策的执行需要社区精英，有些政策的执行则需要社区不同组织和个人的参与等。无疑，社区政策类型的划分是对社区权力结构研究的又一次深化。

还有一些学者从社会学角度对多元论和精英论的研究方法提出了质疑。巴克拉科和巴拉兹[①]（Peter Bachrach, Morton Baratz）就认为，精英论和多

---

① Bachrach, P. & Baratz, M. Bachrach, *Power and Poverty: Theory and Practice*, Oxford: Oxford University Press, 1970.

元论都是一种不充分的研究思路。他们在 1970 年出版的《权力和贫困》一书中提出了"权力的两面性理论",即权力可以决定某一件事情进入或是被拒绝与政府公共决策有关的主题。① 史蒂文·卢克斯（Steven Lukes）认为,精英论和多元论都没有摆脱韦伯行为取向的权力定义,这种研究路径只是一种单一侧面的研究,他进而提出了权力三个维度的观点。1975 年,牛顿（K. Newton）针对多元论学者认为城市中的各自割裂的小政治场所的存在为小团体的生存提供了便利条件提出反对意见。他认为,这恰好是割断了小团体之间的联系,不利于政治参与。克莱格（Clegg）在卢克斯关于权力三个维度的基础上建立了权力环路（circuit）模型。模型中有骤发性行动要素的权力（episodic agency power）,有处置性权力（dispositional power）,也有便利性权力（facilitative power）。基思·道丁（Keith Dowding）认为多元主义和精英主义关于权力的争论中存在的一大问题就是缺乏证据②。约翰·斯科特（John Scott）对于权力研究的声誉、结构和决策这三个路径进行了分析和整理（见表 1-2）。

表 1-2 研究传统和研究方法

研究传统	偏好的研究方法			
	范例研究	资料收集	资料分析	分析对象
声誉的	亨特	专家意见,访谈	投票,排名,评测	权力的印象
结构的	米尔	文件	频率分布,社会网络分析	权力的位置
决策的	达尔	观察、访谈	政策结果	权力的代理人

资料来源:《布莱克维尔政治社会学指南》,浙江人民出版社,2007,第 86 页。

除了从多元论和精英论的视角研究社区权力外,社会冲突论也是研究社区权力的一个理论构架。冲突论的代表人物是德国社会学家达伦多夫和美国社会学家科塞,他们认为社会体系是各个部分被矛盾地连接在一起的一个整

---

① 陈薇:《城市社区权力秩序研究的回顾与展望》,《兰州学刊》2008 年第 8 期。
② 凯特·纳什、阿兰·斯科特:《布莱克维尔政治社会学指南》,李雪、吴玉鑫、赵蔚译,浙江人民出版社,2007。

体，其过程不是均衡的状态，任何社会成员都在为权力的分配和再分配进行斗争，一切复杂的社会组织都建立在权力分配的基础之上。人们对于权力再分配的欲望是无止境的，围绕权力所进行的斗争也是持续不断的，由此造成的社会冲突是社会内部固有的现象。

总之，社会学家关于权力认识的逐步深化对社区权力研究的方法论产生了重要影响。国外社会学界关于权力和社区权力的研究思路和研究方法对于我国的社区权力研究具有重要的借鉴意义。

二 我国学者对社区权力的认识

国内学者对社区权力的认识和研究大多结合我国社区建设过程中积累的一些成果展开，虽然还没有形成成熟的理论和研究方法，但是也显现出其研究的独特价值。

（一）社区研究的兴起及早期认识

早在20世纪30年代，以吴文藻为代表的我国早期社会学家，受到英国功能主义人类学和美国芝加哥学派的深刻影响，致力于用西方的社区理论研究中国的社区问题，并着手建构中国社区研究的理论和方法体系。因而，我国早期的社区研究具有深厚的文化人类学色彩，往往采用一种整体主义（holistic）的方法，对于一个小而周全的社会单位进行详细的描述，意在分析全盘的文化形态。[1] 最典型的代表著作莫过于费孝通的《江村经济》《禄田农村》等。[2] 1944年商务印书馆出版了蒋旨昂的《战时的乡村社区政治》，这本书也成为社区研究的力作。

"社区"一词在20世纪30年代被引入中国后，就以其强大的包容性和宽大的解释力，成为我国早期社会人类学家观察社会的新视角。[3] "从社区着眼，来观察社会，了解社会……社区乃是一地人民实际生活的具体表词，

---

[1] 卢晖临：《社区研究：源起、问题与新生》，《开放时代》2005年第4期。
[2] 这一时期比较著名的社区研究著作还有林耀华的《金翼》《凉山夷家》、张之毅的《易村手工业》、费孝通与王同惠合著的《花篮瑶社会组织》。
[3] 王铭铭：《小地方与大社会——中国社会的社区观察》，《社会学研究》1997年第1期。

它有物质的基础,是可以观察的。"① 如果从社会学的角度看,社区是介于小家庭和大社会的一个环节,社会中的各种社会关系和社会问题都可以在社区中得到反映。正因如此,我国早期社会学家都将社区视为观察社会、进行调查研究的一个很恰当的平台,并且早期的社会学家关注的重点是农村社区。

(二) 社区建设背景下的社区研究

改革开放以来,社区引起了我国学者们的广泛兴趣,成为社会学、人类学、政治学、经济学等众多学科的研究热点。社区的概念逐步由学术走向世俗,为社会大众所接受。社区被关注,是因为社区与社会、社区与市场、社区与国家的关系逐渐显露,社区发展在社会生活与国家发展中扮演着越来越重要的角色,"微不足道的小社区已处于社会经济政策议程和国家发展战略的中心"。② 社区研究繁荣局面的出现是从20世纪90年代末开始的,尽管民政部早在20世纪80年代中期就提出了社区服务和社区建设的概念,但直到2000年11月中共中央转发《民政部关于在全国推进社区建设的意见》(以下简称《意见》),社区研究的"显学"地位才得以确立。民政部在该《意见》中提出了城市社区发展的主要目标:适应城市现代化要求,加强社区党组织和社区居民自治组织建设,建立以地域性为特征、以认同感为纽带的新型社区,构建新的社区组织体系;以拓展社区服务为龙头,不断丰富社区建设内容,增加服务项目,促进社区服务网络化和产业化,努力提高居民生活质量,不断满足人民群众日趋增长的物质文化需要;加强社区管理,理顺社区关系,完善社区功能,改革城市基层管理体制,建立与社会主义市场经济相适应的社区管理体制和运行机制;坚持政府指导和社会共同参与相结合,充分发挥社区力量,合理配置社区资源,大力发展社区事业,努力建设新型现代化社区;等等。从这些目标看,社区建设不仅仅是对传统社区服务内容的大幅度扩充,而且也是城市基层管理体制的重大变革,是为了实现从计划经济下的"单位体制"向过渡期的"街居体制",再向"社区体制"的转变。这个转变对于社区权力结构

---

① 吴文藻:《现代社区实地研究的意义和功用》,《社会研究》1935 年第 66 期。
② 刘继同:《国家话语与社区实践:中国城市社区建设目标解读》,《社会学》(人大报刊复印资料) 2003 年第 8 期。

和运行机制无疑将会产生重要影响。说社区建设推动了我国的社区研究，一点都不为过。在中国知网上以主题词"社区"搜索，从1990年到2016年底，论文数量已经超过25万篇。在这些浩繁的文章中，学者们从各个侧面对社区进行了全方位的研究。总的说来，我国学者对社区的研究主要集中在对社区结构、功能以及关系整合的探讨三个方面。其中关于社区结构的变迁主要突出了国家和社会关系的重构；社区功能的培育则主要侧重公民社会的发育和社区治理的兴起；对社区内部关系的整合主要表现在社区的阶层化和社会资本的重建上。也有学者对社区理论和社区实务分别进行了回顾，如对近年来社区发展的基本脉络和社区研究理论框架的演变进行综述，① 以及对于20年来中国城市社区实务的模式研究等。②

（三）我国社区权力研究的主要特点

我国学者对于社区权力的研究近些年来成果不少，从权力研究的范式到权力秩序、组织、结构的研究，都有新的理论贡献，主要表现在四个方面。

一是从理论上对西方社区权力研究的分析和综述。美国的社区权力研究成果丰富，许多学者对多元论和精英论以及声望法和决策法等理论框架和研究方法进行了详细的解释和分析。③ 在总结西方社区权力研究的过程中，他们对其理论视野和研究方法进行了反思，并指出其不足之处。

二是对实践中社区权力结构变化的特点和运行机制进行了总结。一大批学者对社区建设开展十几年来所形成的实践经验和模式进行了总结和提升。他们对民政部在全国设立的数十个试验区进行了跟踪式、参与式研究，积极探索社区发展和城市基层社会管理的新路径。对各地在社区建设实践中逐步形成的江汉模式、沈阳模式、青岛模式等，学者们进行了基于个案的实证研

---

① 姜振华、胡鸿保：《近十年来中国城市社区研究的理论视野》，《中国青年政治学院学报》2005年第6期。
② 刘继同：《中国城市社区实务模式研究》，《学术论坛》2003年第4期。
③ 相关研究参见高鉴国《美国社区权力结构的研究方法》，《社会》2002年第8期；夏建中《国外社会学关于城市社区权力的界定》，《江海学刊》2001第5期；《现代西方城市社区研究的主要理论与方法》，《社会学》（人大报刊复印资料）2000年第8期；朱琦《社区结构与权力分布》，《社会》2002年第7期。

究，分析社区权力结构的新形式和运行模式。① 他们的研究，尽管大都是从政治学角度出发，但也都为我国社区权力研究提供了丰富的本土素材。

三是特别关注社区权力研究的视角和范式的多元化。不少学者运用"国家—社会"的分析框架对城市基层社会展开研究，取得了丰富的成果。张虎祥认为，我国学术界对于社区权力秩序的研究主要集中在宏观和中观层面。他认为，宏观层面主要是研究国家和社会关系视野下的社区权力格局，而中观层面的制度则与此相联系，体现为城市社区中的一整套组织与制度架构的变化等。② 朱健刚从探讨国家和社会的关系出发，通过对上海一个街区权力结构的分析，提出了城市社区的权力变迁路径。他认为自20世纪90年代以来，随着社区体制改革的深入和党政组织功能的调整，街区内的组织网络从一叠走向"三叠组织网络"：第一叠是党组织网络，第二叠是行政权力网络，第三叠是由街道办事处牵头，各种非行政的社会组织构成的地方性权力网络。朱健刚认为，从基层社会的角度透视国家和社会的关系，国家与社会正朝着强国家和强社会的方向发展。也有学者从中观的社会制度和社会政策入手，分析我国社区建设存在的问题，并提出了改进的制度设计或对策建议。③ 赵孟营在对我国社区建设现状分析的基础上提出了我国城市社区建设的双重目标模式：善治和社会资本的重建。还有学者从微观角度出发，探索社区内部的组织变化和居民参与状况。④ 也有学者从治理理论的角度出发，分析社区内部的多元权力结构，对社区党组织、政府组织、非营利组织、市场组织以及居民个人和自组织之间的关系进行分析，提出在多元权力结构中要互相依赖，又职责分明，在彼此合作的基础上达到善治。⑤

---

① 陈伟东：《城市基层社会管理体制变迁：单位管理模式转向社区治理模式——武汉市江汉区社区建设目标模式、制度创新及可行性研究》，《理论月刊》2002年第12期。林尚立：《社区：中国政治建设的战略性空间》，《毛泽东邓小平理论研究》2002年第2期。
② 张虎祥：《社区治理与权力秩序的重构》，上海大学博士学位论文，2005。
③ 朱健刚：《城市街区的权力变迁：强国家与强社会模式》，《战略与管理》1997年第4期。
④ 赵孟营、王思斌：《走向善治与重建社会资本——中国城市社区建设目标模式的理论分析》，《江苏社会科学》2001年第4期。
⑤ 张洪武：《论社区治理中的多元权力互动》，《广东行政学院学报》2005年第2期。

在"国家—社会"的分析范式之外,有研究者提出"行动者—空间"的分析框架。桂勇从行动者的视角提出了新的可能的分析框架,他认为应当把社区工作各个不同的行动者引入分析模式之中,把分析聚焦的中心放到"行动者—空间"这一关系结构上来。[1] 社区空间的变迁也是社区权力的象征,通过研究社区空间进而研究社区权力的变化是一个比较新的研究视角。在朝代更替以及国家体制变化中,传统精英、政治精英、经济精英分别出现在中国城乡社区的舞台上,对社区权力结构中"精英"变迁的研究是分析社区权力分布的另一个视角。[2] 而从中国日常社会的角度出发,权力和人情、面子等形成了以权力运作为中心的解释框架。[3] 社区公共权力探索了社会、市场、政府三种权力在资源配置方面的分配和此消彼长。[4] 这些研究大多将我国目前的社会结构和社会发展的特点,以及与社区内部的组织结构与制度的关系结合起来分析。

结合我国单位制改革,李路路、李汉林两位学者对权力进行了新的定义:在占有、分配单位中的各种机会和资源的过程中,能够顺利地贯彻自己意志的能力,也就是说权力是对资源的支配和调动。个人权力地位主要是指个人在单位组织结构中的位置,这种位置往往是和资源占有及影响他人的能力直接联系在一起的。[5] 他们关于权力的定义也常常被引入对城市社区的研究中。因为从"单位制"向"社区制"的转变,实质上是机会和资源分配方式的变化。

四是从社区内部各类组织关系入手分析社区权力秩序的变化。在计划经济时代,在街道社区中,一般的社区组织就是居委会和一些闲散的居民兴趣组织,权力的运行方向和模式是单一的、清晰的。随着单位体制的改革、人口流动的加剧、住房私有化的出现以及城市基层管理体制的变迁,基层社区

---

[1] 桂勇:《略论城市基层民主发展的可能及其实现途径——以上海市为例》,《华中科技大学学报》(社会科学版) 2001 年第 1 期。
[2] 朱琦:《社区结构与权力分布》,《社会》2002 年第 7 期。
[3] 翟学伟:《人情、面子与权力的再生产》,北京大学出版社,2004。
[4] 吴金业:《社区公共权力:理论框架、现实问题及对策》,《河北学刊》2003 年第 9 期。
[5] 李路路、李汉林:《中国的单位组织:资源、权力与交换》,浙江人民出版社,2000,第 93 页。

出现了不同性质的各类组织，除居民委员会之外，还出现了代表业主利益的业主委员会和对社区进行管理和服务的商业组织、物业公司，各类非政府组织也开始介入社区事务。这些组织构成了社区权力的新网络。当它们都需要参与到社区事务，并享有和分配社区资源的时候，这些组织之间的沟通、交流和互动必然为社区权力结构及其运行机制带来新的变化。李友梅将居民委员会（或社区委员会）、业主委员会和物业公司的关系结构形容为"三驾马车"，并认为党支部与这个"三驾马车"的关系是形式上的科层关系。[①] 在社区层面，社区党支部、社区居委会以及物业公司之间的矛盾关系到社区自治的成功与否。[②] 张磊等人认为物业公司运作实质上是从国家中分离出来的新公共空间，体现的是国家权力过度化与社会权力不足之间的张力。[③] 在国家让渡出来的社区公共权力的空间中，政府、社区组织和社区成员需要在社区建设中形成优化配置。同时，在社区正式组织内外还有可能形成以营造社会资本为目的的隐性权力网络。[④] 城市权力结构的未来发展将是一种多元化、开放型的，突出政党权力、限制行政权力、发挥社会权力，三种权力在社区层面达到一种均衡的状态。[⑤] 也有人认为，我国目前存在的社区权力结构多元模式中，政府权力与社区公共权力处于不平衡的状态，需要进一步整合。在社区层面，人们因为权力的基础不同，会出现竞争、合作、妥协等关系，这些都是深层次权力关系在基层社区的表现。[⑥]

　　需要特别指出的是，台湾学者一方面学习和借鉴了美国社区权力研究的方法，另一方面结合台湾的政治文化特质，对台湾的社区权力结构进行了深入研究。由于港台与大陆同根同宗，在文化上具有同源性，其研究成果对大陆而言更具有借鉴意义。台湾学者文崇一认为，台湾传统的文化特质，如聚族而居的习惯、深厚的人情和特殊关系取向、功利性的人生观、尊重政治地位和财富等，都会对社区权力关系和结构产生影响。台湾岛内进行的选举活

[①] 李友梅：《城市基层社会的深层权力秩序》，《江苏社会科学》2003年第6期。
[②] 徐晓军：《城市社区自治：权力矛盾及其协调》，《广东社会科学》2005年第1期。
[③] 张磊、刘丽敏：《物业运作：从国家中分离出来的新公共空间》，《社会》2005年第1期。
[④] 李泽才：《一个基层社区的隐性权力网络与社会结构》，《南京社会科学》2004年第1期。
[⑤] 曹广存、刘钰、曹春梅：《城市社区管理主体权力的协调》，《城市问题》2006年第8期。
[⑥] 李友梅：《城市基层社会的深层权力秩序》，《江苏社会科学》2003年第6期。

动，不仅加强了地方派系的整合或冲突，而且也肯定会改变社区权力结构及其运行方式。在《台湾的社区权力结构》一书中，文崇一选取了城市社区、乡村社区、工业社区、郊区和山地社区等不同类型的社区进行社区权力结构的研究，分别从群体、社区权力人物、社会关系等角度分析了社区权力结构，并对台湾基层城乡社区的权力变迁路径和运行状况进行了精致地分析。在研究方法的运用上也有不同，有的是个案分析，有的则是综合研究方法。从社区发展和社区工作的角度出发，有的台湾学者认为社区权力结构更多体现在社区精英的产生以及介入社区事务的方式和力度上，同时社区权力结构可以分成众星拱月型、合作联盟型、势单力薄型等几类。不同类型的权力结构对于社区发展会产生不同的影响。[①] 有时社区权力结构就是指社区中决策人士或领导人士权力的分配状态。[②] 从社区变迁的角度来说，传统的社区权力结构是一种精英式的，依照经济地位而分，由社会阶级所形成，权力分配不均，常被少数上层阶级所操控，这种将所有权力集中在少数或者一个人手里的分配状态，称为"集权"。而现代社区权力结构则是一种多元式、依照社会参与而定的，常由多元之政治以及职业团体构成，这种将权力分散在多数人手中的分布状态，称为"分权"。

以上整理了我国学者对社区权力研究的现状，归结起来，有以下几个特点。一是国家与社会关系范式下的社区研究虽然是热点，也取得了一定的成果，但是理论视角没有新的突破。社区研究不仅要考虑宏观的国家—社会关系在社区层面相遇的问题，也要考虑社区组织和居民在社区发展中的互动和行为方式，同时还要考虑社区层面的权力运行和流动对社区组织和社区居民产生的影响。二是没有形成有特色的社区权力研究理论框架和概念体系。这些研究多数是在固有的研究范式中寻找可以用来分析的概念，忽视了我国自有的、具体的社区发展轨迹和特点。当然，也就削弱了理论对于现实的解释和指导意义。三是研究方法上的创新不多。无论是西方的精英论还是多元论，都有相配套的声望研究法、决策法或是职位法，

---

① 詹秀员：《社区权力与社区发展功能》，台北：台湾洪业文化事业公司，2002。
② 徐震：《社区发展：方法与研究》，台北：中国文化大学出版部，1985。

理论和方法相结合形成完整的研究体系。我国的社区权力研究还停留在理论研究和对概念的解析上，既缺乏测量权力的指标体系，也缺乏衡量权力运行的行之有效的方法。

第三节　理论视角与方法论选择

一　理论视角与基本概念

理论工具和研究方法的选择是开展一项社会学研究的基础，对社区权力的研究也不例外。社区权力结构和运行机制体现为社区权力的分布状态和社区内各种资源及要素的配置、流动的形态，体现为不同权力主体间的互动关系，体现为"事件"发生时行动者复杂多变的行为方式。

（一）理论视角

理论视角是社会学研究中分析问题的工具。从西方社区权力研究的发展过程来看，精英理论和多元理论是最主要的理论分析视角。其中，精英理论强调社区政治权力掌握在少数社会名流手中，地方重大政治方案的制定通常由这些精英起决定作用。多元理论则强调，社区权力并不是集中在某些少数人手中，而是分散在多个团体和个人的集合体中。"各个群体都有自己的权力中心，地方官员也有自己的独立地位；官员要向选民负责，所以选民也有权力，他们以投票来控制政治家。"[①] 多元论的代表人物达尔（Dahl）指出：任何人拥有权力资源而不去使用的话，不能算是权力；权力不仅仅是声望，还要有行动的实权。他主张用"决策法"来考察谁在重大的社区政策制定和实施中参与实际决策，并由此认定其权力拥有的状况。

精英理论和多元理论都曾经受到学术界的追捧，也都受到过质疑，但他们的学术成就是显而易见的。精英理论关于社区权力代理人的观点和多元理论通过决策过程考察权力过程的观点，对研究当代中国社区权力结构都具有

---

① 何艳玲：《城市的政治逻辑：国外城市权力结构研究述评》，《中山大学学报》（社会科学版）2008年第5期。

重大的启发意义。但是国外的研究基本上属于宏观层面研究，所探讨的过程－事件也都与西方政治形态息息相关。此外，他们虽然试图通过决策过程或者是声望评价来揭示社区内在的权力秩序，但这种秩序在他们看来又是静态的、相对稳定的，是一种结构化的存在。[①] 事实上，社区权力是一种静态与动态的结合，是一种不同行动者之间的有机互动，是一个生动而富有变化的过程。在研究社区权力结构时，既要注重宏观和微观的结合，又要注重社会背景和制度环境的影响。运用精英论或多元论视角对我国社区权力进行精细分析的论著尚不多见，也可以说，国内对于西方这两种传统的社区权力研究视角，宏观介绍的多，运用分析的少。运用西方传统社区权力研究视角和研究方法，分析当代中国社区权力结构及其运行方式，正是笔者试图努力的一个方向。

在理论视角的选择上，笔者将以多元理论为主，同时兼顾近年来最新的理论成果，比如治理理论、社会资本等，通过适度修正，努力避免多元理论的内在缺陷。[②] 选择多元理论作为分析视角，笔者主要基于以下考虑。第一，居委会是一个基层群众性自治社区组织。在一个自治体内，权力的行使不太可能集中在某些"精英"手中，离散性多中心权力布局更为合理。第二，社区政策的实施离不开居民群众的广泛参与。与城市型社区政策的实施不同，居委会范围内的社区政策与居民利益息息相关，离开社区居民的参与，社区政策将成为空中楼阁。第三，社区决策是展示权力分布及其运行过程的重要工具。通过对事件－过程的叙述，分析、展示社区决策过程，这实际上就是多元理论的运用。第四，多元理论是建立在对精英理论批判基础之上的，其解释力和理论的包容性也更强。

从多元理论视角出发，笔者在分析权力在社区层面的分布和运行的同时，将会关注这些不同权力主体的特征，这就决定了本书的研究视野既有"面"也有"点"的特点。"面"指的是在社区层面上权力主体的互动，"点"指的是社区内部存在的不同类型的权力精英和权力群体。此外，笔者

---

① 张虎祥：《社区治理与权力秩序的重构》，上海大学博士学位论文，2005。
② 多元理论的内在缺陷是：强调权力分布在不同组织中，却忽视了在不同组织中决策的实施是依靠一小部分人。

还将在本书中探讨不同社区权力主体的存在形式及其在社区权力结构中的位置，分析社区不同类型精英在社区权力结构中的作用和对于多元权力分布的影响。

与理论视角的选择相联系，笔者在研究方法的选择上将主要运用决策法来检测社区权力的分布，同时运用声望法和职位法来分析社区精英的真实身份以及参与社区权力的途径，并由此展示居委会社区真实的权力结构与运行机制。

（二）基本概念

概念存在于我们的思想中，可以协助我们更好地把握和理解现实状况。概念体系是一系列具有相同指向的概念的集合体。概念是一种理论的基本要素，离开概念的界定，就不可能解释清楚我们所从事的研究，以及研究的总体情况。因此，在开展研究之前，必须对相关概念进行界定和澄清。

社区（community）：是本书所使用的基础性概念。在希腊语中，社区有"友谊"或者"团体"的意思。在滕尼斯看来，社区是基于亲族血缘关系而结成的社会联合。在这个社会联合中，情感的、自然的意志占优势，个人的或是个体的意志被感情的、共同的意志所抑制。这就是礼俗社会，也就是社区。关于社区的要素，有学者提出"人、地理位置、社会互动、共同情感"是社区概念的四大基本要素，其中人是构成社区的主要因素，居民的特点会影响社区社会现象。

本书所采用的社区概念是指由一定数量居民组成的、具有内在互动关系与文化维系力的地域性生活共同体；地域、人口、组织结构和文化认同是构成社区的基本要素。基于此，笔者将研究的社区界定为街道办事处所辖的居民委员会社区，所研究的社区权力结构及其运行机制包括居委会社区内部、居委会社区与街道办事处，以及居委会社区与其外部其他社会组织之间的权力关系。[①]

---

① 关于社区定位在街道还是居民委员会层面，学者们有不同的看法。实践中多数地方谈到的社区是指居委会社区，上海等地则是指街道办事处所辖范围。从学术意义上看，两者皆可。笔者将社区定位于居委会，重在以居委会为核心，探讨其在城市基层社区权力中的分布及运行。

权力（power）：是政治科学和社会学研究所使用的核心概念之一。无论是在制度（制度可以看成是监控权力的一种机制，同时也是赋予行动者行动能力的一种设置）分析，还是在政策开发和实施当中，权力都是相当重要的概念。这是因为社会是由多重交叠和交错的社会空间网络构成的，权力则是构成这个网络的关键。皮埃尔·布迪厄（Pierre Bourdieu）的场域理论认为，权力场域（the field of power）是最重要的场域，类似于"元场域"，在所有的场域中起着分化和斗争的组织原则的作用。[1] 彼得·布劳（Peter Blau）在他的名著《社会生活中的交换与权力》中提出，权力是个人或者群体置对立于不顾，以终止有规律的供给报酬的形式或者以进行惩罚相威慑将其意志强加于他人之上的能力。权力也可能以人的规范性义务或责任为基础，依靠威望将自己的意志强加于他人。布劳认为，权威是权力的合法化，它更多地体现出受权力控制的人对权力拥有者的赞美和承认。美国学者亨廷顿则从文明冲突与秩序重建的角度进行分析，认为权力是一个人或群体改变另一个人或群体行为的能力。由于个人行为可以通过指导、强制或者告诫加以改变，因而权力的行使者必须具有经济、军事、制度、人口、政治、技术、社会或其他方面的资源，从而具有相应的能力。同样的，一个国家或者群体的权力通常通过衡量它所支配的资源同其企图影响的其他国家或群体所支配的资源的对比来估价。[2]

社区权力除了"权力"概念所拥有的一般内涵和特征外，还特指权力在社区层面的构成和运行。因此，社区权力是指权力主体在社区层面参与社区发展决策、介入社区资源整合与分配、影响社区发展方向的能力。在表现形式上，社区权力较多表现为权威、威信、说服力、影响力等柔性形式，而非命令、强制等硬性形式。

社区发展（community development）：指社区居民在政府机构的支持下，充分发挥社区居民的自发、自动、自助、自治精神，利用社区资源或外在资源，有目标、有计划地引导社会变迁，以改善社区居民的生活条件，解决相

---

[1] 〔美〕戴维·斯沃茨：《文化与权力：布尔迪厄的社会学》，陶东风译，上海译文出版社，2006。
[2] 〔美〕塞缪尔·亨廷顿：《文明的冲突与世界秩序的重建》，新华出版社，1997，第78页。

关社会问题，提高社区福利的过程。最早提出社区发展概念的是美国社会学家 F. 法林顿（F. Farlinton）。1915 年，他在《社区发展：将小城镇建成更适合生活和经营的地方》一书中首先使用了社区发展的概念。1960 年，联合国在《社区发展与经济发展》一文中指出，社区发展指"一种过程，即由人民以自己的努力与政府当局配合，去改善社区的经济、社会、文化环境。在这一过程中包括两个基本要素：一是由人民自己参加自己创造，以努力改进其生活水准；二是由政府以技术协助或其他服务，助其发挥更有效的自觉、自助、自动、自发与自治"。社区发展的概念可以从社区体系、社会冲突、社会场域三个视角去理解。[①] 在当前我国城市社区研究中，社区发展指的是在政府的积极推动和支持下，社区居民和社区组织积极参与社区事务，整合和利用社区资源，分享社区发展成果的过程。

精英（elite）：精英是社区权力结构研究中常用的概念。帕累托（V. Pareto）指出，社会上杰出的人才，有广义和狭义之分。前者指的是在全部活动部门的指数最高的人，后者指处于特殊地位的统治者。精英理论的奠基者意大利政治社会学家莫斯卡（G. Mosca）认为，精英的品格会根据一个社会的需要和规则而变化。不管是在一个权力自上而下授予的专制社会，还是自下而上授予的民主社会，总是精英在统治着。米尔斯在《权力精英》一书中指出，权力精英就是那些能做出具有重要影响的决定的人，那些处于可以改变一般人的一般环境的位置的人。

社区精英是指在社区事务中处于领导地位的人，也被称为社区领袖。随着时代的变迁和社会体制的变革，社区精英的产生和表现也呈现不同的形态。在中国晚清之前的乡村社区，乡绅拥有绝对的权威，具有极大的权威合法性，被称为社会精英或是地方精英。在新中国成立后的乡村社会，国家的行政权力通过政治运动进行强有力的渗透，政治精英占据了主导地位。改革开放后的农村，先富起来的人成为"能人"类的"经济精英"。随着经济体制改革的深入，乡村的权力结构发生变化，形成了以村民委员会成员为代表

[①] 夏学銮：《社区发展的理论探讨》，《社区建设理论与实践》，北京出版社，2001，第 97 页。在这篇文章中，作者还介绍了社区发展的实践起源、各种学说、价值观念、机制原理等。

的政治精英、以乡镇企业家为代表的经济精英、以家族为代表的传统社会精英和其他为社区成员操办红白喜事的新型社会精英"多元共存"的局面。① 相对于农村社区精英的多元发展状态，城市社区精英却因为城市一直以来都处在国家权力的绝对控制之下而发展缓慢。在单位制盛行的时代，单位是城市人参与社会和经济活动的主要场所。那时社区组织没有形成，社区意识淡漠，参与的社区活动少之又少，城市社区的精英一直处于离散的状态，没有形成明显的群体特征。

随着社区建设的深入推进，城市社区内的体制精英和非体制精英都得到了较快发展。在现有合法的社区治理体系中，体制精英处于核心位置，且呈现组织化的、层级结构的特征，通常由最具影响力的核心精英主导社区决策，再由中低阶层精英执行之。② 非体制精英则游离于法定社区治理体系之外，当有重大社区事务发生时才会现身。根据其产生形态的不同，社区精英可分为以下三种类型。一是草根性领袖，也称为自任领袖或非正式领袖。这些领袖具有群众基础，能够得到社区居民的拥护和认同。这些人的知识、能力和见解都比一般居民程度要高。在某一社区中，各类居民自组织、团体、协会的领导人都属于草根性领袖。二是制度性领袖，是按照社会团体组织规则与制度规定的程序而产生的领袖。主要包括社区委员会的主任、基层党组织的书记等。其权力主要来源于制度赋予，在开展工作时更加方便和有效。三是权力优秀分子，主要是指社区内部的掌握充分权力资源的少数人，这些人有经济或者政治方面的实力。比如居住在社区内的退休政府官员、企业经理、人大代表、社会名流等。这些人的潜在权力得到居民的认同，也同样具有影响力和说服力。以上三种类型是对社区精英（领袖）的分类。在社区发展中，三类不同的精英各自发挥着不同程度的影响力，在参与社区发展决策中所处的位置不同，行使的权力也不相同。

社区资源（community resources）：资源是一个含义广泛的概念，与人类生活相关的各种物质和非物质的生产资料都可称为资源。社会资源是指整个

---

① 朱琦：《社区结构与权力分布》，《社会》2002年第7期。
② 詹秀员：《社区权力与社区发展功能》，台北：洪业文化事业公司，2002，第102页。

社会所拥有的资源，包括自然资源、人力资源、财力资源以及人类通过劳动创造出来的任何物质产品。社区资源从本质上说是社会资源的一种，但是社区资源特指能够为一个特定的社区所掌握、支配、动员的特定的社会资源。[①] 社区资源是社区生存和发展的基础，既包括自然资源、人力资源和组织资源，也包括社区财力资源和文化资源等。社区的分布和类型不同，社区资源的种类和拥有量也不同。这是因为，一方面社区居民的需求和对资源的使用方式在不断发生变化，另一方面随着科学技术的发展，人们也在不断开发和发现更多社区可以使用的资源。社区资源的拥有量是社区进步程度的标志之一。社区资源是社区工作者开展工作、推动社区进步的重要因素，充分利用社区资源的途径就是资源的有效整合。社区资源的整合程度体现在社区生活服务设施的开发利用情况、社区内企事业单位文体活动场所向社区居民的开放程度、社区对人力资源的开发利用情况、社区企事业单位与各类社区组织合作开展社区共建的情况，以及社区信息、文化资源的共享程度等方面。[②]

二 研究重点及研究方法

（一）研究重点

本书的研究框架如图1-1所示，图中所展示的也就是笔者所要研究的重点问题。"权力主体"重点分析社区中谁在行使权力。分析对象包括居民委员会、管辖该居委会的街道办事处、社区内的各类组织、居民代表或者居民领袖等。作为我国宪法规定的社区居民自治组织，居民委员会在社会转型过程中既是政府所倚重的基层重要组织，也是社区居民利益的重要维护者，在多元权力结构中的地位举足轻重。居委会在承担越来越多责任的同时，也拥有了更多的权力资源。街道办事处是与社区直接发生关系的政府行政组织，对社区权力结构及其运行方式有着最为直接的影响，同时由于集权式社会管理的传统，街道办事处的行为模式和治理方式都会影响社区权力资源的

[①] 李立纲：《社区资源的获得》，《学术探索》2001年第6期。
[②] 郭荣茂、杨贵华：《城市社区资源整合中的自组织能力建设——上海大宁路街道社区资源整合调查》，《上海城市管理职业技术学院学报》2009年第3期。

多寡和分配。在社区自治过程中形成的居委会之外的各类社会组织是社区权力结构中的另外一支力量,他们同样参与着社区建设和社区发展。居民是社区中最重要的群体,是社区权力结构中最基层的力量。居民对社区权力结构的影响主要是通过居民代表或居民领袖来实现的。

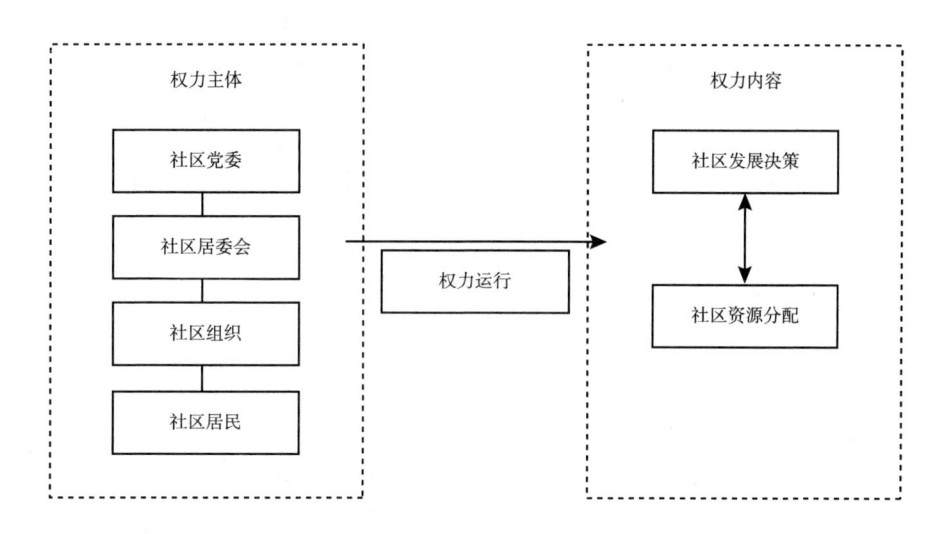

图 1-1 研究框架示意

"权力运行"主要分析社区权力通过何种机制和途径分布于各个权力主体,不同的权力主体是如何拥有和使用自己的权力的,正式权力和非正式权力在社区层面的呈现有何不同等。分析的重点是各权力主体如何行使权力,权力主体在行使权力的时候,通过哪些途径和机制参与到社区发展中来。特别是在涉及社区发展决策、社区资源分配,或者是解决社区建设中出现的新问题时,包括居委会、街道办事处、社区层面的其他组织以及社区精英等在内的各权力主体是如何行动起来的?如何行使自己权力的?

"权力内容"则主要分析社区层面不同权力主体行使的具体权力内容,包括分配资源的权力、参与社区发展决策的权力、对社区发展的潜在影响力等。需要解释的问题是:在基层社区层面,权力可能以什么样的方式表现出来,权力运行怎样影响居民的生活,对社区发展的影响力等。

笔者通过选择"社区资源分配"与"社区发展决策"两类社区事务,深入观察社区权力主体也就是行动者在参与和处理社区两类事务时如何发挥影响力，如何介入事务过程。对权力的主体的分析包括街道办事处、社区居委会、社区党组织、社区精英、社区居民中的能人群体以及各类社区组织，既分析社区内部的权力结构以及彼此的互动与交往，也分析各类行动者自身的特点及其行动方式。通过对各权力主体之间互动过程的观察和描述，分析社区权力运行机制的特点。在社区中，社区居委会主任、社区党组织书记这样的重要人物与街道办事处、社区组织、社区居民之间因为社区发展和资源分配的问题一定会发生联系，产生互动。在这个过程中分析谁真正影响了社区决策，谁真正介入了社区资源分配，实质上就是在分析社区权力的分布结构及其运行的机制。

为什么选择"社区资源分配"和"社区发展决策"这两类社区事务作为分析社区权力的变量？一般来说，研究权力的时候往往会选择重要组织、重要社团或者是重要人物作为样本单位，这些是影响权力运行最重要的因素。除此之外，还有其他可能影响权力运行的因素。从宏观角度来说，主要是社会环境、社会结构、社会资源等，它们会影响社区权力结构的形态和运行模式；从中观角度来说，主要是社会组织、社区类型、社区发展、社区事务等；从微观角度看，主要是权力主体特有的素质、能力、身份等，这也是必不可少的影响因素。笔者选择"社区资源分配"和"社区发展决策"两个变量来分析社区权力，主要有以下四点考虑。一是因为"分析社区决策时，自然不能忽视权力人物和一般人物对资源分配可能产生的冲突"①。在社区中，社区资源分配和社区发展决策是最重要的问题，当然会以更加具体的活动方式表现出来。二是因为"社区发展决策"在社区中表现为关于社区设计和规划的决策权以及社区重大活动和重要问题的决策权。通过选取所研究样本街道和社区共同参与的一些社区重大活动作为主要观察依据，可以观察和分析各个权力主体在这些活动中发挥的作用和社区影响力。三是因为这两个变量是目前我国基层社区最为关注的问题。基层政府、街道办事处以及社区居民对此都最为关注，是观察社区权力运行的绝佳窗口。四是因为社区发展决策与社区资源分配经常联系在一起。社区发展决策往往牵扯社区资

---

① 文崇一：《台湾的社区权力结构》，台北：东大图书公司，1989，第5页。

源的分配和使用，而社区资源的分配又反过来会影响社区规划以及社区重大活动的进展情况。

"社区资源分配"和"社区发展决策"是笔者分析社区权力结构及其运行机制最主要的变量，当然这两个变量还可以进一步细化，这样更有利于对社区权力的观察和测量。在社区资源分配方面，主要的次级变量包括"人力资源"、"物质资源"、"公共空间资源"和"机会资源"。其中，人力资源主要是指居民群体，尤其是社区居民中的积极分子群体；物质资源主要指的是社区公益资金的使用；机会资源指的是可以获得的参与社区内外活动，与社区外部组织发生联系的机会；公共空间资源指的是社区中属于居民和业主的公共空间和空地。社区发展决策的次级变量，可以设定为社区重大事务决策和社区日常事务决策两种。

（二）研究方法

笔者在本书中主要采用的研究方法包括以下几种。

1. 个案研究

个案研究是以一个个体或者一个家庭、组织、学校为对象，对某项特定行为或问题进行研究的一种方法。个案研究主要针对当前的事件或者问题进行探讨。这种研究方法可以比较深入地了解研究对象和关注问题的发展过程。笔者选择个案研究方法还与社区研究自身的特性有关系。通常来说，对社区权力的研究是在一个又一个社区进行的。在每个研究案例中，研究者都会努力把研究结论推广到一般性社区，这种努力从研究者著作的标题上就可以看出：林达夫妇的作品叫《中镇》，而不叫《独特的中镇》；亨特的著作叫《社区权力结构》，而不叫《亚特兰大的社区权力结构》……即使我们承认每个研究者都是可靠的，我们也能够认为所有的社区功能都能像中镇、亚特兰大一样吗？所以，"从社区权力比较研究中得到的经验教训是，多数社区权力只是特殊的地方现象，原因和结果也是相应变化的。这说明正确的社区权力研究应当回到个案研究法"[1]。

---

[1] 〔美〕莱瑞·赖恩：《社区社会学》，徐琦译，中国社会出版社，2004，第183页。

2. 社区权力研究方法

社区权力研究有自己独特的研究方法。在研究社区权力的时候，按照实际研究需要，可以综合运用决策法、声望法和职位法。其中，决策法是多元论者采用的方法，而声望法和职位法则是精英论者采用的方法。

职位法是指在正式或者非正式组织中依照职位的重要性来确认社区领导人的角色地位。职位越高，代表的权力越大；职位越低，拥有的权力资源越有限。

声望法是指假设声望能代表一定的权力关系或者象征某种程度的影响力、说服力或者角色地位，那么组织中最有声望的人就是组织的最高领导者。在这种方法中，一个人或一个群体是否拥有权力的证据就建立在一系列被访者的评价的基础之上。评价越高，声望越高；评价越低，声望越低。一般认为，声望法在社区或市一级层面上应用效果最好。①

决策法，又称问题法，是指以具体的问题为导向，分析在一个组织中谁具有对决策的影响力。对决策最有影响力的人就是位高权重之人；相反，对决策影响力小甚至不产生影响力的人拥有的权力资源就少或不拥有权力资源。

3. 观察法

观察法（Observation）就是指在自然的情境中，研究人员通过感觉器官以及有关的工具来搜集资料的过程。② 观察法又包括两种具体的方法。一是非结构式的直接观察（unstructural observation）。这种观察的主要特点是对观察目标以及问题和步骤没有严格的要求，一般采用比较弹性的态度。研究者需要以叙述的形式记录所直接观察到的环境、当事者以及当事者与情境所发生的互动状况等。③ 二是参与者观察（participant observation）。要求观察者进入欲观察的情境里去，并通过观察来搜集资料。在研究过程中，笔者就经常参与研究样本社区的居民活动、居民会议、工作会议等，可以直接观察社区居委会、社区居民参与社区事务的过程，了解他们在社区权力结

---

① 〔美〕威廉·多姆霍夫：《谁统治美国》，吕鹏、闻翔译，译林出版社，2009，第403页。
② 周文钦：《研究方法——实证性研究取向》，台北：心理出版社，2001，第143页。
③ 詹秀员：《社区权力结构与社区发展功能》，台北：洪业文化事业有限公司，2002，第115页。

构中的具体情况和彼此的互动,以及对于社区权力结构产生的影响等。

4. **深度访谈**

访谈是社会科学研究中最重要的技巧之一,是带有目的性的谈话。访谈可以从受访者的角度对研究样本获得更多描述和解释。[①] 从形式上看,访谈可以分成结构式访谈、非正式会话访谈、导引访谈、标准化开放式访谈等。笔者按照研究需要,综合运用了这些访谈方法。通过与访谈对象的结构式访谈和半结构式访谈,了解被访者在社区中对社区事务的体验以及对社区中有影响力的人的感受。深度访谈资料要加以整理和分析,才能获得最大利用价值。在访谈工作中,还要注意伦理道德问题,同时要遵循自愿、保密的原则。

本书所使用的资料主要来源于四个方面。一是文献资源。阅读和搜集、综述文献是开展研究和形成研究设计的必要环节,也是获取研究资料的首选。得益于网络技术的发达,笔者可以搜集大量国内外学者在社区权力研究方面的学术论文、研究报告、调查报告、个案描述等,从而掌握了最新的社区权力研究资料。二是深度访谈资料。在本书写作过程中,笔者通过与访谈对象的深度访谈获得了大量的第一手资料。同时,笔者近年来参与样本社区事务的一些访谈录音,经过整理也成为本书的重要资料来源。三是档案、年鉴资料。笔者搜集了样本社区历年来的背景资料,包括在社区建设和社区发展方面形成的档案、年鉴、报纸、工作总结等资料。样本社区近年来的工作总结、居委会主任述职报告、年度计划、党委工作总结、各类活动统计和总结等资料也收集得比较详尽。四是网络平台。北京社区公共服务平台以及其他网站提供了大量的研究信息。同时,国内各类社区研究网站也提供了不同地区关于社区建设、社区治理的信息和社区权力研究方面的信息。

二 研究样本的基本情况

本书涉及的样本社区均属于北京市 L 街道,因此需要先介绍一下 L 街道的基本情况。L 街道位于北京市东南部,原属崇文区管辖,2010 年并入东

---

① 陈向明:《教师如何做质的研究》,教育科学出版社,2001,第 70 页。

城区。历史上，崇文区与北京市的东城、西城、宣武四区共同被定义为首都功能核心区，其主要发展目标不是经济建设，而是加强城市管理、保护古都风貌、改善人居环境以及大力发展现代服务业等。L 街道总面积 3.06 平方千米，人口 5.16 万人。L 街道办事处辖区内共有 35 条街巷，辖 15 个社区居委会。辖域中央部属、市、区及无主管单位较多。L 街道还是东城区各街道中区域面积较大、人口数量较多的街道之一，具有很好的代表性。

选择 L 街道辖区内社区作为研究对象还有以下几点考虑。首先，L 街道是北京市原崇文区的一个普通街道，所辖社区类型完整，没有太多特殊性，所研究的内容在这些社区的共通性比较多。同时，L 街道成立的时间较长，街道办事处的组织结构完整，街道与社区的行政指导关系顺畅，能充分反映街道办事处在社区权力结构中的位置和影响。其次，L 街道的社区建设较为规范。在推进社区建设过程中，原崇文区在城市基层管理和社区规范化建设方面取得了不小的成就，比如提出的城市"综合执法"制度、"社区信访"制度，以及在社区党建领域推出的"公推直选"制度等，都在北京市乃至全国产生了一定影响，L 街道 G 社区的"老年餐桌"项目还成为北京市社区照顾的典范。同时原崇文区还积极推进社区建设活动，比如在连续举办的北京市"魅力社区"活动中，原崇文区的社区参与率最高，还曾获得最佳组织奖。作为该区的一个重要街道，L 街道是这些制度的试点单位和执行者，全方位地参加了这些与城市基层管理和社区建设有紧密联系的行动，并取得了优秀的成绩。L 街道的社区建设非常规范，社区组织数目多而且活跃，在这样的街道选取研究样本能够提供丰富的资料和素材。最后，北京城市化进程对于 L 街道的影响大，促使社区形态多样化，社区内部的人员结构、社会组织等也发生了很大的变化。L 街道地处老城区，随着城市再造的浪潮，面临诸多拆迁的问题。在同一个地域范围内，各类社区样态较多，既有新建成的价值上百万元的高档别墅区，也有 20 世纪 50 年代修建至今两户合居一室的老旧居民楼；既有居民层次高、收入高、年龄结构轻的新建商品房小区，也有居民同质性强、收入水平相对较低的回迁房社区；既有高层建筑，也有老式的平房区。因此，L 街道是观察北京城市社区发展和权力结构变化的一个良好的微缩标本，能为研究提供丰富的信息。

至于在 L 街道选择样本社区，笔者采用的是目的抽样（purposive sampling）的方法。目的抽样就是选择信息量丰富的案例作为研究样本，以了解其意义、解释、过程以及理论。在选择样本社区时，笔者主要遵循的是类型兼顾原则，即兼顾社区类型的多样化，能够客观反映北京社区发展变化的趋势和特点。根据实际情况，笔者将 L 街道所辖社区划分成老旧社区、新建商品房小区、回迁混居小区三大类，这反映了城市化过程中社区形态的变化以及居民居住方式的改变。笔者从这三类社区中各选择了一个社区作为研究对象，而且注意到三个社区权力结构的多样性。在这三个样本社区中，G 社区是建立于 1958 年的老旧社区，只有居民委员会，没有业主委员会，更没有物业公司；Z 社区是北京市老旧小区改造工程的结果，是 2005 年建成的一个回迁和商品房混居的小区，居委会和物业公司都是新成立的，还没有业主委员会；H 社区是新建高档商品房小区，有居委会、物业公司以及业主筹备委员会。这三类社区的社区组织比较有代表性。在具体访谈对象的选择上，笔者主要考虑的因素是能够直观反映社区权力中的个人和组织的特点，具有丰富的信息，能提供充足的相关资料等。

在不同历史阶段和社会情境中，社区的内涵是很不相同的。精英论和多元论分析的社区是 20 世纪中叶美国城市化过程中的中小城市，一个城市就是一个社区。亨特研究的是乔治亚州的亚特兰大市，达尔研究的是纽黑文市，这些城市具有自己的特质。达尔在其名著《谁统治：一个美国城市的民主和权力》一书的前言中解释他选择纽黑文市（City of New Haven）作为研究样本的原因时说，没有一个城市可以具有普遍意义的代表性，当然也不会有一个城市可以反映整个国家的政治体制的变迁的特点。纽黑文市之所以被选择作为研究对象是因为它和其他美国城市比较起来更具有代表性。此外，这些以城市为社区的权力运行研究更多关注公共政策的决策过程，特别对于政治行为着墨较多。比如，达尔的研究就非常重视美国的民主和政治在一个城市的变化过程，以及在这个过程中不同阶层、领域、职位的人在权力结构中的位置和关系。笔者研究的对象是基层社区，而非城市型社区。伴随着经济体制变革而发生深刻变化的我国基层社区，不仅是城市中按照地域划分而成的居民居住区，更是政府基层管理的重要平台，是政府推行和落实各种社会政策的重要场所，是基层社会整合的基础。虽然我国的基层社区也属于自治单位，但这完全不同于美国的自治型城市社区。在我国基层社区，不会形成类似达尔笔下社区政治风起云涌，因为政党之争而引发的社区权力大起大落的局面。我国基层社区权力结构和运行方式的变化，更多体现为政府对社区权力的让渡，体现为政府出面或以立法形式厘清社区内组织的权力界限和功能职责。这就是说，我国基层社区权力的结构变化外在因素多，而社区内的权力关系则对权力运行的方式产生着重要影响。

第二章 社区权力的纵向联结：街居关系

在研究我国社区权力结构时，街居关系是一个重要的分析起点。这首先是因为街居关系是我国基层社区面临的核心问题之一，反映的是国家和社会关系在基层的互动。其次，作为居委会社区的直接行政指导机构，街道办事处是我国城市行政管理的末梢，在组织结构和运行机制方面具有鲜明的行政特征。街道办事处的结构、机制和行为方式，深深影响着社区权力的运行。再次，街居关系是社区权力关系纵向的一种延伸。虽然社区是人们生活的共同体，更多体现出自下而上的纵向联系和横向分布的网络化结构特性，[①] 但由于社区的行政资源来源于街道，街道办事处与居委会的关系密切。特别是在社区发展决策和社区资源分配中，街道办事处都会积极介入，影响社区决策的过程、结果以及资源的分配形式。因此，研究社区权力结构及其运行机制，必须首先剖析街居关系，深入分析街道办事处行为模式对社区的影响。

第一节 权随责长：街道办事处的发展与现状

管理重心下沉是改革开放 40 年来我国城市社会治理的一个明显趋向。街道办事处从成立之初的"政府派出的办事机构"，发展为一个组织体系完善、具有鲜明科层制特征的"准政府"，事实上已经成为一级权力组

---

① 徐中振：《深化社区建设的若干思考》，载《社区建设理论与实践》，北京出版社，2001，第 60 页。

织。这样的变化必然从根本上改变了街道办事处的组织机构、运行机制、决策方式和行为模式，并进而对居委会社区的权力分布及社区发展决策产生重要影响。

一　街道办事处的职能与组织结构

街道办事处成立的初衷是减轻区政府的负担，加强对居民的组织和管理。① 1954 年，内务部发布关于建立街道办事处和居民委员会的通知。北京市人民政府于同年 10 月召开第 213 次行政会议，决定在城内各区建立街道办事处和居民委员会。这样，全市的街道派出所统一改组为街道办事处，居民委员会也普遍建立起来。至 1955 年底，北京全市城郊 13 个区共建立了 142 个街道办事处，② 其主要任务是指导居民委员会工作、反映居民意见和要求、办理市区人民委员会交办的事项等。随着经济体制的改革、城市的发展和居民生活状况的变化，街道办事处的任务不断增多，不仅具有行政管理职能，而且具有社会服务职能。

街道办事处的职能经历了从简到繁的"增肥"过程。1954 年 12 月，一届全国人大常委会第四次会议审议通过《城市街道办事处组织条例》，将街道办事处的职能规定为三项：一是办理市、市辖区人民委员会有关居民工作的交办事宜；二是指导居民委员会的工作；三是反映居民的意见和要求。根据该条例规定，街道办事处是市或市辖区政府的派出机构，权力主要来自上级政府，直接对上级负责。街道办事处设立之初的管辖范围一般不大，人口大都在 2 万~3 万人，多的不超过 5 万人，其权力范围局限在与街道居民尤其是无单位居民有关的行政和公共事务上。街道办事处没有独立的人事权和财政权，其工作经费主要由上级政府拨给，其工作人员大都由上级政府委派，属于行政编制，称为"国家干部"，拿国家工资。

随着承担的责任与职能日益增多，与之相伴而来的权力也越来越大，街道办事处成为政府的化身，其组织结构变得复杂起来。后来，多数街道办事

---

① 彭真：《彭真文选》，人民出版社，1991，第 241 页。
② 邓力群主编《当代中国的北京》（下），中国社会科学出版社，1989，第 529 页。

第二章　社区权力的纵向联结：街居关系 | 041

处承担的工作都有十几类、数十项之多。如北京市海淀区青龙桥街道办事处，实际承担的工作任务有 30 多个方面 100 多项，所以北京市在 1985 年就街道的现状用三句话进行概括，即派出机构的性质，执行一级政府的任务，给予相适应的权力。① 实际上，北京的街道办事处已经在行使着一级政府的职能了。其主要工作包括民政、司法、治安、卫生、居委会建设、环保、人防、绿化、市容交通管理、防汛防风、社会教育、计划生育、安置待业青年、招工、招生、劳动力管理登记、街道企业及居委会社区服务的组织管理等。此外，还有名目繁多、直接面向居民群众的宣传活动、统计等。有人形象地说，"上到国务院，下到街道办，政府工作样样干"。街道的主要组织结构与职能如图 2-1 所示。

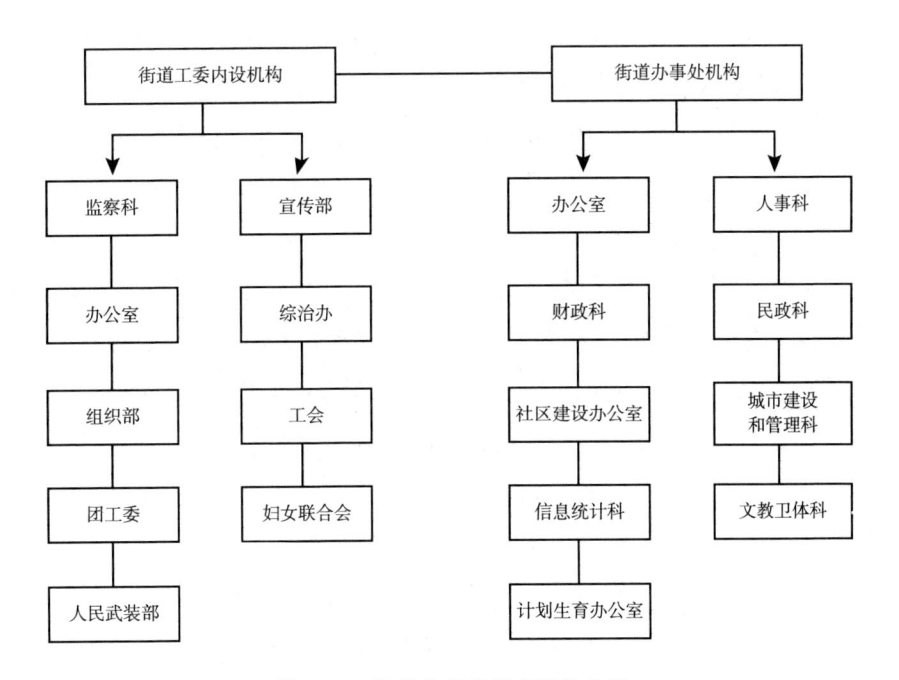

图 2-1　街道办事处组织结构示意

如图 2-1 所示，街道办事处已呈现明显的科层制结构。总的看来，街道办事处分成党（街道工委）、政（街道办事处）两个体系，街道工委和街

---

① 白益华：《我国城市街道办事处的历史、现状和改革》，《城市问题》1991 年第 6 期。

道办事处各自下辖若干职能科室，每个科室有自己的职能。比如社区建设办公室，主要"负责辖区社区发展规划和实施计划的落实，指导街道社区服务中心的工作；负责社区居委会的设置、撤销、命名、更名等工作的组织申报工作，指导协调社区居委会工作；负责社区事业干部的培训教育和管理工作；指导社区居委会配合有关部门完成上级部署的中心工作"。社区建设办公室虽然直接指导社区居委会的工作，但是街道的其他科室也同样可以就其分管的工作内容指导居委会，或直接向居委会部署工作。

L街道办事处共有工作人员155名，其中83人属于公务员，其他属于外聘人员。工作人员数量和街道办事处设立初期相比，增加了几十倍。1954年北京市初建街道办事处时，一般设主任1人，干事4~6人，必要时设1个副主任。街道办事处主任、副主任、干事由区人民委员会委派。据统计，当时北京市区内共有627名街道办事处干部，平均每个办事处4.98人。从不到5个人发展到如今的100多人，北京街道办事处的规模和职责范围发生了巨大的变化。这种变化，主要还是因为社会发展和城市管理的需要，是一个构建"强国家"的过程。[①]

L街道办事处的工作职责主要包括11大类事项：（1）宣传、贯彻、执行党和国家的各项方针、政策；（2）负责辖区内的环境卫生、绿化美化、环境保护、节约用水、防汛抢险、门前三包等城市管理工作；（3）负责辖区内社区居委会的指导，及时反映居民的意见和要求；（4）制定社区发展规划，建设、管理社区服务设施，合理配置社区服务资源；（5）编制街道发展规划，管理街道财政，为区域经济发展创造良好环境，不断增强街道经济实力；（6）负责办理人大代表、政协委员的意见、建议和提案，接待办理人民群众的来信来访；（7）统筹协调并监督检查派出所、工商所、税务所、司法所、房管所等职能部门派出机构或专职人员的行政执法工作；（8）协同建设部门监督施工单位依法施工，防止施工扬尘、扰民。配合建设、施工单位做好居民工作，维护施工秩序；（9）领导地区城市管理监察

---

① 朱健刚：《城市街区的权力变迁：强国家与强社会模式——对一个街区权力结构的分析》，《战略与管理》，1997年第4期。

分队，监督其行政执法工作；（10）对所管辖事业单位实行领导、组织、指导、监督和管理；（11）积极完成市、区政府交办的其他工作任务。

对比几十年前的街道办事处职能，可以发现街道办事处的内部体系更加完备，科层体系更加明显，所承担的职责任务更加繁重。虽然名称还是"办事处"，但俨然已经成为一级政府机构。这种"权威的合理化和权力的集中曾伴随着更为专业化的政府机构和部门的出现以及职能的区分。当然这些发展变化是对社会的日益复杂及其对政府要求不断增加的反映"。[1]

街道办事处处于市—区—街—居四级管理模式中的第三个环节，也就是两级政府、三级管理、四级落实中的"管理层"末梢。两级政府指的是市和区级政府，三级管理指的是街道办事处作为区政府的派出机构行使管理职能，四级落实指的是社区居委会落实来自各级政府和街道办事处部署的各项任务。夏建中通过对某街道的实证研究发现：街道办事处和区政府以及社区的关系非常混乱。区政府的职能部门权大责小，街道办则是有责无权，社区承接了街道办分配的过多的行政任务，但是既无权又无经费，不该管的硬管，管不了也管不好。[2] 显然，在这一城市治理链条中，街道办与居委会的关系最为紧密，街道办职责的变化无疑会对社区产生重大影响。

二 街道办事处与社区：指导型管理体制

如图2-2所示，街道办事处与社区之间业已形成较为成熟的指导型管理关系。L街道办事处具体负责指导社区工作的科室是社区建设办公室，其前身是居民科。该办公室整合了原来民政科"指导和帮助居委会开展工作，促进居委会建设"这部分的基层政权建设职能，并结合社区管理现状，形成新的职能：（1）按照规范化管理的原则，建立健全必要的规章制度，切实抓好科室及居委会内部的组织建设和管理工作；（2）根据各时期工作的

---

[1] 〔美〕塞缪尔·P. 亨廷顿：《变化社会中的政治秩序》，王冠华、刘为等译，三联书店，1989年，第101页。
[2] 夏建中：《"社区"概念与我国的城市社区建设》，《现代领导》2001年增刊。

重点，督促、检查居委会开展工作，帮助居委会解决工作中存在的问题；（3）抓好居委会工作人员的思想和组织建设，提高思想政治素质和文化业务素质；（4）抓好基础设施建设，推动居委会的规范化服务。此外，社区建设办公室还要重点"指导协调社区居委会工作；负责社区事业干部的培训教育和管理工作；指导社区居委会配合有关部门完成上级部署的中心工作"。由此规定可见，街道社区建设办公室对于社区居委会是"指导"的关系。但在实际工作中，由于社区居委会的日常工作经费、行政性工作部署以及居委会选举都由社区办负责，因此这里的"指导"更像一种"准领导"的关系。

L街道社区建设办公室现有3名工作人员，包括一名科长、一名副科长和一位科员。办公室的管理人员一方面要面对上级政府的各种任务，另一方面还要指导社区的具体工作，人手明显不够。为此他们提出将社区划片的办法，聘请"指导员"来分担一部分工作，即实行网络化管理。这些指导员也属于街道公务员编制，一般是年龄到了改"虚职"的时候才被聘请为指导员，并在社区办工作，但是在行政关系上隶属于街道工委。社区指导员的主要工作是分头联系社区"片"中的居委会。

"片"是社区组织结构中的一个特殊层级。L街道办事处的"片"是一个松散的组织，大致上把15个社区居委会划分成3个片。每个片里有4~5个居委会。这些社区指导员（又称外勤）每人分头负责几个社区，主要职责是"联络、指导、解决问题、反馈信息"。平常负责和社区居委会的联系，检查、监督居委会的工作，配合社区建设办公室开展日常工作。

社区居委会称呼这些"片"的指导员为"科长"。居委会主任们对于"科长"是很尊重的，因为"科长"们在街道工作时间较长，熟悉有关政策，了解街道的工作流程和工作安排，能及时反映自己社区存在的问题或者给自己的社区提出好的建议和意见等。指导员和自己负责的社区一般联系比较多，在社区建设办公室分配任务、举办活动、执行某项政策的时候，指导员会督促或者直接指导居委会开展工作。有时，指导员也会将自己联系社区的情况直接汇报给办公室的科长和副科长。

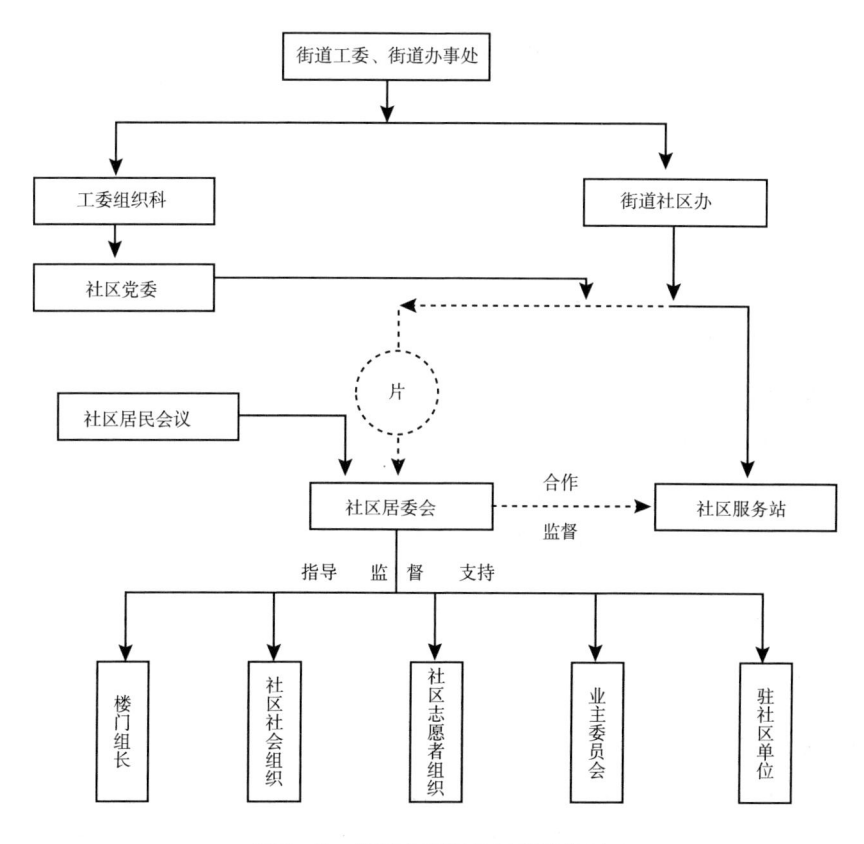

第二章 社区权力的纵向联结：街居关系

图 2-2 街道办事处社区管理体系

我就是说指导工作，指导她什么啊，就是从方法上指导。有时候就在她旁边坐着看她怎么处理，告诉她怎么处理会更完善、更好一点。（对外勤指导员苏大姐的访谈记录）

指导员不仅要指导社区工作，还负责居委会班子的能力建设，以及居委会各个主任之间的关系的协调。苏大姐对于她指导的居委会不是特别满意，认为主任和副主任之间配合不好，容易产生矛盾，影响团结。

正主任和副主任之间的关系处理不好，那就直接影响居委会的工作了，就这么几个人还不团结，所有的副主任都对主任有意见，我就说正主任那是你的问题，你得安排好各个副主任的工作，有个分工才行啊。

（对外勤指导员苏大姐的访谈记录）

L街道办事处对于社区的管理主要通过社区建设办公室实现。社区建设办公室为了更好地联系社区，随时掌握社区主任和书记的工作状态，为其提供工作指导和帮助，就建立了"片"这样一个机制，通过"片"来"指导"社区居委会的工作。这样，街道、社区办、片、社区居委会之间就形成了一个自上而下的权力传递链接。

在各个"片"中，还存在一些以社区为单位或跨社区的群众性组织，这些组织的性质、成员的素质、主要宗旨等有所不同，在参与社区活动时发挥的作用也不同。社区组织是指以某一社区或若干社区为范围建立起来的，有目的、有计划地满足居民一定需要的群众性组织，不同的社区组织通过各种关系相互连接，成为一个完整的社区组织有机系统。在日常生活中，社区居民通常结成一定的组织参与社区活动，因而，社区组织就成为支撑社区发展的重要的组织架构。社区中的居民组织名目繁多、功能多样、相互关联，共同构成为复杂、动态的社区组织系统。

不同性质的社区，其社会组织的类型也大不相同。一般来说，正式组织成员之间的关系比较规范，其权利义务一般都在正式的规章制度中有明确记载，规定得比较清楚，相互关系的处理也有详细而具体的规定。非正式组织一般没有严格的制度规范，成员之间的关系比较松散、随便，组织开展的活动形式也比较多样。社区中的各种兴趣组织和业余协会等就属于非正式组织。非正式组织是社区居民之间交流情感、互通信息、增进理解的一个自觉、自愿的重要形式，是正式组织不可替代的补充。

"片"内的社区组织可以划分为三类。（1）政治组织，这是社区成员在政治生活领域的组织形式，包括各种政党组织、政权组织和居民自治组织，这些属于正式组织。（2）文化教育组织，主要是指以传播文化知识、从事文化教育活动，促进和丰富社区居民精神文化生活为目的的组织。随着物质生活水平的提高，社区居民对精神文化生活的要求越来越高，L街道社区老年大学、舞蹈队、书画社等社区组织应运而生，成为满足居民文化需求的重要渠道。（3）志愿者服务组织，L街道各个片内都有城市志愿者、居民志愿者、党员志愿者等组织,他们参与日常社区治安、环保等,特别是在一些重大节假日或者国家有重大会议时,这些志愿者组织更是发挥了巨大的作用。比如,奥运会期间、北京每年开"两会"的时候,志愿者们纷纷带上"治安巡逻"的红袖标在大街小巷巡逻、站岗。

L街道办事处对社区组织建设也很重视,近三年来大力培养社区社会组织,从制度上和资金上给予支持。L街道社区办刘科长介绍说:

> 咱有一个社区服务协会,也属于社团组织,注册的,3万块钱注册基金,并且有理事会。那3万块钱就在那搁着呢,让它开展活动啊,剩下的就属于那种民间组织吧,或者叫备案团体,这种备案团体挺多的,30个以上,这个种类就特别多了,文化的、体育的、书法的、绘画的,然后唱歌的,是2008到2009年度推动社区做的,从立项来说全是组织。(对L街道社区办刘科长的访谈记录)

这些组织在社区权力结构中的参与程度和发挥的作用是不一样的。政治组织的核心是社区党委,具有指导社区整体工作、协调社区各类组织的功能,处于社区权力的核心。文化教育组织大多是根据居民的兴趣爱好组织起来的,目的是让居民老有所乐、老有所学。文体组织大多是举办文体活动,参加者多半是退休居民,唱歌、跳舞、学健身操等,愉悦身心,处于社区权力的边缘。

三 街道:科层化结构中的权力运行

街道办事处从区政府的派出办事机构变成一个科室完备、功能齐全的准政府,其内部结构呈现科层化的特点。科层化是马克斯·韦伯(Max Weber)从现代社会的理性化发展趋势出发,提出的现代社会组织内部职位分层、权力等级、分科设层、各司其职的组织结构模式和管理方式。科层化涉及的核心之一就是权力。

街道办事处的权力类型属于一种法理型的权威。法理型权威就是建立在由大家共同认可的法律制度、规则基础之上的权威,这一权威来源于法律制度，并被法律制度所规定。在科层组织内部，法理型权威依附于组织内设定的职位，即职权。职权的内涵在于权力依附于职位而不是依附于某个人。因此，科层制中的正式权力即这样一种来自法律或者正式规章制度的权威，而不是来自某个人的威望或者习俗惯例。在街道办事处，街道工委的书记和办事处主任是这个组织结构中位置最高的人，所以其被赋予的权力也是最大的。街道科层化权力运行结构对社区的影响在于最终决策者位于科层制的顶端。当笔者问被访对象，如果策划一个社区发展项目或者社区活动，最希望得到哪些人的支持时，大多数回答都是"街道书记和主任"的支持，有的还会强调"大书记"或者"大主任"，也就是正职书记和正职主任的支持。因为有了书记和主任的支持，工作就会好开展，并且出了成绩也能得到领导的认可。当然，街道领导个人的能力和素质与其权力大小是一种正相关的关系。如果街道办事处主任或副主任本身的"位置"比较高，又有能力，工作风格果断，就会逐渐形成个人的"权威"和"威信"，进而增强其权力的价值和内涵。

> 周主任特别能干，有思想，讲话也有水平，他主管的业务基本上是街道业务的一半了。可以说是街道的"半壁江山"了。大家都挺服他的。（对L街道社区办刘科长的访谈记录）

科层制的组织架构决定了街道办事处的权力构成是一种金字塔式的。也就是自上而下的纵向权力分割模式。从书记到主任，再到各个业务科室，形成了领导和被领导的关系，这种组织结构保证了权力的顺畅运行。科层制规定出最高层至最底层的领导等级，这种等级制度指示了执行权力的路径和信息传递的渠道。为保证命令的统一，各种沟通都要按层次逐级进行，整个组织结构如同一个金字塔。在这样的权力结构中，工作人员很少越级汇报工作或者与不直接管理的领导发生联系，这是一种制度化的规则。比如社区建设办公室的刘科长关于社区的想法或者工作汇报，会首先和主管其工作的街道办周副主任沟通，向周副主任汇报，听取意见和指示。得到周副主任的认可后再向正职主任汇报，或直接由周副主任去汇报。

第二章　社区权力的纵向联结：街居关系

社区办来说主要起个协调，决策权肯定没有，街道办事处领导有决策权，我们有什么问题了，形成一个意见，请领导批示，批准了就按那个走。领导会根据我们的意见，还是有影响和决策作用的，如果社区之中有什么问题，在我们能够解决范围之内的，肯定就内定决策了。（对L街道社区办刘科长的访谈记录）

在L街道办事处的权力结构中，工作人员权力的获得都是通过正式途径，也就是上级的任命，来达到职位的变化和升迁。职位的"上"和"下"、职权的"虚"和"实"，都与其实际掌握的权力大小紧密相连。在街道，有层级低但是比较"实"的职位，比如社区办的副科长是一个"副科级"，但是一个比较"实"的职位。所谓"实"，就是指在某些事项上具有决定权。社区办刘科长不到30岁，是通过公务员考试进入街道办事处工作的。因为资历浅，虽然有学历但是职位较低，他有具体的工作职责和权力，掌握每个社区每年8万元公益金的分配使用权，直接指导每个社区的工作。相应的，也有一些层级高但相对"虚"的职位，比如一些年近退休的"巡视员"或片区"指导员"。根据规定，街道办事处的工作人员女性满48岁、男性满50岁就到了"虚职"的年龄，从"副处级""正科级"退下来，也就是从"领导职位"上退下来，成为"办公室的巡视员"或者"片"的"指导员"。当然，这样的变动意味着权力的流失。职位的升迁不仅是权力的增加和减少，还与财富、个人价值、社会地位、社会福利等诸多要素相联系。

L街道在决定其工作人员职位变化以及是否拥有某项权力时，评判标准和绩效考核体系在其中起着非常重要的作用。按照韦伯的理论，职位的获得是通过上级的授权，要有专业化的水平以及考核的标准。考核的标准包括"人格""思想资质""工作能力与业绩"等。L街道对于干部的考评标准是"德""能""勤""绩"四个方面。德，主要指人品，就是要有为辖区居民服务的意识；能，主要是指工作能力；勤，主要是指工作状态，是不是全身心投入；绩，主要是指工作成效，是不是完成每年的工作任务，其取得的成就要能得到领导、同事和社区居民的认可等。

四　街居关系中的精英分布

精英，是指影响街道—社区发展和资源分配的关键人物。根据西方社区权力理论，可以通过职位法和声望法来寻找精英，并讨论精英分布的状况。笔者在 L 街道根据职位法和声望法的要点逐步寻找"有影响力、位置高、有声望的人"。

职位法主要是根据 L 街道办事处及所辖居委会社区内的正式组织和非正式组织，列出有关领导人清单，再根据其职位高低确定精英。由于街道办事处的大部分工作人员属于国家公务员，有职级体系。比如，L 街道办事处属于正处级单位，街道办事处的主任和党工委书记都属于正处级干部，副主任和副书记属于副处级干部；各个科室属于科级单位，科长和副科长属于科级和副科级干部（见图 2-3）。在居委会社区层面的正式组织有社区居委会和社区党委、社区服务站，非正式组织有各类社区居民的自组织，这些组织也都拥有完整的职级体系或职位列表。因此，利用职位法确定 L 街道影响社区权力的精英人物相对容易。

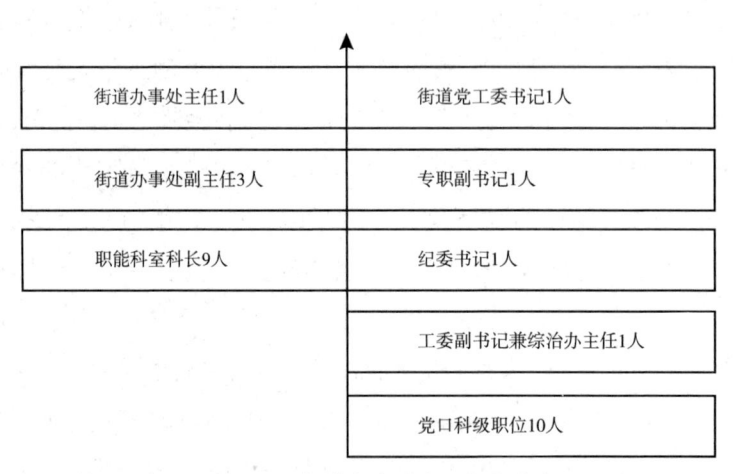

街道办事处主任1人	街道党工委书记1人
街道办事处副主任3人	专职副书记1人
职能科室科长9人	纪委书记1人
	工委副书记兼综治办主任1人
	党口科级职位10人

图 2-3　L 街道办事处主要职位分布

其中，L 街道科级职位有 19 个，分别分布在街道办事处和街道党工委两个系列。街道办事处系列职能科室有 9 个科长职位，分别是劳动科、民政科、社区办、城建科、城管科、环卫所、文教卫体科、计生科、信息科，共计 9 个科长。党委系列的职位有 10 个，分别是工会主席、妇联主席、共青团书记、党工委办公室主任、组织部部长、宣传部部长、人大办公室主任、武装部部长、残联主席、综合治理办公室主任。

社区两委，即社区居委会和社区党委的主要职位分布如图2-4所示。

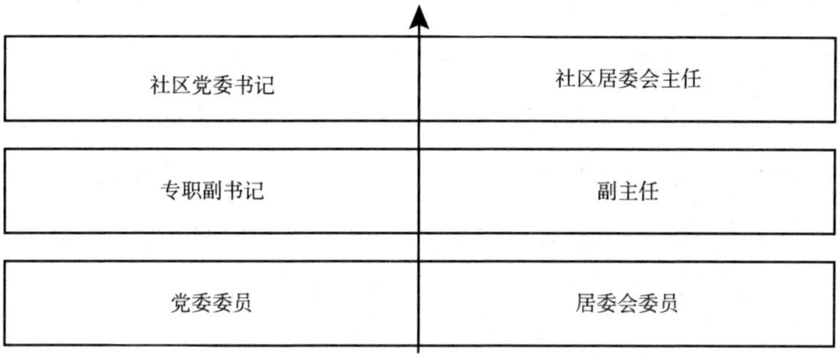

社区党委书记	社区居委会主任
专职副书记	副主任
党委委员	居委会委员

图2-4 社区"两委"主要职位

声望法则需要通过对一系列问题的回答，寻找影响社区权力运行的真实人物。笔者在实证研究之初曾经对L街道社区建设办公室的刘科长做了访谈，这位科长从事社区管理和社区建设多年，对于L街道的情况非常熟悉。笔者的第一个问题是，假如社区有重大的工程，需要大部分居民都能接受的一群领导人来决策，你会选择哪些人组成这个领导集团？刘科长列出了一个详细的单子：

街道办事处：党工委书记、办事处主任。
居委会社区：15个社区居委会主任、书记，社区中的人大代表（或人大办公室主任）、社区中的积极分子（主要指关心社区发展的人员，如李××、蔡××等）。
　驻区单位负责人：共21个，包括辖区内的学校、医院、幼儿园、酒店、公司负责等。
　区级单位负责人：共9个，包括办公地点在辖区内的区级单位，如交通支队、文化宫、民政局、区直机关团工委、团区委、区教委、审计局、园林局、区房管中心等。

列出清单之后，刘科长还详细解释了选择这些单位和个人的理由：

选择这些驻街单位是考虑资源的问题，这些驻街单位能为社区活动提供资金或者物质的支持，比方说场地啊、设备啊、人员啊、活动可能用到的材料和奖品啊，都是必不可少的。还有就是考虑权力，区里相关单位也都很重要，平常都有工作联系。街工委书记和街道办事处主任在街道这层是最有权力的，他们要支持你了，这事情就好办了。人大代表既有影响力又有权力，要是能通过他的渠道反映问题，也挺管用的。社区居委会主任和书记在社区里是有影响力的，尤其是有几个社区，动员群众参与没有问题。社区积极分子也要考虑到，他们在居民中也挺有影响力的。（对 L 街道社区办刘科长的访谈记录）

笔者接着问他第二个问题，从清单中选出最希望能够加入的 10 个人。刘科长列出第 2 个清单：

工委书记、办事处主任、15 个社区居委会主任、社区中的人大代表（或人大办公室主任）、社区中的积极分子（主要指关心社区发展的人员，如李××、蔡××等）。

刘科长解释第二张清单上人员的变化时说：

为什么不要这些驻街区的单位了呢？就是这些单位可能为你提供资源，但是总体上说不是那么积极，你得去找；区里的这些单位吧，也不属于必需的，县官不如现管，在社区做活动，街道书记、主任是特别管用，只要他们支持了，资源这块也就好协调了。社区主任、书记肯定要，还有积极分子什么的，就是说，做活动，这些人是必需的，积极分子这个群体人很多的，所以，就不限于 10 个了。（对 L 街道社区办刘科长访谈记录）

接下来，笔者分别对第二张清单中涉及的人员进行了访谈，提出同样的问题，并让他们从第一张清单中选出或者加入他们自己的选项。下面就是街道办事处周副主任、三个社区主任、社区楼门组长代表的访谈记录。

街道办事处周副主任的回答：

>工委书记、社区居委会、党委班子、居民代表、党员积极分子。

周副主任的解释是："社区中最重要的还是居民和党员，这是最重要的资源。当然，社区居委会班子是直接开展工作的，他们在社区里的影响力应该说是最重要的了。"

G社区主任邢主任的回答：

>工委书记、社区科长、社区居委会主任、书记、楼门组长、党员积极分子。

邢主任的解释是："社区做活动，街道书记、主任当然最管事了。街道科室里面就数社区办公室和我们联系最近了，所以社区科长必须要。我们社区楼门组长特别积极，还有就是党员积极分子。"

Z社区主任王主任的回答：

>工委书记、办事处副主任、社区科长、社区居委会主任、书记、楼门组长、党员积极分子、物业经理、某中学校长。

王主任的解释是："物业吧，和我们的关系不冷不热的，但是现在社区管理这块，还离不开，好多居民的事情也要找物业。这个中学就在我们社区里，人家的操场、机房、会议室我们可没少用，校长特别好，特别支持我们，在社区里也是很有影响的。"

H社区主任郝主任的回答：

>工委书记、办事处副主任、社区科长、社区居委会主任、书记、楼门组长、党员积极分子、物业经理、业主代表、居民领袖。

郝主任的解释是："我们是商品房小区，物业和居委会关系很好，对居委会的活动都特支持。业主里有几个也特别有影响力的。还有，我们小区人员素质高，有些居民领袖在居民中挺有号召力的。"

G社区楼门组长代表王大爷的回答：

  工委书记、办事处副主任、社区科长、社区居委会主任、书记、楼门组长、党员积极分子。

楼门组长王大爷的解释是："社区中有影响力的人、有威信的人就是咱社区的居委会了，楼门组长也算。因为动员居民参加活动，离了他们可不行。"

在与访谈对象的交谈中，逐渐显现这样一些共同的特点：街道办事处领导、社区居委会主任、社区党委书记、楼门组长、积极分子成为社区中"代表一定的权力关系或者象征某种程度的影响力、说服力或者角色地位"的人选。我们把这个清单与职位法列出的L街道和社区处于重要职位的人选交互分析可以发现，街道领导、相关科室（社区办）、社区居委会（主任）、社区党委（书记）成为在社区中既占据重要位置，同时又具有影响力、权威的人或者群体。而楼门组长、党员积极分子虽然没有职位，但是在社区中也属于"有影响力"的群体。这些在街居关系中处于重要地位或有影响力、声望的群体将成为本书的主要研究对象。

第二节 权力分解：街道办事处社区管理的新路径

以一般社区都具有的"社区发展决策"和"社区资源分配"这两类社区事务作为主要变量，我们来重点分析街道领导、相关科室（社区办）、社区居委会主任、社区党委书记、楼门组长、党员积极分子等社区精英是如何在社区权力结构和运行中发挥作用的，发挥怎样的作用？根据L街道的实际情况，这两个主要变量还可以细分为社区居委会人员选拔和安排、资金与资源分配、居委会业绩的考核评估、参与社区发展决策形式等次变量。

一 人事权：人员的选拔与安排

人事权指的是对社区干部的使用和任免的权力，这是众多行政权力中最为重要的权力之一。街道办事处是区政府的派出机构，本身不是一级政府，严格来说，街道办事处没有人事权，它对社区居委会仅仅是指导的关系。根据《中华人民共和国城市居民委员会组织法》（以下简称《居委会组织法》）的规定，居委会主任、副主任和委员由本居住区全体有选举权的居民或者居民代表选举产生；居委会有权撤换和补选居民委员会成员。但是，该法律没有规定具体的选举程序和选举方式，这个"制度空隙"成为基层政府或者街道办事处"掌控"居委会干部任免权的机会。

为达到"掌控"社区居委会干部任免权的目的，街道办事处一般采取如下措施：（1）制定社区居委会主任、副主任及委员的候选条件，包括年龄、工作经验、文化水平、政治面貌等；（2）根据各社区平常开展工作的情况预先物色社区居委会干部候选人；（3）通过街聘民选的形式聘任社区居委会干部；（4）对社区居委会的日常工作进行监察和考核。因此，街道办事处实质上仍然掌握着社区居委会工作人员的"实际"任免权。许多城市社区居委会一直是街道办事处指定候选人，有的虽经居民代表大会通过，但仅仅是一种形式而已。[1] 对于不符合街道要求的居委会主任，街道办事处还可以启动罢免程序，召集居民代表开会讨论并表决。当然，这并非街道一句话的事，还需要做动员说服工作。L街道办事处社区办的刘科长介绍了该街道办事处和一位社区居委会主任之间的一场"官司"。

---

[1] 蔡小慎、潘加军：《转型期我国城市社区治理中的分权问题探讨》，《社会主义研究》2005年第2期。

有个主任上任后没有工作干劲，没有思想，没有起到积极的作用，反而有负面的影响。并且她认为自己是民选的主任，办事处是不能随意撤换她的，对于街道态度也是不太好。根据选举和居委会的工作条例，居委会主任有重大问题时可以撤换，在社区哪能有什么重大经济问题呢。我们这块真是想换掉，但是就是要经过程序，就会有顾虑，一来这个主任和居民联系多，居民也可能受她影响，二来居民代表大会不是随便就能召开的。（对 L 街道社区办刘科长的访谈记录）

从中我们可以看出，街道可以决定选举的形式，可以决定候选人，也可以提出罢免社区居委会干部的建议，因此对于居委会主任的任免是有明显主观倾向的。但是这里面就有一个博弈的过程，毕竟社区居委会干部是通过合法的选举程序，由全体居民或者居民代表大会选举产生的，街道办事处不满意其工作，想换人的时候，也必须通过合法的程序。居委会主任也熟知这一点，知道他们自己和居民建立起来的关系以及产生的影响力会阻碍街道这种隐形权力的行使。当然，从另一个角度看，社区居委会干部的任期只有三年，街道办事处可以在下一次居委会选举的时候通过合法的程序早做工作，另择他人。

在选举社区居委会干部时，街道一般要成立选举办公室，专门负责指导社区的选举。同时，街道也会认真研究候选人的标准，并提前物色合适的社区干部候选人。物色候选人的方法，主要是根据平常各个社区开展工作的状况以及社区居民的反映。在谈到社区居委会干部选举的时候，L 街道办事处周副主任谈道：

社区可能都是居民生活小事，但是这些小事也不是谁都愿意干，而且能干好的。社区主任候选人一定要有责任心和奉献精神，有工作经验。街道平常也能从各个社区工作情况中发现一些人。各个社区一比较，谁工作做得好，谁工作不上心，光混日子，一看就清楚了。街道要把那些愿意干事的人推选上去。（对 L 街道办事处周副主

任的访谈记录)

街道通过对社区居委会干部特别是主任候选人的干预保证社区居委会队伍的能力和稳定,这样当然有利于街道对社区工作的指导。

根据法律规定,社区居委会一个任期为三年,街道办事处对于社区选举是非常重视的。这是因为社区居委会干部队伍建设不仅关系到社区居民的需求能否得到满足,更直接关系到社区是否能够真正在街道指导下开展工作。除了加强对社区居委会干部的"掌控"外,近些年北京市还通过加强社区规范化建设、充实社区工作者队伍等方法,为社区引入"社区助理"等职位,以强化对社区工作的"指导"。L街道2008年公开向社会招聘了30多名"社区助理",只有通过笔试、面试,符合规定条件的应聘者才能获得聘用。他们被分派到各个社区居委会,配合居委会主任开展有关工作。

随着社区服务的发展,为了拓展社区建设内涵,近年来北京各社区相继成立了社区服务站,L街道对社区居委会的人事权也相应增加。目前L街道有六个社区设立了"社区服务站",服务站是街道办事处设在社区的服务机构,服务站直接受街道办事处的领导。服务站的工作人员直接与街道签订用工合同,由街道聘任,并接受街道的考核和日常管理。

二 财务权:资金资源的分配

社区权力的另一个表现形式就是能否参与分配资金和资源,也就是决定"谁得到什么"的权力。尤其是随着政府对社区建设的重视,逐年加大对社区的投入,街道可以用来建设社区的资金越来越多。[1] 街道对于这些资金和资源的使用和配置有绝对的权力。由于街道在社区建设中的特殊地位,街道在社区资源中占有明显的优势地位,控制着人力、物力、财力等各种资源的大部分管理权,所以从一定程度上讲,街道成为社区的实际组织者和

---

[1] 据L街道办有关人员介绍,仅仅社区公益金这一项,每个社区每年8万元,L街道15个社区,一共就有120万元。

管理者。这是因为社区组织之间在互动中产生依赖，社区组织能否转化资源带来的权力，或者整合和控制其他组织的资源，成为社区组织权力的象征。

目前，L街道主要掌握社区的两类资金的使用和分配权，分别是社区公益金和日常办公经费。① 城市社区属于群众性自治组织，不具有财政独立权，居民委员会有收入要交到街道办事处，居委会的财政支出由街道办事处结合年度评议结果酌情拨给。日常开支仍由街道所属的居委会资产办公室进行管理，居委会以报账制的形式进行各项经费的管理使用，保证日常工作的正常开展。财政上的依赖性与自治所需的独立性并不相容。② 比如，每年每个社区都会有8万元的社区公益金，这些钱不直接分配到社区，而是放在街道，由街道的社区职能科室负责资金的使用，制定资金使用和报销的规章制度，规定社区活动的基本原则甚至具体活动。社区开展活动时发生的费用需要从公益金中支付的，由社区到街道相应科室报账。社区公益金的主要用途是支持社区开展文化体育活动，为居民增添社区活动所需的各类道具、设施等。社区居委会主任在申请和使用这些资金时必须考虑自己拟开展的活动是否能达到目标，自己的资金使用是否符合街道的要求等。表2-1是2008年度L街道社区立项名目表。从这张汇总所有社区2008年度活动项目的表格中不难发现，社区在申请资金时需要对项目进行简单描述，并详细列出预算内容。街道将根据社区提供的项目预算给予支持，并在项目结束后进行检查和评估。

办公经费是街道控制社区资金分配权的另一项内容。根据《居委会组织法》第17条规定："居民委员会的工作经费和来源，居民委员会成员的生活补贴费的范围、标准和来源，由不设区的市、市辖区的人民政府或者上级人民政府规定并拨付。"可以说，如果没有街道办事处的工作经费支持，社区居委会连日常运转都难以维持，正是通过工作经费的控制，街道办事处成功实现了对社区委会的经常性管理和"掌控"。

---

① L街道给社区的办公经费是每月1000元，以现金的形式直接拨给社区，由社区居委会主任直接支配。
② 林尚立：《社区民主与治理：案例研究》，社会科学文献出版社，2003。

表 2-1　L 街道 2008 年度社区立项明细

项目名称	科普教育行动	社区文体活动	老年亲情驿站
所属社区	Z 社区	H 社区	G 社区
简单描述	科普系列讲座	奥运 50 天大型纪念活动	老年人组织,开展文艺活动、体育活动、思想交流、居民聊天
实施对象	社区居民	社区党员、群众	社区居民、社区老年人
实施月份	2008 年 5 月	2008 年 6 月	2008 全年
日程安排	每月一次	2008 年 6 月 5 日	2008 年 4 月为申请阶段;2008 年 6 月为购置设备阶段
项目预算	4700 元	3000 元	6000 元
用款内容	授课老师 2000 元,结业证书 200 元,场地 1500 元,小礼品 1000 元	折叠凳 1400 元,礼品 1000 元,宣传材料 600 元	书柜 1000 元,桌子 2000 元,椅子 1000 元,讲师费 1000 元,奖品 1000 元

资料来源:2008 年度 L 街道社区立项明细表,共有 15 个社区申报了 55 个项目,包括休闲、教育、环保、健身、舞蹈、唱歌、志愿服务、奥运、乐器、再就业等,基本都是面向社区居民,尤其是社区老人、残疾人等。预算总额 293680 元。本表仅节选其中一小部分。

除资金方面的控制外,街道办事处还拥有对社区资源的整合权和分配权。街道办事处拥有的、可以分配到社区的资源包括人力资源、文化和信息资源、组织资源、物质资源和权力资源。[①] 人力资源指的是广大居民群体、志愿者群体。L 街道的志愿者群体有老年人志愿者服务队、青年学生志愿者服务队、城市志愿者服务队等,尤其是在准备 2008 年奥运会期间,奥运志愿者队伍和城市志愿者队伍人数激增。文化信息资源主要是指街道所拥有的文化、教育、信息资源,比如 L 街道辖区的中学为社区提供英语和计算机方面的师资,为社区居民普及英语和计算机知识等。组织资源主要是指街道的各类民间组织、驻街道的单位等,比如 L 街道与辖区内的某部队建立了良好的军地合作关系,部队免费为社区 65 岁以上的老人提供洗澡的服务,并派士兵到社区参加志愿者活动,还免费为社区提供绿植等。物质资源主要是指街道可以整合各个单位的一些公用设施和设备。L 街道辖区内有一所医

[①] 雷洁琼:《转型中的城市社区组织》,北京大学出版社,2001,第 16 页。该书认为街道办事处的权力资源大多来自上级政府赋予,但是由于街居经济的发展,街道对于上级政府有了谈判的能力,虽然还很有限。

院,这家医院免费为社区居民提供健康卫生知识讲座,免费为社区的老年人看病等。L街道内的公园则拥有全市最大的室内活动体育用地,L街道在举办大型活动时,常常需要得到公园方面的支持,比如召开社区工作者千人动员大会就在该公园举行。

除上述各种资源外,街道还拥有一种"机会资源"。机会资源是指街道能够提供给居委会社区的各种"机会",这种机会往往可以给社区带来利益和价值。L街道办事处所辖15个社区,分配机会资源的原则是奖励优秀,补充不足。比如G社区,连续三年获得"北京市先进居委会"称号,连续八年获得"北京市优秀党支部"称号,凭借"快乐午餐"项目获得"魅力社区"的称号。正是这些荣誉使该社区成为L街道的宣传典型和招牌,不仅为街道争得了荣誉,也为社区自身赢得了更多展示和发展的机会。G社区的邢主任这样介绍说:

> 咱们社区是优秀社区,街道有什么事都找我们来。就这两天,我们这的事一茬一茬的。你知道咱们区的社区信访代理制吧,我们这做得好,昨天其他区县的来我们这儿参观和交流了。今天上午,社区规范化建设验收也在我们这儿搞了,因为我们这是试点啊。下午,又是北京市十八区县到咱这儿参观,明天还有啊。"老饭桌"做得好,这都坚持了两年了,明天好些人来开现场会呢。(对G社区邢主任的访谈记录)

L街道在G社区这样一个明星社区投入了不少资源,比如快乐午餐的"老饭桌"项目。每位老人每餐饭的成本是20元,街道为了减轻老人的负担,也为了使这个社区为老项目能够持久地进行下去,为每位老人每餐饭补贴8元钱。为此,L街道投入不少资源,使G社区的办公环境得到很大的改善,办公设施也是非常齐备和先进,光是电脑就有10多台。

不同社区的条件有优有劣。为了避免社区居委会之间拥有的资源差异太大,街道也会向一些办公条件差或者缺乏机会的社区倾斜。街道通过对资金和资源的分配行使对社区的实际管理权和指导权。社区居委会要想获得更多的资源,就必须努力工作,做出成效。针对此类行为,乔纳森·特纳（Jonathan H. Turner）认为，"拥有权力的行动者能够通过操纵物质资源来控制和调节其他行动者，随着行动者向别人提供物质利益或者施加物质成本，大量的规则随之产生，这种操纵物质刺激的能力要求权力中心占有物质资源……权力中心还必须拥有使行动者与指令相一致的收回物质利益的行政管理能力"[1]。街道拥有资源优势，并且通过行政指令的形式，在社区中间分配，当然就属于"拥有权力的行动者"。

三 决策权：社区发展的推动

社区发展是一种改善居民生活、提升社区能力建设的过程，也是一种以社区为单位的综合工作方式。[2] 在这个过程中政府和社区之间要形成紧密的关系。社区在发展过程中总会遇到这样那样的问题，比如发展的方向是什么？如何形成自己的特色？如何整合社区和社会的资源？社区居委会的工作重点是什么？等等。街道办事处积极介入社区发展决策过程，虽然不是直接的指挥和制定细则，但是能奠定社区发展的基础并明确方向。多元论的代表人物达尔在社区权力分析中，为确定哪些是"重要"的决策制定了一些标准：（1）决议的结果会影响多少人；（2）决议的结果会影响多少种不同社区资源的分布；（3）决议决定社区资源的规模和数量；（3）决议的结果如何明显地改变了目前社区资源的分布。[3] 街道的决策影响社区发展，决定社区资源的数量，明显改变了社区资源分配，可以说是街居层面的重要的决策依据。

街道介入社区发展决策的形式主要有三种。第一，通过制定社区发展规划来影响社区发展。L街道制定了社区未来三年的发展规划（见表2-2）。在发展规划中，街道细化了社区工作的每一项任务，涉及每一个社区，非常详细、全面地规定了每个社区的发展方向和工作重点。从社区文化建设到社区民主建设，从针对社区老年人的社区照顾到面向社区青少年的社区教育，

---

[1] 〔美〕乔纳森·H. 特纳：《社会宏观动力学——探求人类组织的理论》，林聚任、葛忠明等译，北京大学出版社，2006，第54页。
[2] 徐震：《社区与社区发展》，正中书局，1980，第175页。
[3] 夏建中：《国外社会学关于城市社区权力的界定》，《江海学刊》2001年第5期。

从业主委员会建设到社区协商议事会的成立等。社区发展规划和分解表是社区发展的纲领性文件，街道办事处非常重视。L 街道办的周副主任向笔者介绍这个规划时说：

> 社区向什么方向发展，主要发展什么，这三年发展什么，这个表上都写得清清楚楚。社区居委会照着这个再制订自己的发展规划和主要任务，社区发展要和街道发展步调一致。（对 L 街道办事处周副主任的访谈记录）

街道制定的社区建设三年规划是社区居委会制定自己工作计划的依据。对此，G 社区居委会邢主任解释说：

> 现在街道让社区自己订社区规划，我们一般都等街道的规划出来了才订自己的，你得跟着它走啊，形式啊、内容啊都差不多。要不然，你干了街道没准也不说你好。还有，钱也得要街道给的。（对 G 社区居委会邢主任的访谈记录）

表 2-2　L 街道三年社区建设规划与任务分解（节选）

阶段 任务	2006 年	2007 年	2008 年
10. 建立小区业主委员会	1 个小区完成：×× ×	2 个小区完成：×××、×××	2 个小区完成：×××、×××
11. 加强社区队伍建设	进行专业培训	进行专业培训	进行专业培训
12. 加强社区组织制度建设	80% 的社区完成	所有社区制度的文字材料，并按其执行	检查执行力度
13. 实行居务公开	财务收支、管理使用每季度公开一次，一般性事务每年公开两次	财务收支、管理使用每季度第一月的第一周的周一公开一次；一般性事务每年 6 月、12 月第一周的周一公开一次。加大检查力度	财务收支、管理使用每季度第一月的第一周的周一公开一次，一般性事务每年 6 月、12 月第一周的周一公开一次

续表

阶段 任务	2006年	2007年	2008年
14. 开展社区文化活动	各社区每年不少于4次，居民参与率要达到40%	发展广场文化、楼院文化、单元文化、家庭文化，调动居民参与。评比"文明楼院"和"五好文明家庭"	深入推进发展广场文化、楼院文化、单元文化、家庭文化建设，凝聚群众
15. 建立社区环境卫生反馈机制	规范保洁专业队伍，发动志愿环境保洁队伍	10月全部建立社区环境卫生反馈机制	细化、量化指标，加大环境整治工作力度
16. 制定社区居委会、社区专职工作者考评管理办法	实行年终一次性考核	6月份完成制定社区居委会、社区专职工作者考评管理办法，加强日常管理	加强考评，认真监督，科学管理
17. 建立社区财产财务管理制度	除×××、×××外全部建立并实行	15个社区全部建立，并按照严格执行	严格按照实行

注：这个分解表共有25项任务，这里仅节选其中一部分。

街道社区发展规划非常细致，笔者曾就此询问过L街道的一些社区主任，这些细化的工作目标从何而来？经过详细了解，这个过程是一个"自上而下"和"自下而上"相结合的过程。所谓自上而下，是指街道根据市政府和区政府关于社区建设的有关要求，结合街道社区的发展状况先提出一系列规划和目标；自下而上，是指街道鼓励社区根据本社区居民的需求制定工作目标，两者相结合之后就形成了社区建设的三年规划。这样制定的规划，既符合街道对社区发展的要求，也调动了社区参与的积极性。

第二，通过引导社区发展项目的落实推动社区发展，影响社区建设进程。规划制定完成后，需要社区一项项地实施。在L街道，采用的是社区服务项目管理的形式。项目化管理是社区参与和社区管理的新形式，北京不少社区已经在社区服务项目化管理中取得了优异成绩。[1] 社区服务项目管理

---

[1] 大兴区清源街道办事处推出的"参与式社区治理与社区服务项目化管理"项目，在2010年1月17日揭晓的第五届"中国地方政府创新奖"中，获得了提名奖。朱霜霜、冯宇宙：《城市社区管理 渐显中国特色》，载《人民日报》（海外版）2010年1月30日第4版。

是指社区居委会将工作制定成项目的方式，提出项目名称、项目背景、项目实施目标、项目受益人群、项目实施方案和项目预算等。在填写完成项目申请表后，社区将申请表递交到街道办事处。街道办事处根据社区发展规划和社区的具体特征进行审评和回复。符合要求的，给予资助；不符合要求的，就会被否定或要求重新修改后再次上报。比如，G社区是一个老旧小区，H社区是个新建的商品房小区，Z社区则是一个混居小区，这些小区在探索各自定位、形成自己工作思路的时候，都会提出不同的社区服务项目，街道及其相关职能科室通过审评项目的形式引导社区发展决策。

项目管理有利于街道及时掌握社区工作进展，便于街道评估社区居委会的工作，也成为衡量和测评居委会干部工作能力的新指标。不熟悉项目策划的社区主任对此就感到很有压力。H社区的郝主任拿着街道印制的"社区服务项目申请表"抱怨说：

> 你看，我这表还空着呢，项目的背景和意义我不知道怎么填呢。真是着急啊！杨老师，你帮着我们理理今年的工作，看能提出几个项目。每年我这填表就特别着急，这都是我平常的工作，可是怎么就形不成项目呢？（对H社区居委会郝主任的访谈记录）

看起来，社区居委会主任对于社区服务项目的策划和申请还不是很熟悉，用他们自己的话来讲，都善于干工作，但就是不善于"拔高"。这个"拔高"就不单单是填写一个活动名称那么简单，而是要有论证和分析；在项目申请表上要能反映项目提出的依据以及实施意义、阶段性目标等。这个论证的过程被称为"拔高"。

L街道社区办刘科长的学科背景是社会工作，他很熟悉项目策划的方法，在谈到为什么"硬要"社区主任采用项目申请的方式，他解释道：

> 咱们这一块的老主任比较多，年纪比较大，知识水平差点，干起工作没有思路，还是以前的想法。中青年呢，因为也都不是学这个的，所以不太适应现在这个项目管理的形式。不过吧，社区工作不是光组织居

民唱唱歌什么的，你得有想法，你工作要有计划，你开展社区活动是不是居民需要的，你想做这件事儿达到的效果是什么。这些都要想清楚了。（对 L 街道社区办刘科长的访谈记录）

在 L 街道办事处的坚持和引导下，各个社区广泛采用了社区项目申请的方式，越来越多的社区居委会主任熟悉了新的工作形式。而街道也因为项目化管理方式的运用提高了效率和社区管理水平。说到管理，福柯（Michel Foucault）曾经指出，管理学是体现"道德技术（moral technology）或者权力技术（technology of power）的最佳例子，是一门控制组织日常运作的学问"①。街道对社区的管理更加科学，通过对社区项目的引导，社区日常工作的内容和形式都被确定下来，形成了规范化的工作模式。

举一个例子来说明。L 街道连续参加了北京市的一个以社区服务项目策划为主要形式的"魅力社区"比赛。在整个申请和比赛过程中，从动员开始到进入实施阶段，街道办事处的影响力无处不在。

（1）广泛动员。街道召开居委会主任和书记的专门会议，通知参赛事项，要求每个社区都必须参加，要把这个比赛成绩作为年终考核的指标之一。L 街道所有的社区都参加了，而且每个社区不止提交了一个项目。这也是街道以参加比赛为名义，鼓励社区居委会主任和书记提高业务能力的手法之一。

（2）认真选拔。在挑选项目的时候，街道采取了海选的方式，鼓励每个社区都提出服务项目，多少不限。然后街道主任和社区办根据项目的创新性和可行性选出比较成熟的和有基础的项目。

（3）过程控制。在项目的申请过程中，街道全程介入，把控每一个环节。比如，项目申请书的细化、预算的可行性、实施的团队搭配等，确保本街道的项目能取得好的名次。

（4）财务支持。参加这个社区服务项目的比赛，需要有许多展示的环节，居委会自身是没有资金的，所以街道给予了资金和物质上的大力支持。

---

① 〔美〕华勒斯坦等：《学科·知识·权力》，三联书店，1999，第 135 页。

(5) 亲自上阵。在一些需要现场展示的环节，都由街道出面寻找场地、准备设备、联系媒体、购买服装、确定宣传口号等，事无巨细都由街道包办。

在 L 街道，G 社区、Z 社区和 H 社区都是具有代表性的社区，提出的项目立意好，可操作性强，所以分别代表 L 街道参加了比赛，除了 H 社区没有入围外，G 社区和 H 社区都获得了很好的成绩。所以，在社区发展过程中，街道的影响力是无处不在的。与其说是社区在参加这个项目，倒不如说是街道在全面介入，给予社区最直接的支持。当然，这也就实事上决定着社区发展的决策方向。

第三，通过培训、教育社区居委会主任和社区精英来影响社区发展决策。街道的社区建设发展规划以及社区的服务项目都需要社区主任、书记以及社区精英共同参与、共同实施才能完成。街道对这个群体提供培训和教育的目的是促使之学习新知识、新文化和新技术，是一种社区教育，也是一种成人教育。成人教育与社区发展有明显的联系，成人教育促进社区的变迁。徐震认为基于社区发展的成人教育有培养社区领袖的功能。① 社区居委会主任、书记等社区精英接受新知识、新技能的培训，享受街道提供的免费教育资源，实质上也就影响了社区发展决策的过程。

笔者曾受邀为社区主任和书记们讲解社区服务项目策划的知识，主任和书记对于新知识萌发了浓厚的兴趣，他们不停地提问题，以自己社区的项目为例，希望老师能给予指导。这些社区主任和书记逐渐认同了 L 街道所制定的"工作标准"和"工作模式"，并以此作为检验自己社区工作是否规范的指标。在这个过程中，街道将"行政管理结构"和"符号的使用"结合起来。符号，就是权力行动者形成的评价性符号，实际就是行动者用来判断对错的标准。② 在 L 街道，社区工作项目化管理的知识和运用被看作一种新生成的评价标准，而且在街道的大力推动下，这个评价性的标准得到社区主任群体的认同。通过行政体系的权力以及形成的评价性符号，街道办事处对社区群体的控制进一步加强。

---

① 徐震：《社区与社区发展》，台北：正中书局，1980，第 193 页。
② 〔美〕乔纳森·H·特纳：《社会宏观动力学——探求人类组织的理论》，林聚任、葛忠明等译，北京大学出版社，2006，第 54 页。

四 奖惩权：业绩评估与考核

在行政科层化过程中，对于工作人员业绩的考核是一项重要的内容。平时的工作业绩是社区工作人员录用和晋升的重要依据，也是年终评定优秀和奖金发放的参考标准。对社区居委会业绩的考核一般在年末举行。街道办事处不仅直接给居委会下派任务，而且还确定具体的指标进行考核。

L街道办事处对于辖区居委会主任们及居委会成员的业绩考核分几种形式：街道科室考核居委会、居民考核居委会、居委会成员之间互相评议、社区居委会之间互相考核等，这几项考核的平均分为最后得分并且参加排名。名次靠前的获得"优秀居委会主任"称号，考核成绩与年终奖励挂钩。

笔者曾经参加了L街道对于H社区居委会的考核会议。这次会议有以下几个特点。第一，街道"片"指导员主持，以示公正。此次会议是由街道负责该社区的"片"指导员老姚主持的。第二，参会代表广泛，人数多。来参加会议的有居民代表、楼门组长、驻社区的一些社会单位，比如辖区的商场、酒店等企业的代表、物业公司代表等，共28人。第三，严格遵守程序。考核会议的程序是先述职，后考评。H社区居委会郝主任先述职，郝主任详细介绍了自己及其团队在当年的工作情况，将六大委员会的职能工作按顺序总结，重点突出了社区文体活动、参与奥运、支持灾区、居民参与等几大项，每一项都叙述得很细致。既介绍了居委会成员们的工作，也表扬了各位居民志愿者的积极参与。总结完当年工作后，郝主任对次年的工作进行了梳理，提出了6大类的工作目标，比如年初的两会"安全保卫"和"维护稳定"工作、居委会的选举工作、参与国庆的社区活动、业主委员会的筹备工作、社区服务站的人员安排和开展服务等。

述职结束后，老姚科长给居民代表每个人发两张表格，一张表是对整个居委会的工作打分，包括工作能力、社区服务、社区文化、与居民关系等方面，居民代表按照优秀、良好、一般、较差给居委会评分。另一张表是对居委会的每一位成员进行评定，评定的项目比较多，包括组织协调能力、遵纪守法、工作思路与能力、联系群众、工作作风、爱岗敬业、服从指挥、责任心强、完成工作等 10 大类。[①] 居委会代表在老姚的讲解下,逐项打分。考核的过程中,所有居委会成员都必须离开现场,代表们认真、独立填表,表填完后,老姚回收了考核表。整个过程都按照这样规范的程序进行,从而确保考核的有效性和严肃性。关于考核,老姚说:

> 对居委会整体和居委会主任的考核每年都举行一次,一般都是在年末的时候。考核主要是对各个居委会进行摸底,办事处也了解一下情况。这个考核对于主任也是比较重要的,考核结果与街道给予的奖金挂钩。况且明年要进行居委会选举了,要提前做一些人员方面的了解。(对片区指导员老姚的访谈记录)

H 社区的郝主任,一身两任,兼居委会主任和社区书记两职。对待业绩考核,她认为:

> 这是对居委会工作的促进,你居委会平常就要认真对待工作,不能马虎,让居民满意,要不你总结的时候说什么啊?你做得不好,居民就不给你划优,你还能在社区干下去吗?这是居民的权力,你要尊重才行。街道是我们的上级,年终肯定考评我们,你只要平常工作都挺上心的,考评也没什么了。(对 H 社区郝主任的访谈记录)

街道对社区居委会主任的业绩考核有一套严格的程序,街道和居委会都对考评非常重视。有时候,街道办事处或者社区办的相关领导还会到某个社区亲自参加居委会主任的述职,听取居民对社区的意见。居委会主任和各个委员在述职前要将自己一年中的工作整理出来,向居民代表汇报并接受质询和评议。街道的权力通过对社区主任的监督、考核和奖罚等程序得到完整体现。

---

① 参见《L 街道 2008 年度社区专职工作者工作测评表》。

第三节 权力整合：街居关系调整的新趋势

街道和社区是城市居民的聚集地，是居民"同地而居、异事相处"的工作、生活"小社会"。街居关系的核心问题就是权力的配置问题。近年来，L街道为了加强对居委会社区的指导和"掌控"，更好地实现和谐社会构建的目标，提高政策的执行力，对街、居之间的权力进行了新的分割，其中一个重要的表现形式就是在社区设立"服务站"，尝试重新调整街居关系。

一 居站并设：社区权力的厘清

在社区建设过程中，L街道下辖各居委会的辛勤工作和不懈努力，为社区服务奠定了良好的发展基础，也赢得了广大居民群众的信任。但随着社会进步和形势变化，居委会直接承担社区服务呈现越来越多的弊端。一是社区服务的领域不断拓宽，涉及卫生、教育、就业、保险、救助、维稳等，居委会有限的人力捉襟见肘，承担这些公共事务力不从心；二是社区服务的专业化要求不断提高，居委会的传统工作方式和人员素质与此很不适应；三是社区服务的执行情况需要政府持续的监测评估，而街道对居委会的指导关系无法完全实现这一目标；四是社区服务的纠错机制要求政府强化执行能力，而居委会的法律性质决定了其奖惩、罢免权在居民不在政府。为从根本上解决这些难题，北京市大力推行社区服务站，在不同区县确立试点社区，创新社区管理体制，厘清街道与社区居委会、社区居委会和社区组织之间的关系。

L街道在15个社区中选择了6个社区开展设立服务站试点工作。"居站并设"是指在一个社区同时设立居委会和服务站，居委会、服务站共同运行，分别向街道负责。居站并设的目的就是厘清社区居委会和社区服务站各自的权责，将社区"党、居"双轨型的格局变成"党、居、站"三角格局（见图2-5）。

L街道对社区党组织、居委会、服务站的工作进行了重新归纳、分类和定位。其中党组织是党在社区全部工作和战斗的基础，是社区各类组织和各项工作的领导核心，接受街道党工委的直接领导，并领导居委会和服务站开展工作，具体承担30多项工作；居委会主要承担居民自治职能，向居民提供公益服务，接受社区党组织的领导，协调、配合、监督社区服务站工作，具体承担85项任务；社区服务站是政府公共服务延伸到社区的工作平台，承担政府公共服务职能，具体承担100多项任务。① 社区服务站的设立实质上是向居委会"分权"，从而改变了传统的社区权力结构。由于社区服务站与街道之间领导与被领导的关系，街道事实上加强了在社区的"话语权"，而居委会则由于行政服务事务的旁落，其社区影响力在一定程度上受到削弱。

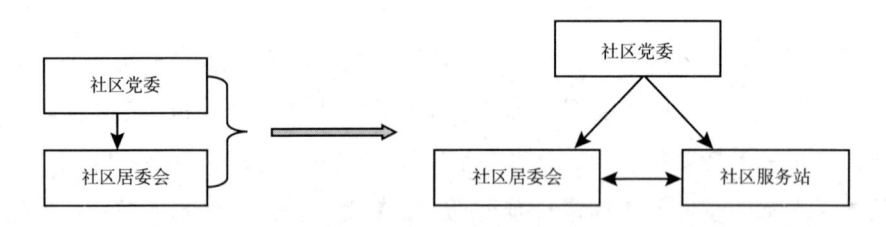

图 2-5　社区权力结构变动

二　服务为主：社区权力的分流

L街道设立的6个社区服务站最主要的工作就是"服务"，是街道沉在社区的"服务"平台。为了将这个服务平台建设扎实，L街道制定了详细的社区服务站工作职责，主要包括：代理代办公共服务、组织开展公益服务、组织开展便民利民服务、培育公益组织等。同时，街道还为社区服务站制定了工作制度，细化了工作流程和服务规范，建立了分办落实、首问责任、联席会议、组织协调、设备管理等制度。L街道希望通过加强制度建设促进社区服务的规范化、标准化。L街道的周副主任强调：

---

① 参见L街道《完善社区服务项目体系，大力推进社区服务站规范化建设》等相关资料，2009年9月。

> 服务站主要就是做服务，这四类服务你都要做，还要做好，社区工作啊，其实就是服务，在社区里为居民提供服务。你的服务做好了，居民满意了，你的工作就做好了。对街道来说，在社区设立这么个平台，其实还是为了管理，现在都强调政府的服务意识，要"寓管理于服务中"。（对L街道周副主任的访谈记录）

街道办事处在社区设立服务站的出发点是转变政府执政观念，通过服务来实行管理，逐渐摈弃过去那种行政性的命令和生硬的工作方式，树立服务型政府的新形象。但事实上，社区服务站很有可能成为街道在社区的真实代言人，原来掌握在居委会中的一部分社区权力将分流到社区服务站。

此外，社区服务站的服务能力也优于居委会。根据《北京市社区管理办法（试行）》和《北京市社区工作者管理办法（试行）》的规定，社区服务站原则上按每500户居民配备1名专职工作人员的标准招聘人员。社区服务站工作人员按照专业化、职业化的要求，由各区（县）依据"公开、平等、竞争、择优"的原则，面向社会公开招考；社区服务站工作人员与街道办事处签订服务协议，纳入社区工作者管理，其工作绩效接受社区居委会和居民群众的监督评议；社区党组织、社区居委会相关人员与社区服务站工作人员可视情况适度交叉任职。从实际情况看，社区服务站工作人员的年龄结构、文化结构、专业结构都明显优于社区居委会，一大批应届社工专业毕业生、往届毕业生、大学生村官进入社区服务站工作，这当然有助于推进社区服务的专业化、规范化，但也必将对社区权力的重新布局带来深远的影响。

三 职能归位：街居关系的调整

L街道在推行社区服务站建设的过程中，将重点聚焦于街居关系的调整，促使居委会、社区党组织、服务站的职能各归其位。这一努力改变了居委会整天忙于应付政府工作，无暇关注居民自治的状况。按照"职责明确、分工合理、优势互补、协调联动"的原则，在对社区目前承担的各项工作进行全面梳理的基础上，L街道根据社区党组织、居委会和服务站的不同性质和功能定位，对其各自承担的职责任务进行了合理划分和归纳调整，使各自的具体工作目标或服务项目得到进一步细化和明确。居委会的自治功能得到加强，重点是指导和培育社区内的社会组织，定期召开居民代表大会，组织开展形式多样的居民自治活动等。服务站突出服务，重点是为社区居民提供各类公共服务，确保党委、政府的各项政策能够在社区落到实处。街道办事处与社区居委会、社区服务站的指导和领导关系被再次强调（见图2-6）。

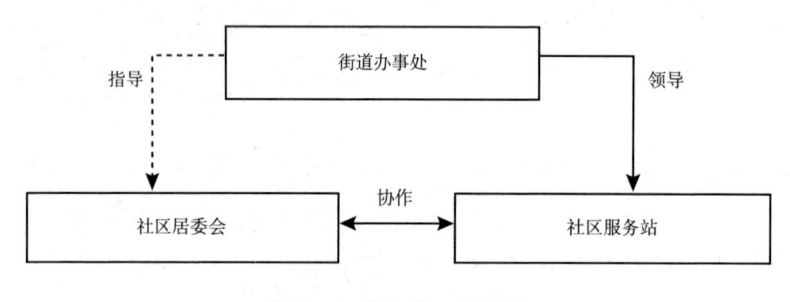

图2-6 街、居、站关系

但是，笔者在调研过程中发现，L街道的社区服务试点可能还需要更长的时间，已经制定的各项规章制度落实起来和现实还有不小的差距，比如从人员安排上来说，G社区的邢主任说：

> 服务站建立起来了，还是我们这些人干，没什么变化，社区工作就是这么些内容，而且好多都是混合在一起的，不像纸面上说的那么清楚。不过说起来，社区又多了一个机构，和居委会并列了，好多事要走联席会的程序了。（对G社区邢主任的访谈记录）

社区服务站的建立在一定程度上改变了社区权力结构。这主要表现在三个方面。首先，权力主体增加了。L街道社区权力三角格局说明服务站在社区的地位，服务站与居委会协商合作的关系更明确地表明了权力主体在权力结构中的平等位置。其次，权力运行机制发生了变化。原来由社区党组织与社区居委会共同决策的事情，现在变成社区党组织、社区居委会和社区服务站共同决策。L街道规定了十类事项必须由"社区工作联席会议"讨论共同决定。这十类事项包括：（1）社区建设和各项社会事业发展的总体规划和年度计划；（2）关系居民切身利益的重大问题和重大事项；（3）上级部门的有关指示、决定和重要工作的落实方案；（4）社区成员内部分工，财务、民政、社保、治保、调解、计生等内设工作机构工作人员的安排使用；（5）集体年度财务收支计划、年度财务计划执行情况、上级下拨资金及集体资产的使用和处置方案，年度集体收益分配；（6）本社区享受低保的人数和标准；（7）以社区党组织和居委会名义上报的重要报告及需要由上级部门采取措施和协调解决的事项；（8）社区居民普遍关注的难点、热点问题；（9）社区精神文明建设、社区事务等重大活动；（10）其他需要提交居民会议或居民代表会议讨论的问题。这十类问题基本上囊括了社区中"发展规划、人员安排、资金使用、利益分配"等核心问题。最后，权力的内容发生变化。权力主体分别拥有不同的权力，社区党组织拥有作为领导核心的政治权力；社区居民委员会拥有自治权力；社区服务站拥有服务权力。其中，社区服务站的权力内容是从居委会划分出来的，这更清晰地强调了居委会的自治性质和社区服务站为居民服务的权力内容。

街道办事处是街居关系的核心，也是社区权力的行动者之一。街道办事处从无到有，职能从简到繁，性质虽然还是区政府的派出机构，但是从实际运行情况来看已经成为一级准政府了。通过分析街道办事处内部的组织结构以及社区管理体制，我们发现了街道办事处的科层化权力结构以及分布其中的制度精英。街道办事处将社区分组分类划成"片"，便利了街道对于社区的指导、"掌控"和权力的分享。街道办事处管理社区（分享社区权力）的途径归纳起来主要有四种：一是对工作人员的选拔和安排；二是对资金和资源的分配；三是决定社区发展决策；四是实施奖惩（见图2-7）。通过这四种方式的管理，街道办事处在社区权力结构中彰显了自己的绝对重要性，街居关系对于社区权力结构和运行机制的影响也是如此。社区服务站的设立促进了街居关系的调整，使社区权力更为分散。在改变社区权力主体的同时，增强了街道对社区的控制能力,也使得社区权力的内容和运行机制发生了很大的变化。①

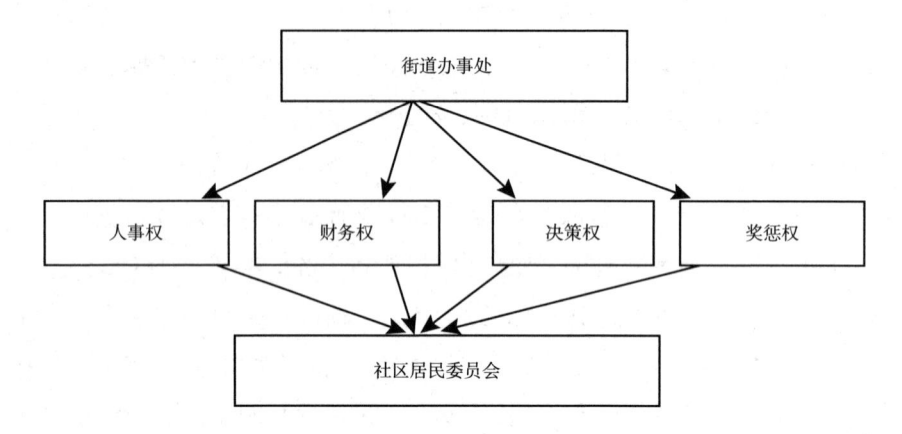

图 2-7　街道办事处分享社区权力的主要途径

---

① 参见陈伟东《权力平衡模式:居委会"两难困境"的破解》,《红旗文稿》2008 年第 22 期。文中谈道,在建立服务型政府的进程中,为居委会减负成为一个重要的问题。围绕居委会减负而开展的社区体制改革,使居委会面临两难困境,要么过度行政化,要么再度边缘化。这个困境也成为社区体制改革的瓶颈和难题。

第三章 社区权力的政治核心：社区党组织

由于中国共产党的执政地位及其领导模式，研究社区权力，必须研究党在社区权力结构中的地位。达尔在分析多元权力结构时，曾经把政党提名作为重要考察因素之一，分析提名过程中政党领导人的合法性及其功能。[①] 在我国城市社区，由于基层社区党组织的领导人采取党员选举和上级党组织批准相结合的选拔方式，所以普通居民一般不介入社区党组织的产生。关于社区党组织的职责，党章有明确的规定："街道、乡、镇党的基层委员会和村、社区党组织，领导本地区的工作，支持和保证行政组织、经济组织和群众自治组织充分行使职权。"党的十九大修改党章时，增加了对领导"基层社会治理"的表述，修改为："街道、乡、镇党的基层委员会和村、社区党组织，领导本地区的工作和基层社会治理，支持和保证行政组织、经济组织和群众自治组织充分行使职权。"这一规定表明了基层党组织在街道和社区中的制度核心地位，同时也划定了社区党组织和其他社会组织之间的关系。那么，社区党组织的结构和特点是怎样的？它是如何在"社区发展决策"和"社区资源分配"中发挥制度核心作用的呢？

第一节 社区党组织的结构与特点

L街道办事处在社区工作中强调社区党组织是社区权力的核心，实行

[①] Robert A. Dah, *Who Governs?*, New Haven and London: Yale University Press, 1961, p.105, 113.

"党委领导、政府负责、社会协同、公众参与"的工作机制。那么，社区党组织有着什么样的特点？对社区权力结构及其运行有何影响？是分化了社区权力还是集中了社区权力？这些都是需要讨论的问题。我国著名社会学家费孝通先生曾说过，在社区中，"如何通过党员的模范作用增强社区的凝聚力"是值得研究的问题。① 社区党组织是否像党章规定的那样，通过建立和完善组织结构，吸纳和组织党员，在社区形成权力的制度核心，以此领导和团结社区居民、社区组织，推动社区发展呢？

一 社区党组织的结构

社区党组织对于中国共产党执政地位的重要性是不言而喻的，社区党建的提出更是从理论和实践两个方面强调了其重要性。更有学者指出，之所以提出社区党建是因为在社会巨大变革的时代背景下，"支部建在单位"的形式受到挑战，"支部建在社区"是新时期党重构基层组织的新举措。② 有的学者强调社区党支部书记就是国家利益的代言人。③ 为了扩大党在基层社区的影响力，党的十七大报告明确要求："推广基层党组织领导班子成员由党员和群众公开推荐与上级党组织推荐相结合的办法，逐步扩大基层党组织领导班子直接选举范围，探索扩大党内基层民主多种实现形式。"这一要求的着眼点在于改革社区党组织选拔机制，使之更有群众基础，更能为社区居民所接受。实质上是从另一角度增强其权力来源的合法性。

2009年，崇文区成为当时北京全市第一个在社区党组织选举中普遍实现"公推直选"的区县。对于7个街道、84个社区、516名社区党组织成员而言这不仅仅是一次例行的"交接班"，更是拓展党内基层民主建设的新尝试。④ 这次公推直选对于社区党建和社区党组织都产生了很大的影响。通过此次社区党组织选举，崇文区共选举产生新一届社区党组织班子成员516

---

① 费孝通：《中国现代化城市对社区建设的再思考（代序）》，载《上海社区发展报告（1996～2000）》，上海大学出版社，2000，第8页。
② 参见何金辉《城市社区治理中的权力结构与运行机制研究》，华中师范大学博士学位论文，2007。
③ 徐晓军：《城市社区自治：权力矛盾及其协调》，《学海》2005年第1期。
④ 参见《崇文区全面推行社区党组织"公推直选"》，北京社会建设门户网站，2009年4月。

名，其中 65 名党员民警、45 名社会单位党员代表、7 名流动党员被选入新一届党组织班子，占新当选人员的 22.7%。L 街道社区居委会干部共有 105 人，其中党员 65 人、团员 3 人、群众 37 人。社区居委会中的党员干部也成为社区党组织成员的重要来源。

L 街道的 G 社区党委通过社区党组织的选举，成立了新的社区党委班子，其组织结构如图 3-1 所示。

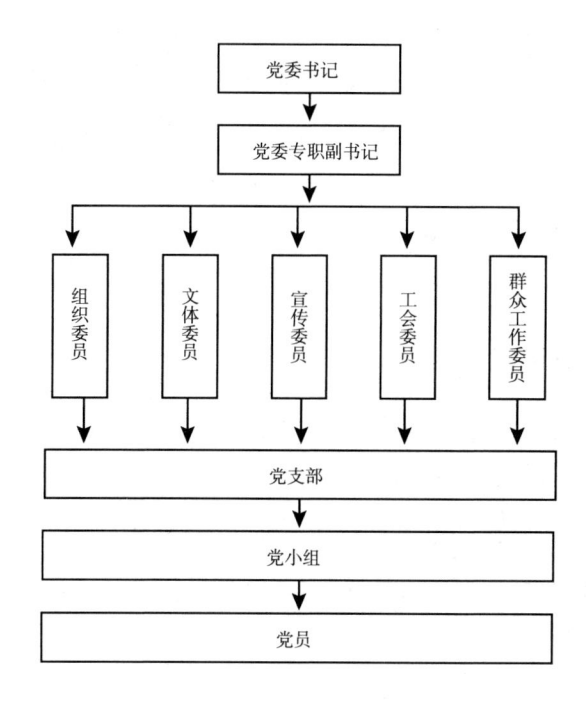

```
                    党委书记
                       │
                   党委专职副书记
        ┌──────┬──────┼──────┬──────┐
      组织    文体    宣传    工会   群众
      委员    委员    委员    委员   工作
                                    委员
        └──────┴──────┬──────┴──────┘
                     党支部
                       │
                     党小组
                       │
                      党员
```

图 3-1 G 社区党组织架构

G 社区党委书记由社区居委会邢主任兼任，通过党委公推直选选出。社区党委副书记专职做党务。党委委员设有 5 人，分别负责组织、文体、宣传、工会和群众工作。社区党委共有 4 个党支部，18 个党小组，党员 224 人。党支部委员由换届选举前的 5 名增加到 9 名。党小组是社区党委重要的支持力量，社区党委领导社区的党支部或党小组，通过支部活动联络社区党员，将社区党委的决定通报给党员，并安排党员定期参加党组织活动。邢主任评价说：

这次党委选举实现了党组织班子由社区党员单一构成向社会化多元构成的转变。在扩大候选人提名范围上，将党员民警、社会单位党员代表、流动党员纳入了提名范围。××医院的××医生和社区民警都成了咱社区党委委员。（对 G 社区邢主任的访谈记录）

社区党组织是党在城市基层的战斗堡垒，通过党组织系统领导社区各组织与各项活动。社区党委的成员增多，吸纳不同单位、不同类型的党员加入，最直接的影响就是扩大了社区党委的权威和影响力，使之不只局限于社区内部。更重要的是，也是对社区党委最实际的好处，就是通过社区党委成员吸引更多的资源，这对于开展社区工作是非常有利的。比如，社区党员民警成为党委委员后，在社区治安和群防群治方面，社区党委与派出所就有了更好的沟通。

二　社区党组织的功能发挥

社区党组织行使的是一种政治权力，从本质上讲是在特定的社会政治共同体中的社会主体，凭借其所拥有的政治资源参与该共同体政治生活以夺取、制造和分配以物质利益为中心的各种价值的能力。[1] 在社区层面，社区党委作为政治领导核心在权力结构中处于最重要的位置，在社区的各类工作和决策中都起着积极的和最后决策的作用。G 社区连续八年获得"北京市先进居委会"称号，这与社区党委的努力是分不开的。这个称号让邢主任和其他社区党委委员们都很自豪。邢主任再次当选党委书记后，新的社区党委成立后就制定了党委的工作目标，要争创"五好社区党委"，这一目标成为新社区党委工作的动力。为了提高党委的工作效率，新党委很快就制定了工作计划，并有序开展工作。

首先，社区党委进行了分工。根据党委工作的需要和每位委员的个人特长，不同的委员分担不同的工作内容。比如，社会单位党员代表主要发挥自己的资源优势，请社区卫生服务中心的医生常年定期为社区党员群众上健康

---

[1] 窦泽秀：《社区行政——社区发展的公共行政学视点》，山东人民出版社，2003，第189页。

课，讲解健康知识，积极推进社区党组织与驻区单位之间的联建共建活动，实现资源共享，取长补短。在社区安保等工作中，注意发挥党员民警的优势，请他们帮助完善社区治安防控体系，制定社会治安综合治理各项措施等。

其次，通过加强对党员的管理，提高社区党员的凝聚力。分散在社区的党员难以聚齐，有的人离退休后就不再参加党员活动，那些在非公企业上班的人也不愿意参加党务活动，甚至不愿意暴露自己的党员身份。特别是社区中的各类社会组织和经济组织纷纷出现，这些组织没有对应的党组织，成为"无上级主管单位、无行政级别、无党组织"的三无单位。这些单位中的党员没有相应的组织，成为流动党员或者口袋党员。面对这些难题，社区党委想了很多招数。邢主任说：

> 我们想了好多法子。比如我们办班，就是举办法律知识、书法绘画、卫生讲座和科普知识讲座班，邀请党员来参加。或者通过电话、邮箱等方式与在职党员、外出党员保持联系，同时要求支部与党员保持联系，加强党员的思想教育。还有一种就是渗透式，就是将党员教育管理寓于文体活动之中。如今年我们组织了诗歌朗诵、知识竞赛、书画展览、外出写生等活动，社区党员都能来参加，效果也不错。（对G社区党委书记邢主任的访谈记录）

再次，通过结对子，把党员和困难群众结合起来，强化党员的责任意识。社区党委动员党小组和党员主动帮助困难群众，为困难群众解决实际问题。社区党员志愿者服务队现有党员145名，他们经常参与社区组织的志愿活动，比如治安巡逻，或者帮困济贫等。

最后，通过社区党建协调委员会，联系社区和驻区单位。社区党建协调委员会每年召开两次会议，参加人员有各社区的书记，以及驻区单位的党员、社区中退休的党员，会议内容主要是介绍社区各项工作、党建工作，征求代表的意见建议等。

社区党组织作为政治领导核心的合法性是毋庸置疑的，但近些年来，为了拓展合法性来源，进一步增强其在社区的凝聚力和号召力，L 街道推行公推直选等办法，效果明显。社区党组织功能的发挥主要依托组织内部的合理分工，以及对党员的严格管理。作为社区政治领导核心力量，社区党组织的实际权威和影响力更多体现在党组织在社区发展决策和社区资源分配过程中的作为。

第二节 决策与资源：社区党组织权力的实际应用

社区党组织是社区工作的政治核心力量，在社区发展决策和整合资源的时候，在不同社区，因为人员安排、社区传统等方面的原因，其权力运行也呈现一些不同的特点。

一 交叉任职与社区发展决策

交叉任职，是指社区居委会主任同时兼任社区党委书记。调查发现，在 L 街道所辖的 15 个社区居委会中，有 11 个社区的居委会主任与社区党委书记由一人承担，也就是"一肩挑"，占 73%；只有 4 个社区的主任和书记分别由两人担任。社区党委的委员也多由社区居委会的委员担任。这种交叉任职现象的外在表现就是党居合一，也就是党的社区组织与居民自治组织重合为一体。调查发现，交叉任职有以下几个方面的原因。

第一，方便社区工作开展。社区居委会主任和社区党委书记由一人担任，避免了许多人为的内耗，防止工作推诿，提高了工作效率。L 街道的周副主任对这种现象的看法是：

> 社区主任和书记"一肩挑"，其实就是有意识这样安排的。因为啊，在社区可能不像在机关、学校、企业啊这些地方，社区是为居民提供服务的地方，这也是居委会的工作内容。要是分开了，如果搭配得好还行；如果合不来，那这工作就没法开展了。（对 L 街道办事处周副主任的访谈记录）

G 社区邢主任也认同这个观点，她说：

> "一肩挑"就是方便工作，减少矛盾。像我们街道那些个分开的社区，我看处得都不怎么好。有的书记本身就不想干，有的书记和主任意见不合，干着都挺别扭的。（对 G 社区邢主任的访谈记录）

第二，增加社区居委会主任的权威。居委会主任是民选的群众自治组织的领导，在社区开展工作或者发动群众、整合资源的时候，如果辅之以社区党委书记的职位，那就无形中增加了说话的力度和权威性。在社区，社区党员是重要的参与力量，社区居委会主任有了社区党委书记的头衔，直接联系党员就方便多了。仅仅用居委会主任的身份来指挥社区党员，肯定存在障碍。

第三，有利于形成社区发展决策。同样还是前文谈到的街道要求各个社区都必须参与"魅力社区"活动，Z 社区的王主任给笔者介绍了她们社区参与时社区党委的角色：

> 我们参加这个魅力社区活动，征求了居民的意见，最后党委开会讨论，决定下来。因为这是社区的大事情，有好几个月都得围绕着这个活动干，其他工作怎么安排，居委会人员怎么分工，怎么动员群众，这些都得要党委决定。那我这不是兼着书记嘛，我们开个会，也就决定了。（对 Z 社区王主任的访谈记录）

社区党委在重大事件上具有决定权，为社区发展定调子、把方向。社区发展重大项目要经过社区党委这一关才能进入申请和运行阶段，居委会主任有了社区党委的头衔，决策起来就顺当了许多。相反，如果居委会想做什么事情，再去征求社区党委的意见，其结果就不得而知了。

同样，在 G 社区，社区居委会首先召开居民代表会议，通告比赛事宜，征询代表的意见。居民代表统一意见，同意社区参加后，再由社区党委讨论通过。这个民主的程序在社区中运行得非常规范，也非常顺畅。

第四，社区居委会和社区党委的工作内容是重合的。虽然在制度上对于社区居委会和社区党委的工作内容、主要职责各有明确的规定，但是其根本工作目标还是有相同之处的，都是为社区居民服务，都是为了促进社区发展，社区居委会委员充当社区党委委员，在具体职责上是相当一致的，所以交叉任职在实际工作中易于操作，对于居委会成员不构成额外负担。

第五，容易解决社区党委委员的身份和待遇问题。社区居委会委员是有工资待遇的，而社区党委委员没有，所以社区居委会委员兼职做党委委员后，也就比较顺畅地解决了其待遇问题。

交叉任职是社区权力的自我调整。在制度许可范围内，社区"两委"的权力被叠加了，也被放大了，在权力结构中的核心位置更加巩固，无论是通过党的系统，还是通过居民自治，社区发展决策都能通行无碍。当然，这一现状，也从侧面说明社区党委和社区居委会的分设会形成社区权力资源的流失。机构的重叠，在很大程度上是为了集中权力，使社区工作能够更顺畅地开展下去，或者开展得更有效率。

二　社区资源整合与分配

前面已经指出，社区党委书记是社区中"位置重要而且有威望、有影响力的人"，这是因为社区党委在社区资源整合与分配过程中发挥着不可替代的作用。这个群体如布尔迪厄的分析，"个人、群体、机构、家庭等常常利用经济资源或文化资源以维护自己在社会秩序中的地位"[①]。那么，社区党委是如何维护其在社区中的权力地位呢？

首先，整合社区的社会资源。通过"共驻共建、党建共建"等方式，积极联系和引导驻社区的单位，给这些单位介绍社区建设和管理的意义、对于其自身发展的促进作用，以及社区的现实需求等。进而由社区党委牵头成立"社区联席会议"，将这些单位吸纳进来，为驻区单位

---

① 〔美〕戴维·斯沃茨：《文化与权力：布尔迪厄的社会学》，陶东风译，上海译文出版社，2006，第157页。

第三章 社区权力的政治核心：社区党组织

参加社区建设搭建机制和平台。这一机制的建立一方面整合了资源，另一方面也便于提供服务。比如，G社区周边有许多小门店，社区一方面为这些门店的小老板提供一些信息，帮助他们办理营业手续；另一方面，积极联系这些人，发挥他们当中党员的表率作用，动员他们积极为社区做贡献。有的理发店主动给社区高龄老人上门理发，有的为社区的"老饭桌"提供低价午餐，有的积极捐钱捐物、扶贫济困等，效果很好。

其次，整合社区的人力资源。社区资源中人力是最大的资源，也是最重要的资源。G社区邢主任对此深有感触：

> 要说社区吧，还真没有什么资源。最多的就是人力资源了。居民是最大的资源。你社区要组织活动或者开展什么工作，没有居民参加，那肯定不行。我们社区，居民这方面的资源也特别丰富，街道举办什么活动，找人都上我们这儿来，居民也信任我们，要是街道自己直接找去，那人家居民指定不去。反正，人肯定是第一位的了。尤其是奥运会期间，城市志愿者、奥运志愿者什么的，都要人，全靠党员和积极分子了。咱们党委一动员，人基本上都能齐了。（对G社区邢主任的访谈记录）

在社区，人力资源是最重要的，无论是街道，还是社区党委都高度认同这一点。社区就是"人们生活的共同体"，包括了不同的位置、不同能力的人。权力研究的三个核心问题"谁统治""谁获胜""谁受益"，其实都是围绕着社区中的人来回答的。社区党组织围绕人力资源，整合、优化社区资源配置，在行使权力的同时，其实也丰富了权力的内涵、放大了权力的外延。

从理论上讲，社区党组织居于社区权力结构的政治核心，对于社区其他权力主体的领导作用是无可替代的，其表现就是它所拥有的对社区重大事项和重要决策的最后决定权。同时，社区党组织并不只是抽象化的领导和原则性导向的提供者，还是一个真正的权力行动者，实质性介入社区的发展决策和社区资源分配。社区两委的"交叉任职"为社区党组织的实质性领导提供了平台，使得社区决策的形成和资源分配得以顺畅进行，避免了因为权力组织的分立而可能造成的分歧。从另一角度看，社区党组织权力的合法性来源也正在逐步多样化，除上级党组织赋予外，也开始转向社区居民的认同。

第四章 社区权力的运行核心：居委会的发展与嬗变

如果说社区党组织是社区权力的政治核心和制度核心，那么社区居委会就是事实上的社区权力运行核心。但这并不意味着社区居委会就能够代替社区党组织，将分散的社区权力凝聚到一起，形成精英化的社区治理集团。不同的权力主体，虽然可以通过职务兼任、联席会议等形式更容易在决策中形成共识，但他们之间的博弈和争辩、讨论和协商，仍然代表着不同的利益攸关方。在我国社区层面的各类组织中，社区居民委员会是群众性居民自治组织，在社区发展决策和社区资源分配中扮演着不可替代的角色，甚至在很大程度上影响着社区决策的方向和资源分配的结果。

第一节 居民委员会的变迁与角色

居民委员会在成立发展的60多年里，其命运一直与国家和社会的发展变迁息息相关。居民委员会从无足轻重演变为国家和政府极为倚重的基层社区管理的重要组织，其在社区权力结构及其运行中的地位和行为方式也在不断发生着重大变化。

一 居委会的组织和体制变迁

1955年1月，随着第一届全国人民代表大会通过的《城市居民委员会组织条例》的正式颁布实施，北京市共建立了660个居委会。当时居委会的设立，一般结合户籍责任段、群众习惯和居住情况，每 300～400 户建一个居委会，大约人口数为 1000～1700 人；每 15～40 户居民组成一个居民小组。居委会成立的程序是：先以原有积极分子为基础成立筹备委员会，再由筹备委员会组织召开居民片会，选出居民小组长 1 人；由各居民小组长组成居民委员会，并推选出主任 1 人，副主任 1～2 人；最后召开全体居民会议，宣布居民委员会正式成立。一些较大的工厂、院校、机关，职工家属较多的，则单独建立家属委员会。居委会内设治安保卫、调解、卫生和社会福利委员会，委员 11～17 人。一般委员兼任居民小组组长，各小组再选出 1 名副组长。居（家）委会都是群众性自治组织，其任务是办理有关居民的公共福利事项，向人民政府反映居民的意见和要求；发动居民响应政府的号召，遵守法令等。北京市居委会的建立，协助政府加强了对城市居民的组织、教育和管理。他们组织扫盲小组、读报小组、储蓄小组，建立卫生值日制度，调解邻里纠纷，做好民族团结工作，帮助群众反映解决诸如污水、路灯、公用厕所、道路维修等急迫的问题，得到广大居民群众的支持。

1958 年，北京市掀起"大跃进"高潮。街道办事处纷纷合并，组建城市人民公社；1966 年"文化大革命"开始后，城市人民公社又被改组为"街道革命委员会"，同时居民委员会也被改组为"革命居民委员会"或"文化革命小组"，变成了阶级斗争和群众专政的工具，工作性质发生了重大变化，这种状况一直持续到 1978 年党的十一届三中全会召开。另外，在"文革"末期，按居民居住的自然院落组建的"向阳院"也曾经在北京流行过一段时期，但并没有普及开来。[①]

党的十一届三中全会以后，加强城市基层管理工作再次被提上议事日程。1980 年，全国人大重新公布了 1954 年的《城市街道办事处组织条例》和《城市居民委员会组织条例》，并在 1982 年的新宪法中确认了居民委员会的"基层群众性自治组织"性质。之后，北京市逐步恢复了街道办事处建制，并按照民政部的统一部署和城市管理的实际情况，开展简政放权，努

---

① "向阳院"首创于 1974 年的北京市北新桥街道，其管理机构是"向阳院管理委员会"。1975 年 1 月 27 日的《人民日报》有详细介绍。

力健全街道办事处的职能。在居委会建设方面，则结合贯彻1989年全国人大常委会审议通过的《中华人民共和国城市居民委员会组织法》，于1991年12月公布施行了《北京市实施〈中华人民共和国城市居民委员会组织法〉办法》，明确了居民委员会的性质、任务和组织方式。

为适应社会转型，北京市对社区居委会建设给予高度重视，重点是发挥居委会的群众自治组织作用，引导居民自我管理、自我服务和自我教育，以社区为平台，搞好社区服务、社区保障、社区治安和其他社会公共事务。为此，北京市将社区定位在街道以下，但又大于传统的居民委员会辖区。"社区辖区内的居民户数一般在1000～3000户左右。"[①] 这就要求对居委会的规模进行适当调整，构建新型社区组织体系。截至2002年底，按照有利于实施管理、有利于资源配置、有利于提高工作效率的原则，北京对全市4600个居委会进行了规模调整，整合为2400多个具有不同功能特征的社区居民委员会。同时，通过健全社区选举和社区管理制度，为居委会建设提供了良好的发展空间。随着城镇化建设的推进，全市社区居委会数量有所增加，到2012年总数为2755个。

现在的居委会同改革开放前的居委会，甚至社区建设开展前的居委会相比，其组织架构、职能定位和角色地位已不可同日而语。从服务对象上看，由无工作单位的社会闲散人员发展为全体社区居民；从人员构成上看，由"退休老大妈"发展为学有专长的职业社区工作者；从工作方式上看，由简单的走门串户发展为动员、协调、会商等现代沟通模式；从工作内容上看，由零散的生活关照发展为就业、救助、卫生、环境、服务等全方位保障；同时，可动员和支配的资源也实现了质和量的飞跃。特别是随着单位制的逐渐弱化，单位人向社会人的转变，许多原本由单位承担的与职工的生活、家事相关的职能被转移到社区居委会。退休职工的社区生活和社会保障、下岗职工的生活救助和再就业等，事无巨细都成了居委会分内的事情。各个政府机构也逐渐把自己原先承担的一些工作下沉到居委会。居委会既要忙居民的事

[①] 北京市社区建设工作领导小组办公室编《北京市第三次城市管理工作会议文件汇编》（内部资料），2001年9月，第34页。

情,更要完成政府布置下来的任务,有人用"上面千条线,底下一根针"来形容。有学者从居委会的建立、发展和完善过程分析,认为目前居委会在体制上呈现"全能性与集中性"的特点,在体制定位上表现出"后补性与前沿型"的特点,在体制属性上表现出"受控性与自主性"的特点,在体制构造上呈现"扁平性与对角性"的特点。① 居委会承担的事务越来越多,成为一个全能性的组织,而在行使权力的同时,又受到体制的影响,自主性不能完全发挥,居委会是"政府的腿"的形象由此而来。说居委会是社区权力的实际运行核心,亦源于此。

二 居委会的角色定位

居民委员会是我国城市基层群众性自治组织。《中华人民共和国城市居民委员会组织法》第二条规定:"居民委员会是居民自我管理、自我教育、自我服务的基层群众性自治组织。"居民委员会的特征可以概括为群众性、自治性、基层性、地域性和广泛性。② 居委会是社区建设的重要参与者,是街居关系中的核心组织,也是实事上的社区权力运行核心。在实际运行过程中,居委会既要面对政府的指令,又要面对居民的需求,其角色是双重的,既是政府代理人,又是居民当家人。

首先,居委会是政府的代理人。我国城市管理体制是"市—区—街—居"的模式,也就是"两级政府、三级管理、四级落实"。居委会属于"落实"的一级组织。来自各级政府的行政任务和指令都需要通过居委会来实施,在居民眼里,居委会就是政府的代理人。居委会的日常工作大部分都是为了完成来自街道或者其他政府部门的任务,这些政务性的工作占据了居委会主任、副主任的大部分时间和精力,使得居委会无暇关注居民的需求,不能全身心地投入为居民服务的工作。笔者在 G 社区调研时发现,居委会有一面墙上悬挂着许多展板,展板上有各种制度、章程,数了数就有十六块展板。邢主任介绍说:

---

① 王邦佐:《居委会与社区治理:城市社区居民委员会组织研究》,上海人民出版社,2003,第 164、165 页。
② 唐忠新:《中国城市社区建设概论》,天津人民出版社,2000,第 208 页。

政府的工作都下沉了，都在社区设点。每设一个就要有制度，制度上墙，完了还要检查和验收。我们这些展板都是活动的，随时可以拿下来，哪个部门来检查，我们就把哪块展板挂上去，这些是没办法的事情。我们一天就是忙着这些事情了，真正为居民做事都没时间了。这也挺难的，政府满意了，居民却不满意，说居委会就给街道办事，天天脸朝上，意见也大着呢。（对G社区邢主任的访谈记录）

有人称居委会现在是半行政和半自治的组织了，也有人说居委会成了街道办事处的派出机构和办事机构了，成了政府的"腿"。虽然无论是政府还是学术界都关注到了这个问题，并试图从理论上提出要赋予居委会"拒绝不合理任务摊派权"，避免政府部门利用手中的权力任意布置任务，损害居委会自治权。[①] 但是这种状况从目前来看一时还难以改变。邢主任言语之间有很多的无奈：

有好些工作都是从街道派下来的，有的是区里的分到街道，街道转手就扔给社区了。虽然说是那么说，不让乱摊派，可有些事情吧，街道都顶不住的，我们社区就只能这么干了。我这主任、副主任，一天忙得什么似的。还有，我们也不敢拒绝啊，因为到年终了，街道的职能科室还要给我们打分，我们办公经费也是街道发，只能干，像我们这样的，还只能干好。（对G社区邢主任的访谈记录）

社区是我国政府对城市基层社会实施管理的最基础的平台，街道办事处和社区居委会都是参与和执行政府行政命令的组织。尤其是社区居委会，承担政府的指令和任务由来已久，好像是理所应当的事情，其作为"政府代理人"的角色形象早已深入人心。但是，为了有效实施管理，提高政府的治理水平，政府也在探索基层社区新的管理和服务模式。L街道就将社区层

---

① 蔡小慎、潘加军：《转型期我国城市社区治理中的分权问题探讨》，《社会主义研究》2005年第2期。

面的各类工作和服务进行分门别类地整理，比如划分为政府政务类、社区服务类、商业服务类、公益服务类等，试图将这些服务交由不同的组织来承担，分清不同组织的权限和职责。但这当然是一种远景的规划，成立社区服务站也仅仅是尝试之一，其效果还需要在实践中观察，当然也还需要不断改进。当有一天真正形成这样的格局了，居委会作为"政府代理人"的角色才有可能慢慢淡化，并恢复到群众自治组织的本来面目。

其次，居委会是居民的当家人。作为居民的当家人，为居民提供服务是居委会的重要职责。从建立之日起，居委会就是致力于为老、弱、病、残、鳏、寡、孤、独等弱势群体提供服务的，或者对一些无业的社会边缘群体实施社会救助。由于居委会角色中的半官方色彩，以及长期以来的计划经济使人们在心理上形成对政府很强的依赖性，一旦居民遇到生活困难，找居委会帮助他们解决问题成为理所应当的选择。[①] 正常的有工作单位的居民的工作和生活都以单位做依托，对于居委会的需求很少。随着单位制的逐渐解体，社区服务和社区建设的推广，社区在人们日常生活中的重要性不断提升，社区居委会的服务对象和服务内容也发生了巨大的转变。除了弱势群体的特殊需求需要满足，普通居民的一般需求也要照顾到。在调研期间，笔者碰到这样的真实案例：

张某：男，重度肢体残疾，无业，未成家，独自一人生活。2006年9月在某路口遭遇不明身份人员殴打，造成脑部重伤。经在天坛医院重症监护病房住院抢救，40天后出院。住院期间共花医药费3万多元。虽经公安机关多方努力但至今未抓到凶手。张某的生活陷入绝境。当居委会得知这一情况后，多次派人到家中看望慰问，并于2007年元旦为他在L街道民政科申请了临时救助3000元，春节期间又协调残联为他送去了米、面、油、奶及坐便器。根据其具体身体情况，居委会又在2007年5月按政策在残联为其办理了重残无业补助每月330元。2008

[①] 雷洁琼主编《转型中的城市基层社区组织——北京市基层社区组织与社区发展研究》，北京大学出版社，2001，第395页。

年 6 月张某年满 60 周岁，按相关政策停发了他的重残无业补助。他的生活遭遇了很大的困难，就在这时居委会又为他在社保所办理了福利养老金 200 元，之后又办理了一老一小大病医疗保险。为了方便张某出行，居委会又在残联为他申请了助行器。根据本人身体状况，居委会又为他办理了居家养老服务补贴券每月 50 元，社区志愿者为他提供理发、洗衣等服务。2008 年 8 月居委会又为他在街道民政科办理了城市重残人员困难补助每月 429 元。居委会对张某的帮助和救助使他很受感动，他经常到居委会泣不成声地向主任们表示感谢，说居委会给了他第二次生命。

就像这个案例中的居民张某一样，对许多社区里生活困难的居民来说，居民委员会是他们最直接的依靠，在遭遇不测或是遇到困难时，居委会成为他们的首选保护者。在这个案例中，居委会协调了民政、残联、医院、社保所等众多资源，为困难群众提供了直接的物质和现金救助。

一直以来，居民往往把居委会当作国家在基层的行政机关代表，认为社区所有事务理应由居委会负责。一旦居委会无法解决居民反映的问题，就会对居委会产生失望甚至不信任感，认为居委会"不能解决问题，反映了也没用"，从而影响了居民参与社区活动的意愿。居委会"政府代理人"和"居民当家人"的双重角色如何能够比较好地融合起来，而不是互相干扰？为真正发挥居委会在政府和居民之间的桥梁作用，L 街道所在的区政府进行了一个积极的尝试，对于居委会的作用发挥和权力行使都产生了积极的影响，这就是"社区信访代理制"。

"社区信访代理制"最早是由区政府于 2009 年提出的，即将信访放在社区层面，通过"社区代理"的方式就近解决群众信访问题。信访代理的主要内容是：居委会成为接受居民信访的第一站，居委会在接到居民信访之后，能解决的马上解决，不能解决的要在 24 小时以内向上汇报，并及时给居民回复。这是 L 街道所在的区政府为解决"上访难"，化解社会矛盾的一项重要举措。成立社区信访代理接待服务站，使群众反映问题只进一个门——信访代理接待站，只找一个人——信访代理员，将群众反映诉求的平台延伸到"家门口"，基本实现了"社区权限范围内的立即办、涉及上级部门的帮助办、群众有难的上门办、百姓无暇的代替办"这样一个目标，从而架起了社区和居民群众、驻区单位之间的"连心桥"。①

"社区信访代理制"推广之后，得到上级政府的好评和广泛的媒体关注。② G 社区作为优秀社区，自然而然地成为社区信访代理的试点和明星，邢主任说：

> 区里又推信访代理，这个工作区里挺重视的，都放我们这儿了。（问：有居民来信访吗？）这个星期，有一两个，不过算不上是信访，就是什么天然气不够啦，水管堵了什么的，都是生活上的事情，我们都及时给解决了，要是真有那关于拆迁啦、房子啦什么法律问题、政策问题的，我们哪解决得了啊？（对 G 社区邢主任的访谈记录）

L 街道所在的区是一个老城区，这两年城市拆迁特别多，拆迁中的矛盾和冲突也非常突出，居民因此频频上访。为解决这个问题，区信访办依托新建立的"社区信访代理制"，引导居民先到社区的信访代理员那里反映问题，由社区来负责协调解决，解决不了的，再由社区居委会向上反映。区信访办为此出台了政策，规定社区为解决居民上访问题需要协调其他单位的，涉及的单位要积极配合，如果该单位拒绝或者解决不力，将受到惩处。这样的政策规定，为社区居委会带来什么样的影响呢？邢主任说：

> 你还别说，推行这个"社区信访代理制"后，我们居委会权力大多了。（问：怎么回事？）因为我们区规定了，社区有权受理信访；为居民解决问题的时候，有权协调涉及的单位，哪家单位没来，如果居民因为这事上区里上访，那这个单位就要"挨板子"了。现在，要是居民有什么问题，当然都是些生活上的事情了，什么灯不亮啦，水管堵了什么的，我们一打电话，人来得可快了，以前，我们怎么打电话，人家

---

① 参见 G 社区《社区党委换届选举后工作汇报》（2009 年）。
② 2009 年 1 月 20 日的中央电视台新闻联播播出了《社区信访代理解决居民难题》的消息。焦点访谈也播出了专题，G 社区的邢主任还接受了采访。

也不一定来。(对 G 社区邢主任的访谈记录)

同时这项制度也强化了社区居委会的服务意识和"代言"意识。邢主任说：

> 我们居委会是"代为反映"。比如昨天一位老大爷来说他们家有个东西坏了，来找我们了，以前可能给他个电话号码，让他自己打。现在我们就替他打电话，因为现在好多这种语音提示电话，一会儿让你按1，一会儿让你按2，老人他不会，我们就帮着给打了，联系好人。(对 G 社区邢主任的访谈记录)

社区居委会作为居民自治组织，从建立之初就担负着"为政府分忧、为居民解愁"的责任。作为政府的代理人和居民的代言人，居委会发挥了难以替代的作用。同时，社区信访代理制等工作模式的推行也进一步强化了社区的权力资源。

第二节　从"松散组合"到"精英团队"

居民委员会的产生有其特定的历史背景和社会背景。在我国社会发展过程中，居民委员会的人员组成、组织结构，以及由此带来的在社区中的地位和影响力也都在发生深刻的变化。这些变化在一定程度上强化了居委会在社区权力中的运行核心地位。

一　街聘——民选：政府权力与社会权力的结合

早期居民委员会的产生不是通过选举，而是通过街道或者单位推荐，或上级任命的形式产生的。在 L 街道，早期的居委会主任大多是退休职工、家庭妇女，他/她们热心群众事务，喜欢帮助居民。这些居委会主任的共同特点是年龄比较大，社会经验丰富，但文化程度较低。

选举，从严格意义上说是一种具有公认规则的程序形式。居委会组织法对于选举人、选举方式及其当选者的任期都有具体的规定，该法第八条规定："居民委员会主任、副主任和委员，由本居住地区全体有选举权的居民或者由每户派代表选举产生；根据居民意见，也可以由每个居民小组选举代表二至三人选举产生。居民委员会每届任期三年，其成员可以连选连任。"居委会成员的产生方式从非正规的举荐制向正式选举制的转变，是社区居委会发展史上的一大进步。其程序一般是：先通过公开方式向社会发出招聘公告，通过考试、面试等方式挑选主任候选人；再通过街聘民选的方式产生主任和副主任，一般被称为社区专职工作者、社区专干等。这个过程体现了"政府权力"和"社会权力"的结合。社会权力特指国家权力之外的广泛散落于社会和民间的各种权力的总和。① 居委会主任由居民选出，居民行使了法律所赋予的权力，选出自己认同的居委会主任和委员，反映了居民的意愿，这是社会权力的体现。同时街聘是街道聘用居民选出的居委会主任，体现了政府的意愿，二者的结合，使居委会干部同时具有双重身份。

近些年来，随着国家对于基层政权和基层群众性自治组织的日益重视，政府与社会的关系在悄悄发生转变，由此居委会的产生方式和人员构成也发生了很大的变化，这些变化对于社区居委会更好地发挥社区权力的运行核心功能，起到了重要的推动作用。

二 志愿型——专业化：居委会工作人员构成的变化

居委会工作人员的构成在居委会发展变迁史上呈现不同的特色。1954年《城市居民委员会组织条例》刚刚颁布实施时，居委会设有福利、治保、文教、卫生、调解5个工作委员会。当时的居委会干部主要是由家庭妇女、在职职工、失业工人、工商业者及其家属、个体劳动者担任，都属于义务服务的性质。居委会主任、副主任和治保主任、文教主任、福利主任等都没有工资津贴。1990年1月1日起实施的《中华人民共和国城市居民委员会组织法》第十三条规定："居民委员会根据需要设人民调解、治安保卫、公共卫生等委员会。"第十七条规定："居民委员会的工作经费和来源，居民委

---

① 卢少华、徐万珉：《权力社会学》，黑龙江人民出版社，1989，第129页。

员会成员的生活补贴费的范围、标准和来源,由不设区的市、市辖区的人民政府或者上级人民政府规定并拨付。"也就是说,居委会成员是可以领取生活补贴的。

1999年民政部颁布《全国社区建设实验区工作实施方案》,对于社区工作者队伍提出更具体的要求,就是要建立职业化的社区工作者队伍。具体要求是:居委会工作人员要从现职干部、大中专毕业生、军队转业干部、下岗职工、待业青年中选拔优秀人才,经过民主程序充实到居委会干部队伍中去;要通过职业道德和专业技能培训,提高居委会干部的整体素质;要通过建立岗位补贴和养老、医疗、失业保险待遇,切实提高居委会干部的经济和社会地位。从此,居委会工作成为"正式的工作",并且有相对稳定的工资待遇,这对于许多求职者来说是很具有吸引力的。G社区邢主任说:

> 因为那时候我也面临一种失业状态。我参加工作时在设计公司附属幼儿园,孩子越来越少,面临倒闭。倒闭后就给我们分到商店去了。我在商店干了两三年吧,后来商店也不行了,我们就在家,给我们一定的生活费。正好赶上街道招聘,其实他招干什么的,我都不太了解,但就是一想到有招聘的,还是给政府做事的,咱们就试试,就去了。我就被招聘上了,先在一个社区干,后来居委会选举又正式选上了。(对G社区邢主任的访谈记录)

这些居委会主任任前都有一定的工作经验,从事过不同行当的职业;有一定的人生经历,知识水平一般都是高中或者大专毕业。由于他们是通过招考层层面试,最后又通过选举得到了这个工作职位,因此素质相对较高。也正因如此,在招考过程中,他们因为有工作经验、政治面貌好、文化水平较高、思想觉悟优秀而能够在竞争中胜出。从失业的状态变成一名居委会主任,这是人生难得的转变机会,居委会主任们都非常珍惜。无论是对个人的人生意义还是对家庭经济的补贴都是有好处的。H社区的郝主任说:

我家里的经济条件挺好的，我参加招聘和选举就是为了有事情做，这样人生才有意义，否则40出头就整天窝在家里，那肯定是不行的。（对H社区郝主任的访谈记录）

2006年，北京市又出台了《社会建设纲要》以及《社区工作者管理办法》等系列1+4+X文件，对于居委会人员的构成再次提出明确规定。同时规定社区要从应届大学生中招聘居委会干部或助理，使之成为专职社区工作者。这之后的两三年间，G、H、Z三个社区分别招录了10名应届大学生，主要从事社区服务和社区管理工作。

这两年金融危机，工作太不好找了，我学的专业也没有什么优势，去年我知道学校里有人去当"村官"了。今年，北京招社区助理，我就报名参加考试了。通过了后就被分配到G社区来了。主任让福利主任带我，就和师父带着徒弟一样。（对G社区大学生社区助理小李的访谈记录）

除了招聘新的大学毕业生，社区主任们还被要求参加社会工作师职业资格考试，在L街道15个社区的居委会主任中，唯一获得中级社会工作师资格的是G社区的邢主任，而Z社区的王主任和H社区的郝主任分别获得助理社会工作师的资格，成为真正意义上的社区社会工作者。

从"大妈、大爷"的形象向"专职社工"的转变，说明北京社区居委会的发展日益受到政府的重视，在人员素质和年龄结构上提高了标准，推动了社区居委会职能和角色的变化。这对于居委会在社区中更好地运用权力的意义是不言而喻的。

三 松散型——组织化：居委会组织结构的变化

正式权力组织的特点是内部人员构成完整、人员有明确的分工、开展工作依循规章制度。北京的居委会组织刚刚建立时，由于对于居委会的功能和角色还在摸索之中，居委会的组织结构非常不完整，再加上单位制的"一统天下"态势,极大地压缩了居委会的服务对象和服务空间,使之工作范围仅限于福利对象以及少数社会边缘人群。社区居委会的人员来源比较宽泛,要求也很单一,更谈不上什么专业训练和要求。居委会工作的地点也是捉襟见肘,有的甚至没有办公用房,居委会主任拿个提包,包里装着印章,哪里有需要就到哪里去,出东家进西家,这是一种相当随意的工作状态。这种状态逐渐被改变是从政府提出社区服务和社区建设开始的。自此,松散的组织结构和工作方式慢慢变得紧凑和规范起来。

从原来的两三个人的松散状态转变成为人员配置完整、到位,内部分工明确、规范的结构性组织,居委会实现了从一般人员到制度精英的转型。根据《居委会组织法》规定,居民委员会由主任、副主任、成员共计5~9人组成。居委会下还可以成立各类工作委员会,其委员也由社区居民担任。图4-1展示了L街道H居委会内部组织结构体系。组织化的社区居委会相对于松散型居委会而言,其功能发挥、动员能力以及社区影响力得到了极大提升。

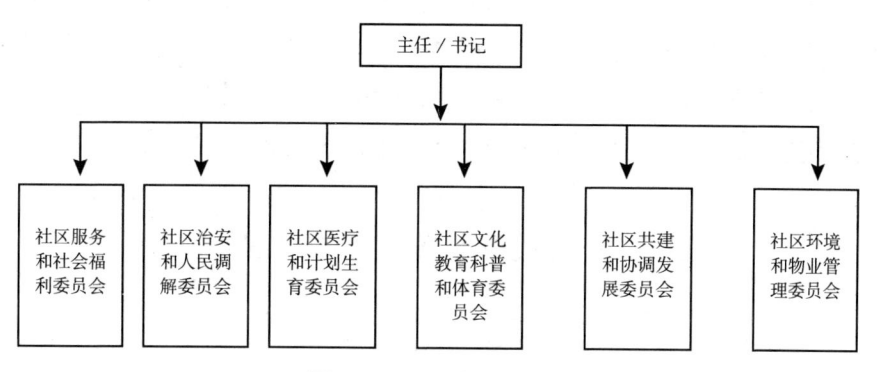

图4-1 居委会组织结构

四 经验型——职业化:工作内容与方式的变化

在社区居委会的发展历程中,其工作内容和工作方式也在不断发生着变化,在不同阶段呈现不同的特征。

第一阶段:家常事务—经验型。在居委会建立之初,因为人员少,承担的事情也比较单一,居委会主要处理的是一些社会边缘群体的日常生活和家常事务，居委会主任们一般都是生活和工作经验丰富的中老年人，解决问题的时候总是从自己的经验出发，为居民提出建议或者讲解方法。正如我们在影视剧中经常看到的形象：这些居委会大妈们经常是忙忙碌碌，出东家，进西家，非常热心，勇于奉献。

第二阶段：行政任务—管理型。随着社区居委会的发展，政府越来越多的任务交给社区居委会办理，居委会内部的人员和结构也发生了变化。居委会面对的不仅仅是居民生活琐事，更多的是承接和完成政府布置的行政任务。居委会增添了的行政色彩，居委会成员通过"街聘民选"的方式产生，引入管理主义，类似"社区管理机构"，从而使其管理方式也发生了改变。

第三阶段：社区项目—服务型。政府逐步改变执政理念，大力倡导社区服务、公共服务，这使得社区有意无意地开始淡化行政色彩，突出自治和服务功能。社区项目成为社区工作的新方法，社区居委会向"服务型"转变，"社区工作专业化"的发展趋势愈益明显，进而强调社区要引入专业人才，向居民提供专业服务等。

从功能定位到角色转变，从松散组合到精英团队，从志愿服务到专业技巧，从经验运用到职业服务，社区居委会的这些根本性变革不仅反映了居委会发展的趋势和特点，也从一个侧面折射出社区权力从小到大、权力内容从简单到复杂、权力运行机制从随意到规范的历史变迁。

第三节　作为社区制度精英的居民委员会

精英[①]可以理解为精选出来的，在某些方面很出色的和非常能干的人。作为"街聘民选"的居委会干部，他们主要依据宪法、法律和各种规章制度在社区中开展工作，但自身魅力和形象与工作开展情况密切相关。近些年来，居委会干部表现出来的年轻化、专业化和职业化特征逐渐取代了传统居委会干部的形象。居委会工作人员的形象多年以来都是"退休职

---

① 精英（elite）概念最早是由意大利的政治理论家莫斯卡（Mosca）和社会学家帕累托（Vilfredo Pareto）提出的。他们认为，"精英"不仅意味着少数和权力，而且还具有质量层次上的含义。

工、家庭妇女、老头老太太"的集合体，这样的形象当然与精英相去甚远。但是，随着社区体制的变迁和社区治理的转型，居委会工作人员的形象发生了根本性变化。在很多情况下，他们已经作为社区制度精英出现在人们的视野里。

一 社区制度精英的概念与类别

精英一词最早出现在 17 世纪的法国，意思是精选出来的优秀人物。帕累托认为，"精英"是具有特殊才能、在某些方面或某项活动中表现出杰出能力的人所组成的整体。换句话说，精英是指那些在自己的活动圈子中具有最高才能指数的人。具体到居委会干部，由于他们在社区中具备某种优势，占据更多的资源，同时也做出了很大的成就，所以能对他人（普通居民）产生影响，因而被视为精英。精英可以分成政治精英、经济精英、文化精英等类型。其中跻身于体制内部，能够获取权力和其他资源的就是制度或体制精英，又称为政治精英。

"精英"一词在我国学术研究中得以广泛运用和西方"精英主义"理论的流行有着密切的关系。国内学者对于乡村社区精英的研究成果较为丰硕，这些研究确定了社区精英的内涵。在这些研究中，研究者们提出了社区精英的分类标准，分析了社区精英在乡村社区发展过程中所发挥的作用。对于乡村精英的分类，学者们提出许多维度。比如从社会变迁的角度，贺雪峰将乡村精英分为传统精英和现代精英；[1] 项辉根据影响力的大小和影响的范围将精英分成政治精英、经济精英和社会精英。[2] 根据精英在国家制度体系内外的位置，金太军、贺雪峰、仝志辉等人将乡村精英划分成以村委会干部为代表的体制内精英和以宗教精英、家族精英、经济能人、文化能人为代表的体制外精英。[3] 依据治理理论的框架，吴毅将精英分成以村干部为核心的治理

---

[1] 贺雪峰：《村庄精英与社区记忆：理解村庄性质的二维框架》，《社会科学辑刊》2000 年第 4 期。

[2] 项辉、周俊麟：《乡村精英格局的历史演变及现状——"土地制度—国家控制力"因素之分析》，《中共浙江省委党校学报》2001 年第 5 期。

[3] 金太军：《村级治理中的精英分析》，《齐鲁学刊》2002 年第 5 期；仝志辉：《精英动员与竞争性选举》，《开放时代》2001 年第 9 期。

精英和以普通党员与社员为主体的非治理精英两大类。①

相较而言，学者们对城市社区精英的研究相对薄弱。但随着社区建设的深入推进，社区权力结构发生的诸多变化，城市社区精英在社区发展与社区管理中正发挥着越来越重要的作用，许多学者也将研究方向定位在城市社区精英。有的学者认为，城市社区精英是指在社区中占据重要地位、在居民中有较强影响力，能发挥积极作用的一群人。② 他们能在社区治理结构和秩序创立过程中起到决定性或支配性作用。③ 同时，社区精英还应具有较强的公共参与意识，并掌握一定的社会资源，因而能够对社区公共事务产生影响。

同农村社区一样，城市社区精英从其群体的主要特征出发，也可以分为政治精英、经济精英和社会精英。政治精英指的是在社区组织中担任一定的职务，拥有国家赋予的分配资源权力的人，目前城市社区居委会中的居委会主任、社区党组织书记等都可以称得上是政治精英，或者制度精英；经济精英是指有一定的经济实力和经济地位的社区居民；社会精英是指在社区权力运行中能组织和影响他人生活，但不并在正式组织中任职的人物。同样根据群体的特征，社区精英又可以被分为正式精英（官方精英）和非正式精英。正式精英主要是指依据《居委会组织法》，由居民选举产生的社区居委会主任、副主任、委员和依据基层党组织条例由党员选举产生的社区党组织书记等，他们掌握着政治资源，对于社区的发展能够行使决策权；同时他们还掌握着社区资源的分配权，以及管理社区事务的行政权力。非正式精英又称非官方精英，这些人一般在居民中有一定的影响力，或者依托于某类社区组织，或者不担任任何职务，但具有动员社区资源的能力，如业主代表、社区领袖、社区组织领队等，都具备这样的特征。同样，如果按照精英与体制的关系，精英也还可以分成体制内精英与体制外精英。

制度精英依靠制度赋予的权力完成制度带来的任务，履行制度赋予的责

---

① 吴毅：《制度引入与精英主导：民主选举规则在村落场域的演绎——以一个村庄村委会换届选举为个案》，《华中师范大学学报》（人文社会科学版）1999年第2期。
② 林新伟、赵康：《被动城市化过程中社区精英参与社区治理及其原因分析》，《中共青岛市委党校/青岛行政学院学报》2006年第6期。
③ 陈伟东：《城市基层社会管理体制变迁：单位管理模式转向社区治理模式——武汉市江汉区社区建设目标模式、制度创新及可行性研究》，《理论月刊》2002年第12期。

任。社区制度精英主要是指在社区层面，依据自身的能力和才干，在制度规定和职权范围内占有一定位置，具有社区影响力和社区权威的人。社区制度精英不是现代社会中流传的"白领、骨干、精英"的形象，不是衣着光鲜、收入颇丰的中产阶级的精英。他们为普通居民服务，工作内容繁杂琐碎，上对政府千条线，下对居民万家难。他们是基层社区的实干家，被称为"小巷总理"。社区党委书记、主任们是社区制度精英中的核心。体制所赋予居委会主任的职责条款非常清楚，从而为社区制度精英开展工作铺平道路。居委会主任通过选举正规程序产生，接受街道聘任而任职，这显示了其身份的权威性和权力来源的合法性。作为制度精英的居委会在社区中表现为"居委会班子成员"这样一个群体，其对身份的认同感和对责任权利的关系处理都是清晰的。熊瑞梅认为，要使社区组织能够具备调节变迁和适应发展的能力，其首要条件便是组织内部必须具有迅速产生凝聚力的要素，而社区内共识与行动的产生，则首推地方精英团体的带动，以便能突破社区本身所存在固有的结构惯性（structure inertia）。但是，不同社区的精英团体和社区的权力结构是不同的。① 居委会班子是社区开展工作的主要力量，一个团结和勤勉的居委会班子才能够得到居民的信赖和认同，也才能确立其社区制度精英的地位。

二 居委会干部的制度精英特点

作为社区制度精英，居委会干部是一个具有某些共同特征的群体。这些特点既为居委会干部赢得了社区制度精英的地位，也增强了其权力来源的合法性。

个人威望高。有威望的居委会干部领导意识强，敢于做事，敢于负责任，也能得到居民的信任。随着居委会承担的任务越来越多，为居民办的实事越来越多，掌控的行政资源越来越丰富，其在社区中更加有地位，说话也更有分量。居委会主任是居委会的"头"，领导着七八个副主任、委员，以

---

① 熊瑞梅、黄毅志：《社会资源与小资本阶级》，载台北中研院社会学与台湾大学社会系合编《中国社会学刊》1992年第16期。

及众多居民小组长、楼门组长。居委会主任大小也是个"官",在居民眼里就是社区的领导,是政府的代理人。社区居民一般不轻易找街道办事处,但是居委会就在身边,居委会管理社区的大小事务,因此也是居民找的首选对象。居委会主任为社区负责的意识非常强烈,作为新建商品房社区的居委会主任,郝主任谈到了社区居委会主任与社区之间的关系,观点很独特:

> 我觉得我这个主任就是社区的家长,就是社区的领导,社区里的什么事情我都要负责。我的地盘啊!我得保护着居民和这一方的平安。(对H社区郝主任的访谈记录)

在访谈中,郝主任明确表达了自己作为社区领导的意识。泰瑞(Terry)认为,领导是影响人们自愿努力以达成群体目标所采取的行动;詹秀员认为,只要有人群存在的地方,不论是正式的还是非正式的组织,只要有人试图或有计划地影响他人行为以达成某种目标,就属于一种领导权力或者行为。包括社区主任在内的居委会干部们要处理好社区繁杂的日常事务,要协调街道以及区政府、街道各个职能部门之间的关系,要联系驻区各大单位和居民组织,其目的都是为社区谋取更多的利益。随着社区建设的深入推进,社区建设所包含的社区服务、社区文化、社区经济、社区卫生、社区治安等各项内容都成为居委会的日常工作。除此之外,社区居委会还要适应社会的转变和政府对居委会的要求,加强社区居委会的自我教育、自我管理、自我服务的功能,培育社区组织,发动居民参与。在工作方法上也要和街道办事处合拍,达到办事处和社区居民的要求。正是由于社区居委会班子处在街道和社区居民之间,其位置敏感而又关键,因而更需要有较高的威望。

> 街道办事处派下来的活我们要干,可多填表的事情了。我们也不能总待在屋子里,趴在办公桌上,居民一天也见不到我们,居民该说了,怎么啥也不干啊,有意见了。街道的任务那更要干了,这事干不好,我们也甭在社区干了。居民说你不好,那也不行。两边都得围着。(对G

社区邢主任的访谈记录）

居委会主任在日常工作中处于两难的境地，他们很清楚居民委员会的自治性质，也认为为居民服务是居委会的首要责任，但是在现有的街居关系里，居委会是没有太多主动权的，只能是尽最大的努力来完成上上下下交过来的任务和工作。这时候，个人威望对于维持街道以及社区居民之间的平衡就显得非常重要。居委会如果做不到这一点，就肯定不能称其为合格的社区制度精英。

服务意识强。居委会只有不断强化服务意识，真心投入工作才会得到居民的认同和接纳。在调查过程中，几乎每个被访者都表达了同样的意思：在社区工作就是一种奉献，工作内容多，强度大，薪酬低，社会认同度低；在社区工作如果没有奉献的精神，那肯定是干不好的。笔者曾经对北京市朝阳区的社区干部做过一次思想状况调查。300名被调查者中，在回答"您从事社区工作的主要原因是"这一问题时，"愿意为社会做贡献"、"体现自我价值"和"增加收入"是调查对象选择最多的三个原因。其中60%的人首选"愿意为社会做贡献"，46.7%的人首选"体现自我价值"，26.3%的人首选"增加收入"。交互分析发现，30岁以下的社区干部中首选"愿意为社会做贡献"的占80%，31～40岁的占45.1%，41～50岁的占57.9%，51～60岁的占68.7%，60岁以上的占50%。如此高的比例，充分说明了社区干部们甘于奉献的价值定位，这在一定意义上揭示了社区干部对自身社会地位的一种思考。

劳斯（Ross）认为，社区的领导人物可以分成积极的领导者（positively identified leaders）和消极的领导者（negatively identified leaders）。前者有助于社会团结，后者有利于社区发展。社区居委会主任通过身体力行，在社区居民心目中逐渐树立了个人以及团队的精英形象，这是一种积极的、具有感召力的形象，对于凝聚社区力量、促进社区发展有着重要意义。

工作能力强。社区居委会影响力和权威还与其文化水平逐渐提高、工作能力不断增强有很大关系。社区居委会工作人员的文化水平是逐渐提升的。在单位制时期，社区居委会的功能单一，人员的素质和文化水平都比较低。

随着社区建设的深入开展，社区承担的功能日益增多，对从事社区管理和社区服务的工作人员的要求也越来越高。从工作年龄、工作经历、学历水平、专业背景等多方面看，已呈现年轻化、知识化、专业化的趋势。L街道近些年面向社会招聘社区专职工作者时提出的标准是：40岁以下、大专或本科学历、从事过与之相关的工作等。特别是2009年推行社区建设规范化以来，北京市对于社区工作者的要求更加明确，在《北京市社区工作者管理办法（试行）》中，对社区工作者的工作领域、任职要求和管理方法等都有更加细致的规定。

文化水平高和能力强是社区发展对于社区制度精英的内在要求。社区发展是一个强调居民多方参与的过程，也是一种专业的工作方法。社区发展要求社区内部的领导人及其组织对于社会问题、社区服务、社会行政等方面的知识都要有所了解，能形成自己的工作目标，具有团队精神，掌握与人协商、交流沟通的技巧，能运用相对专业的方法开展工作。

三 社区制度精英的权力表现

作为制度精英，社区居委会在现有法律法规政策框架内，是如何运用其权力资源为居民群众服务，又是如何通过行使权力巩固其社区制度精英地位的呢？

（一）兼任党站领导

这里的"党"是指中国共产党的基层组织，这里的"站"是指社区服务站。所谓"兼任党站领导"是指居委会主任同时担任社区基层党组织书记和社区服务站站长，又称为"一肩挑"。在北京城市社区，"一肩挑"的现象非常普遍。社区居民形象地称这种情况为"一肩双挑"或"一肩三挑"。其中"一肩双挑"指的是居委会主任同时又兼任社区党委书记；如果社区居委会主任在担任社区党委书记的同时，又担任社区服务站站长，那就是"一肩三挑"了。[①] 在

[①] "一肩挑"是对居委会主任任职情况的概括。在北京社区，居委会主任"一肩挑"的职责很多，除正式组织外，还兼任一些非实体的部门领导，比如劳动服务站站长、社区社会矛盾调解中心第一责任人、信访代理第一人等。政府在社区设立一个新的项目或者推广一个新的政策，社区主任往往都是第一责任人。

L 街道下辖的 15 个社区中,"一肩双挑"的主任有 11 位,"一肩三挑"的有 6 位。"一肩挑"意味着权力的集中,通过这种方式将社区层面党的权力、居民自治权力和政府公共服务权力集中于一人,这使得社区居委会能够更好地成为社区权力的运行中心。

在社区层面,居委会主任兼任党站领导,对于提高社区工作效率很有好处。目前北京市在社区层面有社区党委、居委会、社区服务站,形成新的三驾马车,彼此的权力关系已经在制度上界定清楚。党委是权力的核心,统筹领导社区所有工作;居委会和服务站的工作都要在社区党委领导下进行。居委会与社区服务站是合作关系。这三个机构的领导由一人担当,有利于提高工作效率,不需要花额外时间协调和调动人手。G 社区的邢主任认为:

> 上面千条线,到社区搅在一团了。就这么些人,分不开的,就是一套人马,三块牌子。不管上面怎么划分,到社区这块,就是我们这些人干。原来干什么,还干什么。如果分开了,倒是会扯皮了。居委会觉得这不是我干的,服务站觉得这也不是我的工作,那这工作怎么开展,还怎么服务居民?比如说,上面交代下个工作,甭管是居委会的活,还是服务站的活,我一安排,大家一起干,很快就干完了。(对 G 社区邢主任的访谈记录)

这种情状,充分说明居委会作为社区权力运行中心的事实。应当说,居委会非常认同这种方式,认为它能够提高社区权力运行的效力,提高为民服务政策的执行力。但是街道干部并不这样看,他们认为目前这种职责不清的状况是需要改变的,改变的方式就是通过分设机构,使社区权力不再交叉,并且认为这是社区权力今后发展的趋势。L 街道办事处周副主任说:

> 目前因为人手不够,很多事情也没有理清楚,还是交叉任职,都由居委会主任一个人兼了。但是从长远看,还是要分开,权力不能交叉。居委会你就搞居民自治,服务站就是做服务,党委书记、居委会主任和站长分别由不同的人担当,这是个趋势。(对 L 街道办事处周副主任的访谈记录)

居委会主任兼任党站领导进一步确立了社区制度精英在社区的身份和地位。通过兼任社区党委书记以及社区服务站站长，居委会主任调控资源的能力更强，说话也更有分量，其稳居社区权力结构中核心位置。当然，除了这个位置本身提供给居委会主任的"势能"外，居委会主任个人的能力和威望对于维持他/她的社区制度精英地位也很重要。比如大家都认为"主任很会用人，班子成员都很服她""主任比别人干活都认真，特别负责任"等，显然会进一步增强居委会主任的权威。因此，个人权威与制度所赋予的权威结合起来，相得益彰，使之能够实现权力的最大化。

兼任党站领导的另一个直接后果就是居委会主任普遍"很忙"。笔者在社区调研的时候亲身体会到居委会主任身兼数职，忙得团团转的景象。尤其是逢年过节，是居委会主任最忙的时候。笔者对 Z 社区王主任一天的工作做了跟踪观察，并列出了一个清单（见表 4-1）。

表 4-1 居委会主任日常工作记录

时间	工作类别	工作内容	工作形式
8:00	居家养老	落实北京市推广居家养老政策。社区 80 岁以上的老人有 150 位。每月每人 50 元的养老券	安排居委会具体人员负责此事项
9:00	准备联欢会	安排人去买联欢会用的各种材料	与居委会委员商议
10:00	矛盾调解	有居民反映楼下菜市场炒菜的油烟影响自己家	去社区菜市场实地调查了解情况
11:00	整合资源	与社区卫生站王站长联系，商议系列健康讲座的事情	前往社区卫生站商量
12:00	矛盾调解	有居民家庭打架有矛盾，来找居委会评理	在居委会办公室调解
13:00	会议准备	准备志愿者会议的议程	在居委会办公室与副主任商量
13:30	社区合作	联系物业经理，商量小区禁止放烟花爆竹的事情，最后定下来居委会出钱做横幅，物业负责悬挂在小区门口	居委会办公室电话商议
14:00	居民座谈会	市人大代表找居民座谈，征求居民意见	居委会会议室组织召开座谈会
16:00	党员评议会	街道布置的科学发展观评议会	居委会会议室组织召开评议会

这样的工作状态是居委会工作的常态。居委会主任说每天居委会办公室都跟"车马店"一样，人来人往，事情繁多。居委会主任做的工作都是细碎和平凡的，无论是来自街道和政府的工作，还是居民之间的矛盾纠纷，他们都要认真对待，不能马虎。而恰恰是这样琐碎、繁杂的工作，维持并体现着居委会的社区制度精英地位。

（二）集体决策重大事务

集体决策社区重大事务是居委会作为社区制度精英的重要决策方式。笔者在社区做调查的时候，"居委会班子""社区领导班子"成为两个使用频率最高的词。无论是街道办事处主任谈社区组织机构，还是居委会主任谈自己的团队，或者是居民谈居委会时，都会说到"居委会班子"或"社区领导班子"，并对领导班子的工作能力、凝聚力进行评论。

> 我刚退休回到咱社区。原来社区的主任水平不高，我不乐意参加社区活动。这个新居委会班子真是不错，肯干事，能为居民着想，也很团结，我也乐意参加他们组织的活动。（对 G 社区居民王师傅的访谈记录）

权力是一个社会组织的表征而不是个体的品质和特征。社区居委会及其主要负责人即居委会主任所拥有的权力是与居委会自身的性质相关联的。徐晓军认为在实际意义上，居委会主任也是国家的代理人，至少是准代理人。[①] 但随着社区自治的推进，特别是社区直选的普及，社区居委会必须在一定程度上代表社区居民这一社会性的利益。因此，社区居委会本质上又是一个半国家半社会的组织。这个组织集体行使着政府赋予的权力，承担着政府下派的工作的同时，也需要代表居民同政府进行博弈，以为居民谋取更多的利益。

在社区层面，制度精英的权力表现为"有人听，有人响应，能把任务

---

① 徐晓军：《城市社区自治：权力矛盾及其协调》，《广东社会科学》2005 年第 1 期。

布置下去"①,这是具有影响力和动员能力的最重要的表现之一。达尔认为,"影响力是行动者之间的这样一种关系:一个或者更多行动者的需要、愿望倾向或意图影响另一个或其他更多行动者的行动或行动倾向"②。社区居委会主任、副主任以及六大委员会的委员形成了一个"班子",组成了一个"集体",他们不会以个人名义召集居民开会,或者提出某项动议,而是要通过集体讨论,然后以"党委班子""居委会班子"的共同名义提出工作计划、动员群众、形成社区决策,实施社区发展计划。这种决策方式,从某种程度上也是为增强社区决策的合法性,提高决策实施的权威性。

(三)被侵蚀的社区声望

声望是测量社区权力的一个重要变量。社区居委会在不同社会情景和不同类型的社区中,其声望的产生和变化是不同的。居委会是政府延伸到社区的"腿",它的声望主要来源于政府赋予的行政权力,居民必须通过它才能获得与政府接触和了解政策的机会。在单位制时期,为适应计划经济体制的需要,政府管制性权力几乎从未受限制地延伸至城市的每一个角落,那时候国家权力取代了社会权力,社会的自主性和创造性遭到了极大的破坏。③ 而作为国家行政权威的终端——居委会分享了其权力的合法性及扩张性。即使其间弥漫于整个社会的单位制成为城市居民分配性利益的主要供给源泉,居委会几乎没有可供再分配的资源,但其仍是城市社区居民心目中的"当家人"。④ 闵学勤对南京61个社区居委会的声望数据调查显示,被访社区高达76%的居民认为"居委会是政府的代言人"。这样的结果清晰地显示了政府长期介入中国城市社区自治,以及至今未让渡权力的制度性安排的痕迹。⑤ 因此可以说,居委会的声望更多的来自制度安排产生的惯性,这应当是其作为社区制度精英的主要权力来源。

---

① 引自 G 社区居委会工作人员的访谈。
② 〔美〕罗伯特·达尔:《现代政治分析》,王沪宁译,上海译文出版社,1987,第37页。
③ 杨华:《试论城市新建商品房社区中的权力结构——以北京市郊某商品房社区 M 花园为个案的研究》,载张曙光、邓正来主编《中国社会科学评论》(第3卷),法律出版社,2005。
④ 熊易寒:《社区选举:在政治冷漠与高投票率之间》,《社会》2008年第3期。
⑤ 闵学勤:《转型时期居委会的社区权力及声望研究》,《社会》2009年第6期。

随着单位制的逐渐解体和"社区制"的形成，社区容纳了更多的居民，承担了政府转型过程中转移出来的众多社会服务项目。社区层面的各种类型的社会组织也如雨后春笋般蓬勃发展。一方面，居民质疑居委会是否拥有足够的资源和能力来满足居民的日常需求，能否妥善解决社区面临的各种复杂问题；另一方面，社会组织在社区权力结构中也试探着扩大自己的领域，为各自组织的利益寻求发展的机会。居民和社区组织都慢慢影响、侵蚀着居委会的权威。社区居民组织、物业公司、业主委员会以及其他一些营利和非营利组织介入社区服务和社区管理，对于社区居委会的影响力来说，都是不小的侵蚀。

在G、H、Z三个社区中，G社区是老旧社区，社区中没有物业公司，也没有业主委员会，各类社区组织也比较少；居民中老年人比较多，这些居民对于居委会有较深的认同和感情，他们对于现任的居委会班子成员表现出明显的赞同和支持。H社区居委会的权力结构比较单一、纯粹和完整。Z社区是新型社区，居民文化层次高，中青年居民居多，业主委员会（筹备委员会）和物业公司积极活跃，努力维护自己的利益，各类社区组织积极参与社区活动，希望更多利用社区资源。在G社区，因为居委会主任和整个班子成员的努力而获得了居民和社区组织的支持。在一个多元的权力结构中，一个可信赖的"社区班子"，或者说一个声望高的居委会能够积极回应社区成员的需求，并且能够很好地掌控社区秩序，G社区就是这样一个典型。而在H社区，居委会正尽全力维护自身的权威不遭侵蚀。在Z社区，居委会因为社区内部居民的异质性强、物业公司的不合作、自身可以支配的资源少等原因，在开展社区活动时往往颇费周折，其自身的权威性正不可避免地遭遇挑战。

第四节 社区居委会行使社区权力的方式和途径

"社区发展决策"与"社区资源分配"是笔者确定的两个衡量社区权力大小的变量。下面，我们具体分析居委会作为社区制度精英，是如何带领其"精英团队"来参与并主导这两项社区事务的。

一 社区资源分配的方式

在社区发展过程中，居委会采取什么样的方式分配社区资源对于社区居民和其他社区组织来说，都是关系其切身利益的大事。在 L 街道下辖的各个社区中，居委会的资源主要由两部分组成，一是 8 万元公益金的使用，二是参与社区内外活动的机会，而这两者又常常是结合在一起的。这个公益金是由 L 街道所在的区政府通过街道办事处提供给社区的，目的是支持社区开展公益性活动，比如社区居民群众开展的文体活动和社区公益项目等。在 L 街道调研的时候，街道办事处刘科长介绍说，这 15 个街道使用公益金的水平不一样，有的社区一年也用不了多少钱，有的社区就花得剩不了多少钱。为什么会有这样大的差距？主要与居委会主任如何分配这笔钱有关。

G 社区的公益金使用情况良好，主要用于培养社区居民的自组织，社区活动丰富多彩，深受居民欢迎。在资金使用过程中，居委会注意把握好分配程序、使用额度和分配原则，有效避免了公益金分配不公带来的内部矛盾。其资金分配程序非常规范：每个社区自组织都在社区登记造册，主要人员和活动内容都在居委会的掌握之列；每年年底开始申报第二年的项目，各个社区居民组织都可以提出申请需求，并提出下一年度本组织拟开展的主要活动内容和需要的物质资源等，最后提出预算；居委会根据各个组织提出的活动项目、预算，综合评估，集体决策，进行分配，基本保证所有社区组织都能正常运行。关于资金使用额度：由于社区公益金的总额是有限的，每个社区组织的使用额度根据可能开展的活动来估算，当然，组织的"信誉度"也是居委会考虑分配的因素之一。关于分配原则：居委会采取的原则是兼顾全体，照顾重点。一方面积极培育和鼓励社区组织，另一方面又重点扶植一些有影响、有发展前途的组织，使他们成为居委会的得力助手。

G 社区的社区居民组织数量比较多，有合唱队，有舞蹈队，还有书法队等。在这些组织中，G 社区居委会重点支持两个组织，一个是合唱队，另一个是书画队。邢主任介绍说：

第四章　社区权力的运行核心：居委会的发展与嬗变

>　　合唱队这些队员都是积极分子，特别热情，而且合唱队比较专业，他们有个老师义务教唱歌，所以唱得比较好。成规模了，他们也去别的社区唱歌，能扩大咱社区的影响。而且看起来有发展前途。（对 G 社区居委会邢主任的访谈记录）

组织成员是"积极分子"，组织看起来"比较有规模"，参加活动能"产生影响"，组织发展"有前途"等，这些都是影响居委会决策资源分配的重要因素。在这个问题上，居委会有自己的立场和出发点，他们希望有限的资金能使用在刀刃上。如果能在服务居民群众的同时，扩大社区影响力，自然是一举多得的好事情。

同样的资金分配原则也适用于书画队。书画队里的居民能写会画，许多作品都获得过奖励。同时书画队成员还积极为社区服务，在社区居委会新楼落成时，为居委会画了不少画，增添了居委会的文化气息。居委会每年都会从社区公益金中拿出固定的钱给书画社，用于购买笔墨纸砚、书画材料等。

舞蹈队的存在就比较尴尬。虽然它也能获得社区公益金的常规性资助，但是因为"舞蹈队中有外社区的居民，不都是 G 社区的，看起来没组织好似的"，所以居委会认为这样会浪费资金，不能都花在自己社区居民身上，所以支持的额度就不大。

"机会"是第二类比较有价值的社区资源。对于这些居民自组织或者一些居民群众来说，"机会"是非常珍贵的。这些机会就是参加社区或者街道组织的活动演出。比如，合唱队参加过区政府组织的"七一"合唱比赛，不仅仅展示了合唱队的形象，还获得了奖励，为居委会增光添彩。这些成为继续获得居委会资助的有利条件。

居委会在分配社区资源，特别是社区公益金时，会优先考虑资助社区自组织能带来什么。为此，他们会充分考虑该组织的性质、可能的发展余地，以及对社区带来的好处等。这种选择性资助方式，不仅提高了资源的使用效率，能够及时完成每年的项目预算，而且也为社区居民带来实惠和享受，提高社区的影响力。

二 社区发展决策的方式

作为社区制度精英，社区居委会干部对于社区事务办理有着较大的影响力。他们不仅在社区政治、经济等资源的使用与分配上具有主导权，同时他们也决定社区治理政策的产生，支配着这些政策实施的过程。[①]

作为制度精英团队，居委会在社区发展方面的决策方式与其所处的地位以及自身的性质相关联。从制度设计上说，社区发展的决策至关重要，拥有决策权不仅可以大大提高居委会自治的能力，而且能够提升居委会在社区居民中的威望。所谓社区发展的决策权，当然是指涉及社区全体成员利益的重大事件的决定权。从调研情况看，L 街道的社区基本都能按照一定的民主程序，由社区居民代表会议讨论决定，在此过程中，居委会处于主导位置。在决策的具体实施过程中，更多的个人权威以及人情、面子等要素都会集中显现。

伴随着社区建设的深入，社区基层民主日益规范，社区居民大会制度、社区居民代表会议制度等纷纷建立，成为社区居民参与社区发展的重要力量。居委会在决定社区发展决策的过程中，离不开居民的参与，更离不开合法的决策程序，否则其决策就很难贯彻下去。所谓合法的程序就是指社区中的活动、事项以及活动项目需要通过社区居民代表会议讨论通过，社区居民代表同意之后才能进入实施阶段。比如，G 社区的"魅力社区"项目、H 社区的公共空地资源的使用等重大问题，都是在社区居民代表会议上经过一定的讨论、争辩程序，获得代表同意后才能正式成为社区居委会的工作任务。

在社区发展决策过程中，居委会主任的个人权威也发挥了不小的作用。个人权威高的居委会主任对社区决策产生的影响大，而个人权威低的居委会主任则对社区决策产生的影响小。邢主任在 G 社区比较有威望，在居民代表会议上，邢主任向居民代表逐一介绍居委会打算参加"魅力社区"竞争

[①] 俞楠、张辉：《自治与共治："合作主义"视角下的社区治理模式》，《理论与改革》2006 年第 6 期。

的想法，并详细介绍目的和意义。由于代表们对邢主任比较认同，所以居民代表经过讨论，很快就同意了居委会的提议。并且在比赛过程中，居民代表一直支持居委会的各项活动，参与活动的各个环节，为居委会充当啦啦队，献计献策，为 G 社区最终获胜立下汗马功劳。

在 Z 社区，居委会成立的时间虽不长，但是居委会和居民之间的关系相当融洽。同样也是面临是否参加"魅力社区"的活动，Z 社区的居民领袖张大妈说道：

> 咱们居委会的主任都特别认真，刚建立的时候，我记着他们一家家入户访问。有时候一家要去好几次呢，我们都退休了，居委会这么认真，我们也爱参加活动，反正也没别的事情，都挺支持的，连题目我们都帮忙想着呢。（对 Z 社区居民张大妈的访谈记录）

在基层社区，许多工作的推广如果只靠行政手段或者是简单地"告知"，那是无法开展的。社区就是小社会，老旧社区属于"熟人社会"，人情成为开展工作中自然而然的要素，而在新的商品房小区，由于是"陌生人社会"，居委会开展工作也要依靠与居民结成互动关系才能进行。居委会深谙此道，所以在 Z 社区，居委会成立之初，用了两个月的时间，遍访了居民家庭，既了解了居民，也让居民了解了居委会，更是赢得了如张大妈这样积极分子的认可和支持。居委会制度精英在社区发展决策过程中，非常讲究策略，既有正规的民主程序，也有非正式的人情交往，二者兼具，从而在社区中慢慢打开局面。

梳理社区居民委员会的产生、发展及其内部结构和人员的变化情况，探讨社区居委会干部从"松散组合"到"精英团队"的发展过程，分析作为社区制度精英的社区居委会在社区权力结构中的地位和表现，可以使我们更加清晰地理解制度精英是如何运用、行使社区权力的。社区居委会主任兼任社区党组织领导和社区服务站站长的做法，是当前社区权力结构的新变化，也是奠定并强化居委会社区制度精英地位的重要举措。结合"集体化"的社区决策方式，以及"声望"被逐渐侵蚀的权力动态变化情况，居委会制度精英在主导社区资源分配和社区发展决策的同时，也采取了更为民主、更为科学、更具民意的决策方式，从而在最大化发挥资源优势的前提下，努力实现制度化的程序与组织间、组织与个人之间人情互动的有机结合，这成为当前社区权力运行机制的重要特点之一。

第五章 新的社区权力分享者：业主代表的成长与参与

社区治理模式的快速变革导致我国城市社区权力结构呈现动态的、持续的变化，这种变化与社会结构、经济结构、科学技术、治理能力等的发展都有着密切关系，虽未解构原来的社区权力结构，却带来了新的社区权力关系。在社区发展变迁过程中，不断有新的社区力量参与到社区建设进程中来，从而影响社区权力的分布格局。其中最为突出的新的社区参与力量就是相对于社区制度精英而言的社区非制度精英。这里所说的非制度精英是指在社区中致力于成立业主委员会，并着力代表业主参与社区资源分配和社区发展决策的群体。他们关心自身利益，关注社区发展，积极参与社区事务和社会事务，[①] 在社区权力结构中越来越成为不可忽视的角色。

第一节 社区非制度精英的产生与发展

作为业主们的代言人，社区非制度精英产生的历史并不长。新中国成立后相当长一个时期，我国城市房屋产权基本归国家或集体所有，个人鲜有产权，自然也就谈不上业主。改革开放以来，特别是随着我国住房制度的改革，商品房成为解决城市居民住房的重要支撑。商品房小区拔地而起，业主

---

① 2003年12月，北京某些社区的业主委员会成员，以及为业主们维权的律师们自发参加区人大代表选举。虽未成功，但颇引人注目。

们也就横空出世，成为社区特别是新建商品房社区一支重要的参与力量。由于事关切身利益，业主代表们积极参与社区事务，不断与物业公司、居民委员会博弈，争取利益、维护权益，引起了广泛的社会关注。

一　社区非制度精英及其行动

本书所谈到的社区非制度精英是指在城市社区的业主代表及其组织化的形式——业主委员会或者业主委员会筹备委员会。目前，学者们对这个群体的称呼并不一致：有的称之为非官方精英，强调他们不是由官方组织和任命的，而是在业主中自发产生的，有一定的威信和影响力；有的称之为体制外精英，强调他们是在政府行政体系之外；有的称之为社会精英，强调业主群体的草根性和广泛性；还有的从治理理论的角度出发，将他们列为社区非治理精英。

从本质上说，业主当然都是本社区的居民，但并非所有居民都是业主。之所以强调其业主的身份，原因就在于居民对于房屋所拥有的产权。在单位制盛行时期，房屋作为福利保障的一部分由单位进行统一分配，个人只拥有使用权，并无房屋产权。正是由于这种社区的"寄居性"，社区居民在社区的居所不为他们自己所拥有，没有财产上的牵连关系。[①] 随着单位制的逐渐解体，住房制度的改革，福利制分房的时代结束了，住房私有化的程度加剧，房屋成为私有财产，个人拥有房屋的产权。2007年十届全国人大五次会议通过的《物权法》规定："国家、集体、私人的物权和其他权利人的物权受法律保护，任何单位和个人不得侵犯。"这样，部分居民的身份多了一层含义，成为业主。根据《物权法》规定，"业主对建筑物内的住宅、经营性用房等专有部分享有所有权，对专有部分以外的共有部分享有共有和共同管理的权利"。

业主委员会是业主的正式组织形式，由业主大会选举产生，代表业主的利益，能够动员业主参与并进而影响社区资源的分配。业主和业主委员会产生的社会背景是转型期我国私人财产权得到张扬、商品房小区快速发展以及

[①] 孙立平：《社区、社会资本与社区发育》，《学海》2001年第4期。

个人权利观的逐步深入人心,其中的城市住房体制变革是业主和业主委员会产生的直接动因。根据北京市统计局公布的全国第五次人口普查资料,截止到 2000 年 10 月,北京市住房来源基本格局是购房、租房、自建各占 1/3。到 2008 年,通过购买商品房和房改房拥有产权,以及原有产权的居民已经占到 80.9%。[①] 到 2016 年,自建住房、购买商品房、房改房、保障性住房以及拆迁安置房的比重甚至维持在 80% 左右。[②] 可以说,随着住房分配货币化的不断推进,北京市已经形成了以个人产权为主体的城镇住房产权结构和制度。[③] 这就意味着形成了一个相当庞大的、拥有私人房产的市民群体。住房产权制度的变化直接带来了社区业主群体的产生。由于私人财产的关系,业主对社区事务的参与度和关注度要远远超过非业主。他们对于社区权力的渴望和分享,必然增加新的社区权力主体,并进而引发社区权力结构的新变化。

社区服务是业主们最为迫切的需求。在单位制年代,单位对房屋进行管理和修缮,个人并无太多义务。但是,房屋私有化之后,单位不再为居民的房屋提供管理和服务,一种商业化的服务机构——物业公司应运而生。物业公司引入我国社区管理可以追溯到 20 世纪 80 年代初,随后逐步发展起来。在日常社区服务中,物业公司与业主及业主委员会的联系最为紧密,反而与社区居委会的联系不甚紧密。原因有二:一是因为业主们最关心的服务,比如供水、供电、垃圾清扫等,都是由物业公司承担的;二是因为居民委员会作为居民自治组织,承担了繁重的社区公共服务和政府的各项行政任务,无法完全代表业主的利益或者说无法完全满足业务们的社区服务需求。为了更好地维护自己的权益,业主们就需要成立一个能代表自己根本利益的组织——业主委员会。2007 年 8 月国务院修订发布了《物业管理条例》,这个条例明确了业主、业主大会及业主委员会的法律地位、职责权限及成立程序。同居委会不同,业主委员会的职责主要集中在物业管理方面。《物业管理条例》发布后,业主大会和业主委员会首先在我国一些经济较发达地区

---

① 《北京统计年鉴》(2009)。
② 《北京统计年鉴》(2016)。
③ 唐娟主编《城市社区业主委员会发展研究》,重庆出版社,2005,第 110 页。

出现，一般由社区的全体业主或业主代表选举产生。业主委员会是业主大会的日常办事机构，向业主大会负责。业主委员会拥有对社区内涉及业主利益（尤其是共有财产利益）事务的管理权，并监督该社区物业管理公司的物业管理工作。实践中，由于业主大会及业主委员会的成立受各方面条件限制较多，并非所有社区都能成立；即使成立了，其作用发挥也非常有限。L 街道的所有社区，包括商品房小区，仅有一个社区成立了业主委员会，开展的活动也非常有限。其余的都还没有正式成立业主大会或业主委员会。所以，在 L 街道的社区，非制度精英是以个体或业主委员会筹备委员会的形式出现的。

在商品房小区，业主一般都能表现出对社区较高的认同。他们关心社区利益，积极参与社区活动，爱护社区环境和声誉。同时，由于房价涨跌、基础设施不到位、房屋质量差、物业费高、物业服务质量差等问题，业主们常自发组织起来，推举非制度精英领导维权的事件频频发生。有时候，业主们为达到上述目的而采取的集体社会行动，特别是与开发商和物业公司交涉过程中的行动，有可能演化成群体性事件。有学者对北京市 70 个居民小区的调研表明，业主与物业公司发生过严重纠纷的小区占 80%，产生肢体冲突和暴力冲突的占 37%。[①] 业主维权成为社区发展中的活跃事件，也成为观察社区权力结构的新视角。

二　社区非制度精英的生存现状

业主代表这样的社区非制度精英是我国社会结构变化和社会转型的产物。由于法律法规及各项政策制度不完善，业主大会以及业主委员会的成立存在障碍，社区非制度精英的活动缺乏有效载体，其生存现状并不乐观。总的看来，社区非制度精英目前的生存现状面临以下六个方面的挑战。

一是社区居民的构成由同质性向异质性转变。在单位体制时期，绝大多数居民都居住在单位小区，社区居民基本上是同一个单位的同事，彼此相熟，同质性强。而在住房多元化的今天，商品房小区的建立打破了单位制下

[①] 丁军：《北京市物业管理现存问题及解决途径》，《城市问题》2006 年第 1 期。

原有的社会关系,从熟人社会进入陌生人社会,居民来自不同单位,从业背景完全不同,有不同的文化背景和生活经历;彼此不熟悉,交往也非常少。社区虽然还是居住场所,但是邻里关系已经发生了根本性的变化。

二是社区公共服务的提供由单位向社区转变。在单位制时代的居民小区,内容丰富的居民各类生活服务一般都由单位提供,包括房屋的修缮和管理、基础生活设施建设、居民文化生活的安排等,都不用居民自己操心,类似一个小而全的社会。杨晓民等学者认为,单位办社会,是由单位福利制度所形成的,包罗万象的职工福利,不仅项目齐全而且平均分配。[①] 单位制逐渐解体之后,这样的单位型福利,尤其是作为福利的房屋分配制度慢慢消解。改革之后,通过市场购买商品房的居民,就只能通过社区或者市场购买服务了。在商品房小区,物业公司承担了房屋和公共空间的管理与服务,社区居委会承担了行政性社区的公共服务。业主(也包括非业主居民)需要与物业公司和社区居委会交往并形成新的信任关系。而这种新的信任关系是不容易形成的。

三是社区居民维护权益的途径与心态发生了变化。在单位体制下,国家通过控制资源的分配达到对个人的控制,个人的权益自然也由单位来调整,个人无力也很难产生"维权"意识,更不必说维权行为了。单位职工居住在单位社区中,享受单位的各种福利待遇,形成了对单位的依赖心理。而在新建商品房小区或者改制后的老旧小区,业主成为独立的个体,业主的个人权益要通过自己的努力来维护,这就需要形成自己的组织,通过与社区居委会、物业公司、开发商以及政府相关部门的互动,实现维护权益的目的。房产成为私有财产,业主们自然非常关心房产的价值增减、社区的环境和卫生、社区的公共设施和公共服务,同时对于社区的规划和未来的发展也更为热心、更为关注。

四是社区居民的自身认同越来越多元。居住在同一社区的居民,虽然名义上都是业主,似乎有着一样的身份认同,但事实上他们对于自身权益的维护方式以及在社区中的角色认知是不一样的。这反映在对几种关系的认知

---

① 杨晓民、周翼虎:《中国单位制度》,中国经济出版社,2002。

上。比如，"公与私"的关系，有些业主认为公共的事情和自己没有关系，对社区的事情不闻不问不参与；有些人则认为房屋为自己所有，自己个体的行为可以不受约束。再比如，"管理与被管理"的关系，有些业主觉得自己是"被管理者"，缺乏对社区的管理意识和管理认同；有些业主则认为自己购买了房屋，就是社区的主人，对于社区的管理应该有决定权。角色意识不清楚或者说角色认知的混乱造成业主参与社区活动的动机不同。积极参与者有之，不闻不问者有之，"搭便车"者亦有之。

五是业主代表与社区内各类组织的关系尚未明确。业主委员会是业主为了聚集力量维护自身权益而建立的组织。在不具备成立业主委员会条件的社区，往往先成立业主委员会筹备委员会，或者由业主代表们代表业主先行活动。业主代表或业委会筹备委员会与社区内的各种组织之间的关系是很难简单划分的。业主代表或业委会与社区居委会都是代表居民利益的组织，谁更具有合法性，谁在居民中更有影响力，谁更能为居民谋取利益，成为各方争论的焦点；业主们与物业公司之间是购买服务与提供服务的市场关系，两者经常为服务内容和服务价格以及社区公共维修基金等事项产生争执和纠纷。同样的，业主代表或业委会筹备委员会与其他社区组织的关系也都处于不确定中。

六是政府对于业主代表以及业主委员会的支持性政策仍然很不完善。住房政策的改变，社区中大量业主的出现改变了传统的社区结构，这就要求政府治理社区的模式也要相应发生变化，特别是要更多关注业主们如何参与社区管理的问题。但遗憾的是，《物业管理条例》及现有的法规政策对于如何规范物业公司行为、如何保障业主们能够与物业公司对等谈判、如何扶持并培育业主委员会组织的发展等问题都没有一个明确的说法。更多时候，政府与开发商之间因为存在共同利益而忽视业主的诉求，对于业主代表的维权行为采取漠视、不支持的态度，致使业主的利益受损，也严重挫伤了业主们参与社区事务的积极性。

三　社区非制度精英的分布与特征

在 L 街道的 15 个社区中，有 5 个商品房小区，占到社区总数的 1/3。

第五章　新的社区权力分享者：业主代表的成长与参与

只有一个社区成立了业主委员会（从其活动情况看，称其为准业主委员会可能更合适），准备成立业主筹备委员会的有3个。其余的社区都没有成立业主组织。因此，在L街道社区层面的权力结构中，业主委员会作为权力主体应当说还没有生成，其地位和影响力更是低下和薄弱。但是从发展的角度看，从目前各个社区业主代表的活跃程度看，业主必将成为影响社区决策的一支重要力量。社区权力结构研究不是研究一个静态的结构，而是要研究在中国城市基层社区的权力分配、组合、运行、博弈的过程，以及这个动态过程所形成的某些结构形式和运作模式，这是一个无时无刻不在发生变化的过程。在这个过程中，各个权力主体力量的此消彼长恰恰说明了社区权力的不稳定性和多元化性。业主代表的积极介入，以及业主委员会的成立将是一个大趋势，将随着《物权法》《物业管理条例》的实施而逐步得到加强，也是影响社区权力结构的新的重要力量。探索业主代表、业主委员会及其筹备委员会在目前状况下的生存和发展问题，对于重构社区权力关系具有积极意义。

L街道的社区非制度精英主要分布在几个商品房社区。仅有一个社区成立了业主委员会，该社区属于一个高档别墅区。由于社区居民收入高、工作忙，都有自己的事业，其参与业主委员会活动的积极性并不高。成立了业主委员会筹备委员会的有H社区和其余两个社区。Z社区将要成立业委会的筹备委员会，但目前仍无进展。

2005年初Z社区刚刚建成，社区居委会尚未成立时，在业主论坛上就出现了署名TT的业主帖子，呼吁大家尽早成立业主委员会。TT发布帖子说，现在的物业公司是开发商的亲戚，物业管理费用高，管理水平低，而且房屋质量和阳台面积、公摊面积都与早先房屋合同不符合，号召大家与开发商斗争，维护自己的合法权益。在TT的带领下，署名"背景""老左""泥壶"等一些业主积极响应，开始组织起来和开发商交涉，并通过业主论坛向业主汇报工作进展。这些人，就是Z社区的非制度精英。

"TT"，供职于某英语培训机构，2005年入住Z社区。积极参与业主论坛，组织业主活动，负责与物业公司交涉。

"背景"，自由职业者，2006年入住社区。负责管理Z社区论坛，配合

TT 组织业主或者业主代表开会。曾计划参与 Z 社区居委会主任选举，后未果。

"泥壶"，自由职业者，2006 年入住社区。积极参与业主委员会的筹备工作。

在 H 社区，以王女士为代表的业主委员会筹备委员会，从 H 社区一期入住就开始着手成立业委会。

王女士，私营企业主，2002 年入住 H 社区，是 H 首批入住的业主之一，积极参与维权活动。

L 街道的社区非制度精英这几年不断参加维权活动，参与社区发展，积极介入社区权力结构，努力展示自己的影响力。但由于组织机构弱化，其力量表现相对有限，这个群体的特征主要表现为以下四个方面。

一是人数相对较少，规模小。在 L 街道的社区中，参与业主委员会和筹备委员会的业主人数较少，整体规模小。分析原因，一方面 L 街道的商品房小区都是近些年新建的小区，居民分批入住，彼此不相识，新的社会关系网络还没有形成。另一方面，新的社区建立，业主参与社区事务的态度淡漠，参与社区事务的渠道不畅通，社区的认同感和归属感尚未形成。此外，国家关于成立业主委员会的法规法律不完善也是一个重要因素。

二是维权能力弱，影响力小。因为参与业主委员会的人数少，业主委员会成立不起来，业主代表在进行维权活动时，组织动员能力较弱，产生的影响力也比较小。因为是新建小区，业主自己也刚刚摸索成立业主组织，缺乏经验和实际锻炼，在维权过程中，很难与经验丰富的物业公司和开发商相抗衡。此外，业主利用自己的业余时间从事维权活动，对于相关政策和信息掌握不全面，不能够有理有据地开展活动，导致维权活动不了了之，或者被物业公司抵制后无力坚持下去。

三是组织化程度低，个人行为多。在 L 街道的社区各类组织中，业主委员会或者业主委员会筹委会是组织化程度最低、影响力最弱的组织。之所以形成这样的局面，与业主委员会成立难、业主代表开展工作难、相关政策不完善有着直接的关系。即使是成立的业主委员会也存在规章制度不健全、活动不规范、业主参与集体行动的水平低、业主与业主委员会之间互不信任等问题。① 在业主维权过程中，不少业主只是为了自己或者少部分群体的利益，从而引发了其他业主的不满意。在 H 社区，还出现了两个业主委员会筹备委员会彼此互不认可、互相攻讦的不正常现象。这不仅削弱了业主自身力量的成长，影响了业主的形象，而且还给物业公司造成可乘之机，非常不利于业主自身利益的维护。

四是集体行动能力差，领袖人物少。关于集体行动，奥尔森在他的名著《集体行动的逻辑》一书中指出，有共同利益的集体未必能产生集体行动的原因就是集体内部存在大量的"搭便车"现象。许多人不愿意花费私人的成本参与集体行动，但是集体利益作为一种物品却是可以享受到的。这种现象在社区非制度精英的维权活动中表现得十分突出。在 Z 社区和 H 社区，维权的内容主要包括阳台面积的重新测量、停车费太贵、公共设施建设不到位等。这些问题都是公共问题，涉及每家每户的切身利益，但是参与的业主却是少之又少。大家都愿意享受集体维权带来的利益，却不愿意花费精力去维护自己的合法权益。前面提到的几位业主代表可以算是领头人，愿意站出来为大家的利益而斗争，但是这些代表非常年轻，社会阅历和经验少，加上工作繁忙，不可能长期花费自己的时间参与社区业主维权活动。由此，一般业主参与社区维权活动经常处于一种零散和无序的状态，其成效可想而知。

第二节　社区资源争夺中的非制度精英

空间资源，包括公共用地、公共空间等在城市社区中是非常稀缺的。居委会、业主、物业公司、开发商等都非常关注空间资源的使用情况。各方在社区空间资源处理上的博弈，给我们提供了一个观察社区权力互动的很好的平台。2009 年 6 月，在 L 街道 H 社区发生过一次社区公共空间资源冲突。冲突中各方力量互相联系，又互相制衡，其结果是引发了社区权力结构的变化。

---

① 朱燕、朱光喜：《城市住宅小区业主维权的现状、困境与对策》，《城市》2008 年第 9 期。

一 "空地资源"风波过程

H 社区是一个以自购商品房业主为主组成的新型社区，因为成立时间短，还没有成立业主委员会，但一些业主代表已经率先成立了业委会筹备委员会。筹备委员会的成员很少，只有 3～5 名业主，都是前期入住的业主。业委会筹备委员会以王女士为首，积极参与社区中维护业主利益的活动，在停车费问题上代表业主和物业公司、开发商展开谈判。应当说，正是由于王女士的领导，H 社区的业主维权活动一直比较活跃，连续发生了调减物业费与停车费、撤换物业公司、公共空地停车等一系列事件。在这些维权活动中，业主、居委会、居民、物业公司都参与其中，在权力的交错网络中各显身手，对小区的发展产生了较大的影响。

在 H 社区，虽然业主维权的事件一波接着一波，但都与公共设施管理、公共资源使用相关，社区冲突的整个过程令人深思。

事件一：因为停车费和物业费太高，H 社区部分业主组织起来展开维权活动，要求降低相关费用。物业公司后来同意给先入住的业主三个月停车费用减半。当年参与维权的居民王女士说：

> 我们这个楼住进来的比较早。住进来我们就发现这物业费太高了，2 块 8 一平米，地下停车库一个月要 600 块，这比其他小区高太多了。好多人把车停在小区地上或者路边。我们和物业公司谈判啊，让他们降低物业费和停车费。我们自己联络，找区里，最后物业公司说我们三个月的停车费减半收。后来因为参加的业主人不齐了，也没有人张罗了，这事情就停了。我们当时也准备成立业主委员会来着，后来都忙自己的事情了，也没有成立起来。（对 H 社区王女士访谈记录）

在早期业主组织、居委会组织都不健全的情况下，业主代表的牵头作用对于社区权力格局的变动影响较大。如果没有王女士等社区非制度精英的参与、领导，物业公司就将占据主导地位，居民的发言权将被剥夺。后来的事实也说明，当社区非制度精英不再领导、参与维权活动时，业主们谈判的地位就基本丧失了。

事件二：H社区四号楼门前有一块空地，应该属于机动车通道，也是防火通道，一直闲置；随着入住业主的增加，一些有车的业主就将私家车停放在这个地方，虽然没有明确划线，但是逐渐形成了谁来谁停、早来早停的潜规则，倒也相安无事；但是有一天，业主回来停车时发现，这个地方已经被物业公司委托给一个停车公司进行收费管理了，要求业主们购买停车证。这些业主们很愤慨，认为物业公司无权这样做，这样做就侵犯了业主的权利。这些停车的业主组织起来反对物业公司的做法，并将材料呈送到区政府区办，同时在小区内张贴"小区物业与社会暗箱联手占用属于我们业主的地面开设专用停车场情理难容"的公开信。公开信对于物业公司占用属于业主的地面开设停车场的行为表示严重抗议，并罗列了《中华人民共和国物权法》中关于公共道路的规定，号召业主们"擦亮眼睛""团结在正义一边""共同抵制"并"拒交停车费"。公开信言辞激烈，将部分业主与物业公司之间的矛盾公开化、激烈化。这些业主声称，如果物业公司不清走停车公司，他们将就此事到市政府上访。有学者已经总结了住宅小区冲突的焦点主要集中在"物业公司违反了物业服务合同，侵犯业主自治权，包括账目不透明、乱收费……擅自处分物业共用部位和共用设施设备的所有权……"[1]。应当说，发生在H社区的这个案例就是这方面的典型。在表达愤慨情绪的同时，这些业主代表还找到居委会，希望居委会能发挥作用，一起维护业主的权益。H社区居委会提出了召开居民代表会议，让大家公开表达意见的解决方案。

H社区的郝主任专门为这件事情召集了居民代表会议，当天列席居民代表会议的是所有居民代表，包括楼门组长和党小组长，此外还有驻区单位的代表，符合召开会议的人数和程序。作为停车业主的代表和维权行动的发起人，董先生也参加了会议。同时，郝主任还邀请了一位当律师的居民作为法律咨询专家参与会议。会议召开的时候，郝主任向大家汇报了召开居民代表会议的原因，请各位代表就这个事情表态并提出解决的建议。

---

[1] 唐娟主编《城市社区业主委员会发展研究》，重庆出版社，2005，第9页。

郝主任请业主代表董先生详细讲述了这个事情，因为这块停车的空地就在小区门口，各位代表都很熟悉这件事。董先生在现场向大家散发了一份题为"我的一点思考和建议"的公开信。信中写道："近期，社会某公司强行占用四号楼下属于业主的机动车通道，改变了该土地的使用性质，建立了专业收费停车场，反过来收咱们业主的停车费，这种做法明显是违法的，我呼吁广大业主联合起来同这一不法行为做坚决长期的抵制和斗争，直到将不法商家赶出我们的家园。"董先生认为该公司的行为侵害了广大业主的利益，侵占了业主的资源，号召大家不交停车费，和这个公司斗争到底。在他介绍完这些停车业主的维权经历并散发了公开信之后，各位居民代表就开始讨论。笔者全程参与了这个会议，讨论的过程可谓热烈，但是结果却出乎所有人的意料。

在讨论之初，居民代表都对物业公司擅自将公共用地交给停车公司的做法表示愤慨，一致批评物业公司无视广大居民和居民委员会的存在、独断专行的错误行为，表示支持业主和物业公司的斗争。董先生显得很高兴，他说："我就知道居委会就是为居民说话的，有了居委会的支持，咱们这次就能给物业公司好看的！"

但是随着讨论的深入，居民代表们逐渐将关注点聚焦到这块停车场用地的性质问题上来。有居民提出，这块用地是社区规划中的防火通道，是公共用地，是不能用作停车场的。还有居民提出，董先生代表的小部分业主停车在防火通道上也是不对的，而且如果这部分业主不花钱把车停在公共用地上，对于其他交了停车费的业主是不公平的。董先生这时保持了沉默，可能他没有想到事情发展到这个状况。

郝主任看见会议的讨论进程进入比较深入的阶段，就对大家说，居民代表可以就这个事情形成一个讨论意见，社区防火通道到底该不该建成停车场？对于以董先生为代表的业主维权行为持何种态度？

居民代表举手表决了这个事情，达成了初步共识。首先，社区公共用地，尤其是防火通道是不能用作停车场的，无论是董先生代表的业主还是物业公司，都没有这个权力；其次，居委会协调物业公司和停车公司退出公共用地，在空地上设置一些活动的桌椅，供老年人和儿童休息。

董先生听到这个结论后，显然很不高兴，但是也没有说什么。会后，他对郝主任说，他不满意居委会的这次会议，他们这些业主保留继续上访和采取下一步行动的权力。

会议结束后，许多居民代表还在热烈讨论，给居委会出主意，如何与物业公司协商，是否要请街道和区政府的相关部门介入等。居民代表对于董先生等业主的行为是不支持的。有意思的是，居民代表中有几位家住四号楼，自家的车也停在这块空地上，但是看到大家的鲜明态度，也纷纷表示自家车可以找别的地方停。在居民代表会议后，郝主任将会议结果向街道办事处做了汇报，同时也通知了物业公司，协商如何妥善处理这件事。

董先生及其部分业主也在积极行动，继续为自己的利益上下活动。但最终，还是接受了居委会的处理方案。

二 "空地资源"风波与社区权力运行

这次关于社区公共用地的风波反映了 H 社区权力结构的几个特点。

一是各类社区权力主体彼此联合与制衡。在 H 社区"空地资源"风波中，参与的有业主代表、居民代表、居民委员会、社区党组织、物业公司等各方面的力量。各个权力主体都有自己对这件事情的看法和利益诉求。部分停车的业主希望能继续免费停车，维持自己的利益；居民代表要求公共用地归还社区，造福居民；社区党组织和居民委员会主张合理解决冲突，不要扩大事态；物业公司坚持自己的决定，以继续收取费用，增加收益；业主代表为了扩大影响，争取更多的支持，主动向居委会示好；等等。董先生说：

> 居委会时间长了，H 社区居委会据说搞得挺好的，我们也想通过居委会向居民说明真相，希望大家支持。（对 H 社区董先生的访谈记录）

郝主任对业主代表的态度表示欢迎。她认为"这说明居委会能得到业主的承认和认可，居委会有威信了"。居民代表会议是居民参与社区发展决策和社区资源分配决策的重要平台，也是法律规定的合法程序。以楼门组长及社区能人为主的居民代表一般都是居委会的支持者，他们对于少部分业主追求自己利益的行为不甚支持。居民委员会主持召开居民代表会议讨论此事，掌握了事件处理的主动权。在会后，郝主任感叹：

> 这就是民意！居委会就是要让居民说话，为居民办事。居民代表会议的决定那谁也不能否认，不管是那几个停车的业主，还是物业公司，你都得认这个。（对H社区居委会郝主任的访谈记录）

参与决策是权力的体现，各方力量参与社区公共事件处理和决策的过程是体现各自所拥有的权力以及社区权力结构互动的过程。政府在这个事件的解决过程中并没有现身，但是政府力量却得到了体现。居委会既是国家和政府的"代理人"，也是居民的"代言人"。作为政府的代理人，居委会表达了政府和街道办事处希望事件和平、尽快解决的意志。但是，政府力量并没有直接干涉事件的商讨过程，而是让渡出空间给业主和居民代表们，使彼此有更多的互动和交流。社区非制度精英参与事件处理，通过居民代表会议这样一个平台表达意愿是一种主动的、积极的参与，这与传统的动员式、行政命令式参与截然不同。社区非制度精英参与社区事件处理是一次认可自己权力地位、充分行使权力的尝试，他们利用居委会搭建的平台，借助居委会的动员能力，努力达成自己的意愿，但是又不想受居委会的控制。居委会在整个事件中处于核心地位，拥有事件处理的主导权。这是因为居民代表会议是由居委会组织召开的，召集会议的权力可以决定事件处理的进程，甚至影响事件处理的方向。居委会成员，这些社区的制度精英面对非制度精英的崛起心中喜忧参半：喜的是业主主动参与社区事务，社区工作就好做了；忧的是非制度精英的参与动机和参与方式难以与居委会合拍，不知该如何整合这股力量。社区党组织协调社区各类组织，动员社区力量，但是社区党组织没有参与具体事务管理的氛围和环境。通过这个事件，我们能够清晰地看到各个权力主体在社区权力结构中的位置，以及彼此之间复杂的互动交往网络。

二是社区权力结构在震荡与调整中不断发展。H社区建立初期的几年中，社区权力结构在慢慢形成。首先是物业公司的进入，最早行使对社区的管理权，向业主提供日常服务。其次是业主委员会筹备委员会的成立，随着业主逐渐入住，他们对于物业公司提供的服务和规定的物业费表示不满，推选出业主代表与物业公司协商，并取得一定的进展。再次才是居民委员会的成立。在街道的安排和支持下，居委会入驻社区，开始提供各种行政性公共服务。最后是各类社区社会组织成立，包括居民自治组织、中介组织等。社区内部的组织网络逐渐复杂，社区权力结构也从最初的"一元化"发展到"多元化"。随着社区事务的发展，这个权力结构也处在不断震荡和调整中。以居委会为代表的"制度化"的权力主体通过不同的社区事件积极介入，逐渐成为权力结构的核心，获得了业主和居民的认同，提高了社区影响力。物业公司虽然比较早地介入，但是物业公司与社区是一种雇佣关系，是通过合同确立的市场关系，这种市场关系是不稳固的，一旦社区业主发现自己的利益没有得到保护或是服务价格不合适，这种关系就有可能被终止。所以在H社区，最早进入的物业公司已经被辞退，而新来的物业公司初来乍到，对于社区的情况不甚了解，在很多方面还需要居委会出面协调，因此对于居委会的活动非常支持，在有需要的时候，愿意出钱出场地。根据笔者的观察，H社区的业主工作繁忙，没有太多时间关注社区事务，如果不是因为物业费或者停车这样关系自己切身利益的事情，业主是不会主动参与社区事务的，尤其是对居委会，业主还保留"居委会大妈"的陈旧印象，缺乏与居委会互动的动机和意愿。

三是正式与非正式的权力运行机制相互融合。权力的运行需要制度的保证，或者合法的程序。社区的权力运行既需要依托正式的组织和程序，也需要非正式组织的调剂。在"空地资源"风波中，业主代表寻求居委会的支持，居委会召集居民代表会议商讨解决方案，社区党委协调社区组织之间的关系，指导社区居委会把握解决问题的方向等，这些都是正式的权力运行机制，使得权力在合法、有序的逻辑顺序中实施。非正式的权力运行一般是指社区精英以自身的威信影响或改变被领导者的心理和行为的力量。这种权力是由其个人的因素（个人素质、个人魅力）所决定的，包括：品德、学识、资历、情感等。孙立平、郭予华在分析正式权力的非正式运作时指出，对于权力行使的道德评价是指，要求权力的合情合理的使用。[①] 也就是说，仅有权力本身的正式规定性还是不够的，权力的行使过程需要合乎日常生活中的情理。判断一种权力的行使是否得当，并不在于这种权力的行使是否符合有关权力的正式规定，而是要看权力的行使是否合乎"情理"。H 社区郝主任及她的团队在社区中形成了一定的威望，尤其是郝主任个人的"魅力"在社区居民代表中得到广泛的认同，这种非正式的权力运行对于社区事件的处理非常有帮助。比如居民代表孙大爷认为：

> 郝主任为人热情，到居委会不多久就干了好几件让大伙佩服的事情。谁家有问题了，都找她，她都能给你想办法解决。郝主任对我们这些退休的老党员也特别尊重，今年组织我们"七一"的时候一起过党的生日，我们心里特别激动，觉得主任特别不容易。（对 H 社区居民代表孙大爷的访谈记录）

郝主任获得了尊重，个人威望逐渐积累，与居民感情逐渐深厚，这些都有助于社区正式权力运行机制的展开。在郝主任召集居民代表会议时，代表们无一缺席，而且都非常支持居委会收回公共用地。郝主任的情感投入与威望产出都嵌入在正式权力的实施过程中，重新或者部分改变了权力运行的场景（Setting）。

作为业主代表和业主筹委会的成员之一，董先生本身就职于公安系统，熟悉政府行政体系和相关政策，善于组织业主并且很有头脑。但是在居民代表眼中，董先生是同住一个社区的"陌生人"。董先生自己也说是头一回来居委会讨门。对于居民代表来说，董先生及部分业主是为了自己的私利而希望利用居委会，这一点就无法得到居民代表的认同。没有"入情入理"的投入，董先生等人与居委会和居民代表之间就是"就事论事"的关系，非正式的权力运作机制无法形成，这也不难理解为什么董先生的要求没有得到

[①] 孙立平、郭于华：《软硬兼施：正式权力非正式运用的过程分析——华北镇订购粮收购的个案研究》，载《清华社会学评论》2000 年卷，鹭江出版社，2000。

居民代表的支持。

四是非制度精英的权力意识参差不齐。业主的身份在一定程度上是让人自豪的，业主意味着拥有了属于自己的私有房产，标志着一定的经济地位和社会阶层。在思想意识方面，业主和业主委员会的成立在一定程度上促进了公民权利意识的觉醒。H社区居委会的郝主任说，这里的房价这么高，这些业主都是比较有钱的人，什么私营企业主啊、大公司里的白领啊。参与维权的业主们也说，我们不是在乎那点钱，我们是维护自己的权益。在维护权益的过程中，业主的意识是不一样的：有些业主比较积极，主动承担了联络、组织的事情，成为业主维权的代言人；有些业主则比较观望，对维权能否成功比较怀疑；还有一些业主置身事外，态度冷漠。物业费和停车费高、物业公司管理不善等问题是与每位业主的利益息息相关的，但是业主对于这些问题的不同态度，反映了大家参与意识的不统一。权力意识淡漠肯定会影响业主参与社区和维护自己正当利益的积极性以及采取的行为。在分析权力精英分布的时候，群体意识、共谋和凝聚力成为三个判定因素。H社区王女士说：

> 我们不是给自己家里做事情，是为了大家，刚开始还有人来了，后来都没有人关心，好像都挺冷淡的。（对H社区王女士的访谈记录）

业主虽然同住一个小区，在地缘上有紧密的联系，但是来源广泛、复杂，每个人的背景、生活经历、知识水平等都大不相同，对于权力的理解也是很不一样，很多人都缺少维护自己利益的意识和习惯。

五是社区权力的内容和边界尚不清晰。业主们的社区权力基于业主的物权，这是业主参与社区民主管理的主要动力和合法性来源，但是我国目前对于业主的社区权力规定得并不清晰。特别是关于业主如何行使自己的社区权力，业主在社区中与其他组织的关系如何处理等，都没有明确的法规或政策解释，这在一定程度上阻碍了业主社区权力的行使，既造成了业主维权过程中的许多不便，也对非制度精英参与社区管理形成了障碍。

第三节　非制度精英与有限社区权力

自身发育不健全、缺乏机会和平台、组织能力弱化、组织目标不明确等，都是社区非制度精英无法正常行使社区权力的重要障碍。从 H 社区的"空地资源"风波可以发现，社区并不排斥业主代表这样的非制度精英行使自己的权力，但由于自身天然存在的缺陷，其所拥有并能够实施的，实际上是非常有限的社区权力。

一　非制度精英与居委会的关系

随着新型社区组织的出现和介入，社区的关系结构呈现多元化的特点，业主代表或者业主委员会正在成为社区多元权力关系中的重要一极。在社区多元权力结构中，业主代表或者业主委员会与街道办事处、社区居委会以及物业公司发生联系，并在联系过程中可能因为对社区问题的看法不一致而形成张力。业主代表或者业主委员会是在物业管理区域内代表全体业主对物业实施自治管理的组织。按照《物业管理条例》的规定，一个物业管理区域内只能成立一个业主委员会。从形式上看，业主委员会和居民委员会都属于自治管理组织，都需要动员居民广泛参与才能达到自治管理的目的，所以难免会在权力上存在相互冲突。[①] 那么，业主代表或业主委员会与街道办事处是什么关系呢？业主委员会属于社区组织，它接受街道办事处的指导，但可以独立开展自治管理活动。街道办事处不能强行干预业主委员会的活动。

总的说来，业主代表或者业主委员会与居委会之间的关系并非亲密无间，当然也不会针锋相对。闵学勤提出了社区的二元圈层区隔的观点，他认为，由于居委会在管理形式上的一枝独秀，以及带着政府赋予的各种行政权力，在社区内逐渐形成了以居委会为中心的圈内和圈外两大阵营，由此呼应

[①] 杜晓燕、李景平、尚虎平：《我国城市社区管理中的权力协调问题》，《城市发展研究》2006 年第 2 期。

了因社区参与、利益取向、邻里互动和情感归属差异而出现的社区内部的阶层划分。圈内成员，或称"社区内群体"；圈外成员，或称"社区外群体"。圈外成员身为社区内成员，却几乎不触碰居委会的任何事务，有些人连居委会在哪里都不知道。尤其是那些原本应成为社区管理精英的社区中产阶层，他们和社区其他普通居民一起游离在居委会之外，为避免冲突，他们保留仅有的地域归属感。业主代表或业主委员会自我掌控着秩序，成为与居委会共生且矛盾的平衡体。在H社区"空地资源"风波事件过程中，居委会主任和业主代表对于彼此在事件过程中的作用和角色有不同的认识。郝主任认为：

> 在我们社区，业主要成立业委会，那就让他们自己活动去，成立起来也难。他们要积极过来找居委会，那居委会就给你搭台，能解决问题就解决，要是不愿意找过来，那我们还省事了。就像这次停车的事情，你业主不是要征求大家的意见吗？那我居委会有权力召开居民代表会议，居民最后是不是能按你们这几个业主代表的想法投票，那可说不定，我们居委会是要听居民代表会议的。（对H社区居委会郝主任的访谈记录）

居委会主任认为自己是"居民"选出来的，是全体居民的代言人，和业主委员会是没有太大关系的，而且对于业主委员会的成立始终抱有怀疑和不信任的态度，同时借用居民代表会议这一平台合理抵制某些业主代表不合理的要求。

二 非制度精英社区权力意识分析

非制度精英参与社区发展决策有多种形式，不过由于非制度精英在社区层面的发育状况不同，所以组织状况、参与意识等也有很大的差别。有的业主积极参与社区事务，有的则安然"搭便车"，作为业主代表，参与业主委员会筹备的非制度精英与社区居委会主任和书记们参与社区活动的动机是大不相同的。这个参与动机就是维护自己私有财产的利益，"有恒产者有恒

心",为维护自身财产的权益不受损害,参与社区活动是一种本能。Z 社区业主委员会筹备会的积极分子 TT 就谈道:

> 我们的房子是自己买的,我们要为自己负责。比如,这阳台面积合同上写一个数,实际测量又是一个数,这不是欺诈是什么?我们还能指望谁来解决这个问题?业主要自己组织起来,和开发商斗。物业公司和开发商是一伙的。(对 Z 社区业主委员会筹备委员会成员 TT 的访谈记录)

业主应该维护自己的权利,业主委员会是业主维权的组织形式。但是不是每一个业主都有维权的意识呢?那些积极参与维权行动、积极促进业主委员会成立的业主可以被称为非制度精英中的维权精英。他们本应该联合起来一起维护自身利益,但业主群体却是这样一种状况:"一盘散沙无组织、一无所有无经费、一门心思搭便车、一无所知易受骗。"这是对当下业主集体维权状况的深刻概括,当权利受到侵害时,业主们往往出于容忍、退让或"搭便车"的心理而无动于衷,许多出头露面的业主反而受到打击和误解。一位参与 Z 社区维权活动的业主代表"音乐"接受访谈时说:

> 大家心太不齐了,都不想花时间,不愿意来。我们社区经常能来参加业主讨论会的就几个人,这么大的社区,好像都觉得和自己没关系似的。(对 Z 社区业主委员会筹备委员会成员"音乐"的访谈记录)

虽然有一些业主积极参与社区活动,维护自己的权益,行使自己的权力,但是更多的业主选择沉默和旁观,非制度精英的参与意识弱、参与能力不强在这里表现得淋漓尽致。这种状况大大削弱了业主代表参与社区活动的积极性,甚至到后来 Z 社区的业主委员会就没有人再提起了。自然,这些非制度精英分割社区权力的希望也就变得更为渺茫了。

社区非制度精英作为业主群体的代表,能够积极维护自身权益,努力分享社区权力，在社区公共空间资源分配等事件中，主动寻找居委会等正式组织的支持，并在与居民代表会议意见相左的情况下懂得妥协和联合，以不断实现自己的权力主张。虽然非制度精英的参与动机、参与社区事务的形式具有功利性、突发性和多变性等特点，而且由于行为方式分散、组织机构不健全等问题，实际只拥有有限的社区权力，但是非制度精英的参与，还是在很大程度上改变了居委会、物业公司等不同权力主体在社区权力结构中的地位和功能，在一定意义上促进了社区权力架构的多元化。

第六章 社区权力的非制度参与：社区能人的介入与影响

国外的社区权力研究者大多将社区定位在一个城市或者城镇，因此在他们看来，影响社区权力结构的精英们，大多数是来自经济界、金融界、企业界的杰出人士，这些人因其个人成就而对城镇社区的政策制定和发展方向产生很大的影响。而在我国城市基层社区权力结构研究中，按从业类别来划分类型显然是不现实的，也是没有必要的。前面我们从街居关系角度分析了街道对社区权力的影响，又分别分析了社区党组织、社区居委会以及业主代表这样的非制度精英在社区权力结构中的地位及其互动方式，其实在我国城市社区，还有一个群体也是不可忽视的，而且其作用正在慢慢显现并强化。这个群体大都属于社区居民，通常他们被称为社区能人。社区能人在社区的权力表现及其参与方式有其自身的特点，不仅丰富并完善了社区权力构成，而且促使社区权力主体进一步走向多元化。

第一节 社区能人的类型、特点及其参与方式

社区能人并不属于制度精英，他们处于现有制度性社区权力体系之外；他们也不同于业主代表这样比较关注私人利益的非制度精英。从参与方式上看，社区能人在多数情况下较为被动，一般是追随在社区居委会这样的制度精英之后，但其动员、说服能力不仅大大强化并放大了居委会的权力，而且对于社区发展决策及社区资源分配也都产生着越来越重要的潜在影响力。

一 社区能人及其相关研究

在 L 街道调研的过程中,街道办事处主任、居委会干部经常提到"社区能人"这个群体。他们认为社区能人是居委会工作的好帮手。这个群体热心公益事业,愿意参与社区活动,为大家提供帮助。有时候,居民之间发生矛盾和冲突时,就需要一位或者几位特别热心、为大多数居民所信任,而且特别有能力的居民出面沟通和协调,帮助化解矛盾和冲突。这些人被称为社区能人,有时也被称为居民领袖、活动领袖、群众骨干或积极分子等。居委会在开展工作的时候会有意识地发掘居民心目中的热心人、有能力的人,吸纳这些人成为居委会的支持者。这些居民积极分子有的担任楼门组长,有的就是普通居民,他们成为居委会、社区党组织这样的社区制度精英与居民之间的联络人,是社区居委会掌握居民动态、及时了解社区问题的信息源。图 6-1 是社区居委会与社区能人之间的关系结构图。

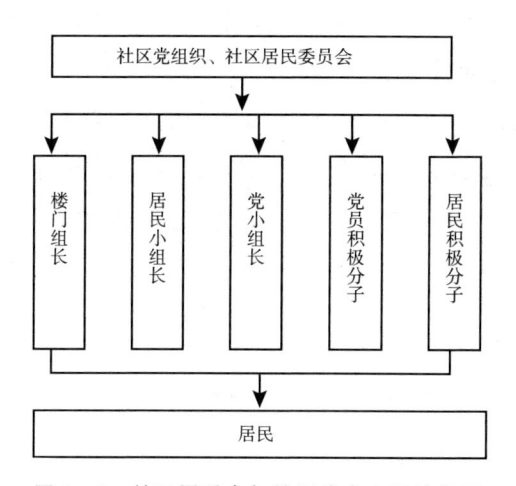

图 6-1 社区居委会与社区能人之间的关系

社区能人主要包括的类型有:楼门组长、居民积极分子、党员积极分子、党小组长等。社区能人的"能"表现为这些人有办事能力、能够影响普通居民的行为方式、在居民群众中威信比较高。社区能人已经成为我国城市基层社区权力结构中的重要群体。这几年国内外学者对于社区能人进行过较为深入的分析和研究。

关于社区积极群体的研究可以追溯到杜鲁门所说的"积极的少数"[①]、R. 达尔的"政治积极分子"。少数的积极分子主要是政治决策参与过程中参与程度高的一群人,"积极的少数"产生的原因也有所不同。杜鲁门的研究着眼于利益集团的角度,因此其眼中"积极的少数"主要是由于管理技能、财务结构、习惯以及集团之间的战略关系等原因而产生的,与本书所说的中国城市社区积极分子相去甚远。即便按照杜鲁门的视角,积极分子在我国传统的政治社会结构中也一直占据重要的地位,1949 年新中国成立以后的城市生活中也处处可以见到积极分子的踪影。

就我国城市基层社区而言,学者们对于社区积极分子研究的重点主要放在分析这一群体产生的原因上,并且提出了不同的解释。有的学者认为,居委会主任和积极分子之间形成了"庇护"[②]和"互惠"[③]的关系,并且将"互惠"与"积极分子"联系起来。但是这种观点并不能解释社区积极分子参与社区活动的动机,也不能解释社区积极分子与居委会之间的关系。[④] 有的学者将社区积极分子界定为精英,并且分成不同类别的精英,形成了社区精英网络。从参与社区活动的频率和重要性来说,社区积极分子是一类"关键群众",他们在集体行动中确实发挥着至关重要的作用,[⑤] 比如在社区选举中,"关键群众"的参与会直接影响选举的过程和效果。[⑥] 但是积极分子是否能形成社区精英网络,还值得探讨。桂勇从国家—社会关系的视角探讨了社区邻里之间形成的城市基础权力关系,分析了积极分子群体、居委会

---

① 〔美〕D. B. 杜鲁门:《政治过程:政治利益与公共舆论》,陈尧译,天津人民出版社,2005。
② 伯克·彼得:《历史学与社会理论》,姚明、周玉鹏译,上海人民出版社,2001。
③ Scott, James C., "Patron2 Client Politics and Political Change in Southeast Asia," *The American Political Science Review* (66), 1972.
④ 李辉:《社会报酬与中国城市社区积极分子——上海市社区楼组长群体的个案研究》,《社会》2008 年第 1 期。
⑤ Oliver, Pamela E. and Mar well, Gerald., "Whatever Happened to Critical Mass Theory? A Retrospective and Assessment," *Sociological Theory* (19), 2001.
⑥ 刘春荣:《另类的邻里动员:关键群众和社区选举的实践》,载赵汀阳主编《年度学术 2007（治与乱）》,中国人民大学出版社,2007。

一楼组—居民的三级体系以及相应的动力机制。① 王敬尧在参与式治理的研究过程中,关注了"门栋自治"过程中的"门栋长"和社区自治活动中的骨干力量"一代三员"②。刘晔则通过对一个城市社区公共交往行为的分析,认为社区"政治人"是高度参与社区公共事务的社区政治精英和有效参与社区事务的普通居民阶层。③ 王伊欢、张亚鹃等人则对我国农村社区女性能人的作用做了大量的个案分析。④ 李辉认为城市社区积极分子有着这样几个规定性:一是对社区事务的高参与性;二是稳定性;三是非体制性。必须同时满足这样三个规定性才能成为社区积极分子。⑤ 这些研究成果对于进一步讨论社区能人在社区权力结构中的地位以及社区权力运行中的作用都是非常有启发意义的。

二 社区能人产生的背景、类型及参与方式

(一)社区能人产生的背景

社区能人能够反映社区普通居民的心声,因而得到居民群众的认可和尊重。社区能人群体通过一种非正式的形式在社区环境中存在。那么,在我国城市社区为什么会形成这样一个群体呢?综合分析,社区能人的产生与城市社区的居住形式、社会关系结构、社区管理等方面的因素都有直接的关系。

一是居住方式的变化。居住方式作为居民对生活空间的选择与安排、占有与享用的形式,是居民生存方式的重要组成部分。居住方式的变化会影响人际交往形式和交往渠道的变化。随着城市化进程的加剧以及住房商品化程度的提高,北京城市的大院社区、胡同社区、平房社区慢慢消失,城市居民

---

① 桂勇:《邻里政治:城市基层的权力操作策略与国家——社会的粘连模式》,《社会》2007年第6期。
② 王敬尧:《参与式治理:中国社区建设实证研究》,中国社会出版社,2006,第129页。"一代三员"指的是每一个楼群的墙门代表、宣传员、调解员和卫生员。
③ 刘晔:《公共参与、社区自治与协商民主——对一个城市社区公共交往行为的分析》,《复旦学报》(社会科学版)2003年第5期。
④ 王伊欢、张亚鹃:《农村女性能人对于社区发展的多元意义——30例农村女性能人个案分析》,《妇女研究论丛》2009年第4期。
⑤ 李辉:《社会报酬与中国城市社区积极分子——上海市社区楼组长群体的个案研究》,《社会》2008年第1期。

纷纷搬进商品房社区，住进高层住宅。原来平面的社区变成了"竖起来"的社区，从分散型向紧凑型转变。原来邻里之间低头不见抬头见的人际交往方式，转变为现在各家各户自成一体，共同居住在一栋楼里或者一个单元中，却相互了解甚少甚至不了解的交往模式。在这种情况下，每家每户拥有的公共空间和公共事务是相同的，承担的责任和义务也是相同的。在涉及个人利益和公共利益的时候，一些热心公益的、愿意参加社区活动的人就会涌现，探讨解决的方式，促进社区的发展，在参与过程中成为社区积极分子。在 L 街道的 Z 社区和 H 社区这两个新建商品房社区，所有的居民都是新搬入的，互相不认识。在物业公司进行管理和居委会设立的过程中，一些居民主动关注与自身利益相关联的决策，与物业公司进行谈判和交流，成为居民的代言人。

　　二是社会关系结构的变化。居住在单位大院或者平房社区的居民处于一种熟人社会中，形成了比较稳定的社会互动关系，彼此都是知根知底的单位同事或是老街坊。在搬入新楼之后，原有的社会关系断裂了，从熟人社会转入陌生人的社会，每个居民都面临重新熟悉环境和重新建构自己社会关系的挑战。面对这一挑战，居民们的反应是不同的。有的居民，特别是中青年居民群体对于重新建构社区关系并不热心；相反，一些老年居民因为退休在家，对于社区的依赖程度加剧，因此相当关注社区发展，相当关注社区关系的重构。这个群体在社区居委会的培育和支持下，很快就能发展为社区积极分子的主要力量。

　　三是社区管理方式的变化。住在单位型社区或者平房、胡同型社区的居民和住在新建商品房小区的居民，其管理方式是不同的。一般情况下，单位型的大院社区，社区的管理主要依托居民所在单位，由单位派出专门的人员和机构进行管理并提供服务；如果是居住在胡同中的居民社区，其管理既有居委会的介入，同时依靠的是社区长时间形成的规则和习俗。搬入新的商品房社区后，居住在高层建筑中，无形中削弱了居民和原单位的联系，同时也脱离了原来社区的习俗和规则。由于住房私有化，居民们更加关心社区服务和日常管理的质量，这就对社区居委会和物业公司提出了更高的要求。社区居委会面对社区的上千户家庭和上万名居民，要实施有效的管理，提供让居民满意的公共服务,就需要培育自己的外围组织和支持力量。通过在楼宇和单元中发现并逐渐培养楼门组长,借助楼门组长了解居民的需求,传达居委会和上级单位的一些通知和政策等,居委会无形中延伸了自己的影响力。

四是老龄化社会的来临。截至 2008 年底,人口结构中 60 岁以上的老年人占的比率已经达到 12%。在北京,60 岁以上的老年人已经有 218 万人。据调查,L 街道 60 岁以上的老年人有 7953 人,占该地区人口总数的 15%,其中空巢老人约占 10% 以上。有人形容目前参与社区活动最多的群体是"一老一少一低"。"老"主要是指离退休在家的老年人,"少"主要是指中小学生,"低"主要是指低收入群体和困难居民。老年人时间充裕,再加上营养原因退休后普遍身体较好,参与社区活动的积极性比较高。在 G 社区,60 岁以上的老年人有 900 多人。他们成为社区服务的主要对象和社区服务的评估者,也成为参与社区各类活动的主要力量。此外,这些老年人熟悉街道和社区的管理体制,习惯于通过居委会这种制度化渠道参加政府和集体的活动。G 社区有 24 栋楼、96 个单元、96 个楼门组长,这些楼门组长 100% 是 60 岁以上的退休居民。在退休的老人中,很多人身体健康,有能力、有热情、有知识,特别是刚从原单位退下来的,都非常愿意参与社区活动,发挥余热,于是成为社区能人的主要组成部分。

五是基层政治网络的建立。社区体制中包含着国家的政治权力(power)和市民的政治权利(right)两个空间。在政党政治氛围日益浓厚的今天,将党的政策融入社区发展之中,并以此作为获取选民支持的途径,已是西方国家惯常的做法。[1] 华尔德在对中国工厂单位的考察中发现这样一个现象:"党的基层组织在忠实的基本群众里发展出了一套固定关系网。"他将这部分群众称为积极分子。在我国城市社区层面,社区党建是社区建设的核心内容,社区党组织是社区建设的核心力量。通过党组织的系统,许多流动党员、口袋党员和离退休党员纷纷被纳入这个基层政治网络中。Z 社区共有 12 个党支部、12 个党小组长,他们平均年龄为 64.5 岁。党小组长每月 10 日

---

[1] 吴新叶、金家厚:《社区公共权力:理论框架、现实问题及其对策》,《河北学刊》2003 年第 5 期。

定期开展党支部活动，按照社区党组织的要求学习有关材料，讨论现实问题。笔者曾参加了 Z 社区党支部的党日活动，当天参加党日活动的党员有 80 多人，先是收看了《警钟长鸣》电视短片，然后分组讨论。最后社区党委给每位党员发了学习读本，并要求党员每人写一篇不少于 800 字的读书体会，在下一次党日活动时交流。这些老党员都认认真真地做了记录。Z 社区居委会主任说，党员积极分子觉悟高、参与意识强，比一般的居民素质高多了。很自然，这些党员积极分子也成为社区能人的重要组成部分。

（二）社区能人的主要类型

社区能人主要包括楼门组长、党小组长和居民积极分子、党员积极分子。

关于楼门组长。在高楼林立的城市社区，居民比邻而居但互不相识，虽然同居在一个单元，却疏于往来。居委会开展工作首先面临的一个难题就是居民众多，居委会人手少，无法了解每一户社区居民的情况和需求。因此，在城市社区，楼门组长是个非常重要的角色。楼门组长是指居民楼的每个单元推举出来的一位居民，作为这个单元的代表，参与居委会组织的各种活动。在 H 社区的一些高层建筑，每个单元还会有两个楼门组长，分别负责 1~10 层和 11~21 层的住户。楼门组长参加社区组织的活动，把居委会的通知传达到每家每户，比如为灾区捐款捐物、缴纳卫生费用、参加社区文体活动等。在 L 街道的不同社区，楼门组长产生的途径是不一样的。在 G 社区这样一个老旧小区，楼房大多是 20 世纪 50 年代修建的，一般只有 5~6 层，楼里居住的户数少，居住在一起的时间长，一般采取居民自发推举的方式选出楼门组长，这些组长也都是大家熟悉、认可的热心居民。这些楼门组长因为得到大家的认同，也容易动员群众，容易"敲开门"。在另一个 2005 年新建的 Z 社区，小区建筑多为高层建筑，楼房住户较多，都是新搬入住的居民，互相不了解，很难由居民推举出楼门组长。一般是由居委会根据自己的调查，联系一些退休后愿意积极参与社区文体活动的居民。先由居委会提出人选，然后走访每户居民征求意见，最后确定。居民们一方面不认为"楼门组长"是一个很重要的位置，另一方面也乐意有人主动出面做一些联络的事情，大多都表示同意，楼门组长就这样产生了。

第六章　社区权力的非制度参与：社区能人的介入与影响

关于党小组长。近年来，中国共产党因应城市社会结构的变化，加强了基层社区党的组织建设工作。目前每个城市社区都成立了社区党支部或社区党委。党支部下面设党小组，党小组长是党小组活动的具体组织者，是党支部开展工作的得力助手，是党的基层工作的骨干。L街道各个社区都有数量不等的党小组。每个党小组有12~15名党员。党小组每月召开民主生活会，定期组织党员学习党的理论知识，讨论社会热点问题，配合社区居委会开展工作，为社区事务决策出点子、想主意。

关于居民积极分子和党员积极分子。虽然大多数楼门组长都是居民积极分子，但是楼门组长的人数是有限的，还有一些居民不是楼门组长但是愿意参加社区活动，支持居委会的工作，这些人就是居民积极分子。如果这些居民还有党员身份，那么他/她同时也就是党员积极分子。这两类人是居民小组长和党小组长的积极支持者。当小组长动员大家参与社区文体活动，或者宣传某项政策的时候，这些积极分子就会主动参加，并动员其他居民参加。这两类积极分子大多是退休的居民，有闲暇的时间和精力参与社区活动。

根据在社区权力运行中的角色、配合居委会开展工作的情况以及参与活动的特点，社区能人大致可划分为以下几种类型。

一是组织活动型。居委会组织活动是社区日常工作开展的重要组成部分，如果每次都由居委会主任、副主任或者委员亲自动员和组织，那是很耗时间的。居委会在居民中间发现并培养了一些组织活动的能人。这些能人能够统筹安排活动，制定详细的活动计划，召集居民群众参加，有时候还能凭借自己的人脉和资源为活动提供便利条件。在2008年北京奥运会期间，组织志愿者参与奥运安保是居委会的一项重要工作。在这一活动中，社区能人的组织能力和影响力得到了淋漓尽致地发挥。因为街道和其他部门经常会抽查每个社区志愿者的到位情况，要求每个点要有3~4位志愿者，G社区按照要求需要200多位志愿者，这是比较难以动员的，仅仅依靠居委会几个人是很难完成任务的。正是有了组织活动型社区能人的参与，才使得任务圆满完成。此外，诸如其他临时性的志愿任务等，也离不开组织活动型的社区能人。

我们这儿有个王师傅，特别热心，我们社区要组织观众志愿者去看比赛，大晚上接到通知的，王师傅知道了说"得，交给我吧"。他就一家家通知，尤其是他自己的几个好朋友，都是"老哥们"。十一点多，人凑齐了。大家都说明天一大早就去看比赛。可是等第二天到了比赛场馆，又说不缺观众了，得，白忙活了半天。大家伙都回家了，这事也就是王师傅能摆平，要是我们居委会做，那可要给居民骂死了。（对G社区邢主任的访谈记录）

从组织活动型社区能人与社区居委会的互动过程中可以看出，他们两者确实存在一种权力依赖关系。王师傅在社区的影响力和人脉资源是他所独有的，而且这种影响力和资源是社区居委会所需要的。布劳认为，在人际关系中，权力源于单方面提供有价值的服务会带来交换的不平衡。在动员居民参与志愿活动时，居委会对于王师傅和他的伙伴是有期待和需求的。作为对王师傅的回报，社区居委会给予了更多的参与机会和信任。Read 用基于"浅互惠"（thin reciprocity）的"地方志愿主义"（local voluntarism）来形容这种关系，[1] 非常契合王师傅的这种社区参与情形。

二是文艺特长型。社区中的文艺体育活动比较多，尤其是老年人喜欢跳跳舞、唱唱革命歌曲什么的。这些活动中也能涌现一些能人，比如文艺能人、体育能人、书法能人、戏剧能人等。这些居民一般能歌善舞，吹拉弹唱样样行，组织活动的时候能发挥很大的作用。居委会对于这些有文艺特长的人很倚重，不仅提供场地，还会根据这些能人的建议添置活动所需要的设施等。这些文艺能人在自己的组织中也会有一定的影响力。比如，G社区合唱队的组织者林老师就是一名音乐爱好者。她在居委会的支持下成立了社区合唱队，从最初的几个人发展到30多人，而且分了声部，每个周三下午合唱队一起练歌，学习民族歌曲、革命歌曲等。合唱队的居民大多都是爱好唱歌、喜欢文艺的居民，在林老师的指导下唱歌水平提高很快。G社区合唱队

---

[1] Read, Benjamin L., "Social Networks and Citizens in China Urban Neighborhoods,"（Ph. D. dissertation）, Department of Government Harward University, 2003.

在该地区已经小有名气了，有什么社会活动或者演出活动，都会被邀请参加表演。合唱队的林老师也被邀请到别的社区去指导。该合唱队拓宽了社区的影响力，加固了与其他街道和社区的关系。

三是懂法维权型。社区居民出于对自身利益的考虑，对社区公共物品和公共空间日益关注。当自身的利益受到损害时，居民中有知识、懂法律、维权意识强烈的人就会自然成为居民领袖。这是社区能人中影响力最大的一种人，他们能为居民的共同利益挺身而出。这一类社区能人在居民中的威信是很高的，而且也能得到居委会的尊重。在召开居民会议或者居民代表会议商讨社区事务时，居委会都会邀请他们参加，征求他们的意见。Z社区楼长张大妈就是懂法维权型能人的代表，她介绍了自己带领居民维权的经历：

> 我们这个楼在路边上。你看，去年盖楼修路的时候，不光是噪音很大，而且这楼一盖，把光线都挡住了。我带着大伙解决这个问题，联合了几个楼的居民也来参与，一起找的开发商。最后，开发商补偿了钱。大家多少拿点，心里高兴。（对Z社区楼长张大妈的访谈记录）

H社区早期入住的居民王女士也是一个典型的懂法维权型社区能人，在与开发商的交涉中，她充分展示了社交能力。H社区居委会主任介绍这位居民时，佩服之情溢于言表：

> 我们这儿的王姐比我还来得早。她是第一批住进来的。她是最早开始维权的。因为这儿的物业费太高了，一平米两块八。停车费也特别贵。王姐开始组织业主维权，还成立了业主委员会的筹备会，和开发商交涉。最后，开发商是同意少缴三个月的物业费。也算是成功吧！（对H社区郝主任的访谈记录）

罗斯曼（Rothman）指出，懂法维权型社区能人所采取的社会行动是，"假定有一群处于不利的群体，他们需要被组织起来，联合其他人去向整体社会争取资源以及取得符合民主与公义的对待"。寻求权力（power）和资源（resource）的再分配，甚至影响相关政策的制定，这是懂法维权型社区能人最重要的价值。调查发现，一些社区积极分子是因为自己和社区的利益没有得到保护，或者受到侵害时，能够挺身而出，为自己也为社区争取权利和公正对待。

四是德高望重型。这一类型的社区能人更强调个人的"道德"和"声望"，而不仅仅是"组织活动型"的能力或者"文艺特长型"的技巧。学者们对农村社区权力结构中关于道德与权威关系的分析比较多。张鸣在分析乡村权力结构时认为，传统乡绅拥有正统的、道德性的文化知识，和保持一定的道德威望是他们实现对乡村权力控制的必要前提。[1] 翟学伟认为，道德可以提升人的"个人地位"而不是"社会地位"，也就是"德高"可以"望重"。[2] 在城市社区，德高望重型"社区能人"并不多见，原因是产生这一类型社区能人的场域遭到破坏。布迪厄认为，场域是指商品、服务、知识或者社会地位以及竞争性位置的生产、流通和挪用的领域，行动者在积累、垄断不同的资本类型而开展的斗争中进行这种生产、流通与挪用。[3] 在不断新建的商品房社区中，因为居民彼此都不熟悉，同属陌生人，再加上个人空间的区隔，缺乏人际沟通，因而难以建立起居民之间的信任和共同行为的规范。即使有个别事件的发生，社区积极分子也很难通过短暂的时间和互动获取信任，积累社会资本。

在 L 街道调研过程中，只有 G 社区出现了一位"德高望重"型的社区能人——王师傅。之所以在 G 社区出现，是因为这个社区的建立已有 52 年的历史，居民居住时间相当长，彼此熟悉。王师傅一直居住在这里，是一位老居民了。王师傅为人热情、正直，乐于帮助人，自己因为退休前在单位做过工会工作，所以很有组织能力，个人文化水平也比较高。在居民心目中是相当有威望的，也被社区居委会尊称为"居民领袖"。而在其他新型社区，这种居民领袖的产生还需要长时间的培育。

---

[1] 张鸣：《乡村社会权力和文化结构的变迁（1903~1953）》，陕西人民出版社，2008。
[2] 翟学伟：《人情、面子与权力的再生产》，北京大学出版社，2005。
[3] 〔美〕戴维·斯沃茨等：《文化与权力：布尔迪厄的社会学》，陶东风译，上海译文出版社，2006。

三 社区能人的参与特点

社区能人具有一定的个人权威。美国学者丹尼斯·朗（D. H. Wrong）认为，个人权威有双重含义，一方面，它是基于掌权者的特殊性格和能力，而不是基于其社会角色或广义的规范品质；另一方面，它源于对象对独特的个人品质的感觉和评价，而不是掌权者强制、奖励或提供专家咨询的资源。社区能人除了要满足一些共有的条件外，还需要具备能够影响社区权力构成和运行的其他特质。通过对 L 街道社区能人的分析发现，他们在参与社区事务时一般具有以下特点。

一是有较高的个人素质和较强的能力。社区能人要有丰富的人生经验和阅历，要有待人接物的能力，社区人际关系比较好。在社区中当一个楼门组长、居民组长或者党小组长是不容易的事情，因为楼门组长是居委会和居民之间的联系人，是居委会了解居民状态的桥梁，也是居民了解居委会的媒介。楼门组长经常做的事情主要包括：通知信息，即提醒居民防火防盗、注意环境卫生等，节假日来临前特别重要；收取费用，在老旧社区，多数都没有物业公司和专门的保洁员，这就需要楼门组长定期上门向居民收取卫生费用；招募人员，居委会组织活动需要招募居民参与，无论是兴趣小组还是志愿活动，楼门组长都会以身作则，在自己负责的楼门单元里极力动员居民参与；防范安全，主要是留心楼门和单元里的出租房屋和流动人口，如果发现陌生面孔，或是行为异常的人，楼门组长就会第一时间通知居委会和社区的片警；治安巡逻，楼门组长平常还会在社区巡逻，维护社区治安。

二是敢于承担任务和责任。社区能人要为社区和社区组织承担一定的责任和工作，要为居民做实事，维护居民的利益。居委会主任普遍反映，社区积极分子敢于做事，敢于担当责任，这是很重要的一个特质。一位楼门组长告诉笔者，居委会离开楼门组长其实是寸步难行的，因为面对社区几千人，光是居委会干部那几个人是根本忙不过来的。一些积极的楼门组长会主动分担社区居委会的责任，按时完成分给自己的任务。在笔者调研的过程中，楼门组长纷纷表达了同一个意思，"居委会的人挺不容易的，这么多的事情，我们愿意帮帮他们，我们也有这个时间和能力"。正是由于楼门组长觉得自己是在"助人",是"好心",而且觉得自己有能力做这些事情,所以他们才能心甘情愿地参与到社区事务中来。楼门组长的这一特点与他们的年龄和生活经历是紧密相关的。

> 我们这个楼是老楼,原来属于药材公司的,我们退休了,这个楼的供暖没有人管了。这个楼上多数都是老人,这冬天了怎么住啊。我就带着居民找去了,一大帮子人,没解决。后来我觉得这个方法不行,我就自己找,还带着我的小孙子,一趟趟的。还找了其他的渠道。最后是解决了。通过这件事,居民觉得我挺能为大家办事情的,挺信任我的,居委会也觉得我热心,有事情就找我。我说什么话,居民还听的。你看这捐衣服,我到居民家里,都特热情,都捐了。(对Z社区楼长张大妈的访谈记录)

三是要有闲暇时间和一定的经济基础。闲暇时间充分才能为居民做事。现在的上班族大多是朝九晚五,即使想参与社区活动也没有太多的时间,因此目前参与社区活动比较多的都是离退休的居民,只有他们有比较充足的时间参与社区事务。此外,社区能人还要有一定的经济基础,有固定的收入来源,并且能够满足家庭的日常开支,不为生活发愁。在调查过程中笔者发现,参与社区事务较多的积极分子大多数是离退休人员,他们有比较稳定的退休金,而且享受医疗保障,这些是必不可少的经济基础。比如,H社区的一位楼长告诉笔者,自己是一名退休的老干部,经济上非常富裕,孩子都在国外,生活是很好的,没有什么后顾之忧,参加社区活动就当是退休后的另一份"工作"了。

四是参与社区活动的动机没有功利性。以楼门组长和党小组长为核心的社区能人为什么愿意参与社区活动和社区决策?或者说社区能人通过参与社区活动想获得什么?这就是动机问题。关于动机,社会学家和心理学家有着不同的解释。简单地说,动机(motivation)就是指一种引发个体产生行动,维持已引起的活动,并将这一活动朝向某一特定目标进行的一种内在历程。詹秀员将社区领袖的社区参与动机分成五种,即"无特定目的偶然介入型、回馈社会积德行善型、促进参与凝聚共识型、改善地方环境建设型、争取福利权益行动型"[1]。国内学者李辉运用布劳的"社会报酬"概念分析社区积极分子的参与动机，他认为社区积极分子追求的是以情感、价值为主要内容的内在报酬。事实上，社区积极分子在很大程度上类似于志愿者，情愿花费自己的时间为社区做事，并无打算从中获取经济上的利益。北京市已经酝酿给楼门组长每人每月50元钱作为酬劳。钱虽不多，但是反映了政府对于这个群体长期以来辛苦奉献的认可。对L街道社区的调查可以发现，社区能人参与社区事务更多的是自我价值的实现，没有什么功利性可言。总的看来，L街道社区能人的社区参与动机可分为以下四类。

（1）"自我调剂型"。一般是刚退休的老人，身体好，精神也好，喜欢参与社区活动。他们认为通过与邻居的交往，可以建立起新的社会互动关系，避免自己情绪低落，影响健康。G社区楼门组长申师傅说：

> 我们退休了，在家里也闲不住，孩子也不在身边，社区的事情我们愿意参加，和老街坊一起唱歌啊，做事情啊，心情也好，也不会得老年痴呆了。（对G社区楼门组长申师傅的访谈记录）

（2）"发挥余热型"。这类人一般退休前在单位就比较有能力、有热情，退休后也喜欢"管点事"，觉得还可以为社会发挥余热，能体现自己的人生价值。这类人在参与事务时表现出较高的个人素质和能力，他们更多成为居委会的"智囊"。Z社区党员小组长张师傅说：

> 我们退休前都是干部，也都是党员，党培育我们多年了，现在退下来了，就想发挥余热，为社区居委会出点子，想办法。（对Z社区党员小组长张师傅的访谈记录）

---

[1] 詹秀员：《社区权力结构与社区发展功能》，台北：洪业文化事业出版公司，2002。

（3）"情感依赖型"。这类社区能人与居委会之间一般都有较强的情感维系。居委会在社区有多种角色，除了担当政府的代理人外，更多的职责是居民的代言人。这就要求居委会必须利用好自身的权威、协调好各类资源，帮助低收入困难家庭、空巢老人、残疾家庭等弱势群体解决实际困难，当好居民群众的贴心人。在这一过程中，居委会所给予困难居民的不仅仅是生活上的救助，还包含着情感的支持。以浓厚的情感为基础，这些群体就容易成为居委会的强有力的支持者和各种活动的积极参加者。因此，社区居民中收入偏低、工作不稳定或者年龄较大的弱势群体都是居委会的主要拥护者，甚至是社区活动的积极分子，这与居委会的工作职责及资源结构有关。[①] Z 社区为高龄单亲老人在重阳节的时候举办了一次"子女感恩会"，邀请老人和他们的子女来居委会，每位子女要陪老人看节目，为老人斟酒表达谢意，居委会还为老人准备了蛋糕。当天来参加的单亲老人有 40 多位。一位 80 岁高龄的老人抓着居委会主任的手，眼泪汪汪地说："居委会还想着我们，真好啊！"老人的儿子也说："主任，以后我就是咱社区的志愿者，有用得着我的地方您就尽管说！"场面甚是感人。

（4）"民主权益型"。社区是基层民主的实践平台，《居民委员会组织法》及有关政策法规对居民委员会、居民大会、居民代表大会以及居民议事协商制度等都有明确的法律规定。社区居委会依据法律规定由居民选举产生，并按照相关民主程序开展工作。一些社区积极分子从维护自己的民主权益和社区的整体利益出发，本着推进社区真正实施民主自治的目的而积极参与社区活动和社区事务。这类民主权益型的社区能人在各类小区中都有。比如在老旧小区，因为基础设施薄弱常常影响居民生活，或者面临拆迁涉及居民获得补偿问题，就需要社区能人出面带领大家争取权益；而在新商品房小区，居民因不满物业管理，与开发商和物业公司之间的冲突不断，也需要社区能人配合居委会开展维权工作。社区积极分子代表居民和社区各个组织沟通和交涉，以实现居民利益的最大化。在 H 社区"空地资源"风波中，有

[①] 闵学勤：《转型时期居委会的社区权力及声望研究》，《社会》2009 年第 6 期。

位居民是律师，积极发挥自己的专业特长，为居民和居委会讲解物权法，并就合法维权提供建议。

四 社区能人参与社区权力运行的方式

社区能人广泛参与社区公共事务和社区公共活动，不仅是一个参与社区建设、分享社区发展成果的行为和过程，而且可以影响社区权力结构及其运行，在一定意义上影响着社区发展的方向。那么，社区能人在参与社区权力运行的过程中，都表现出哪些突出特点呢？

（一）自组织化程度高

作为城市社会的缩影，社区是一个十分复杂的系统，社区权力结构仅仅是这复杂系统中的一个子系统。因此，我们在对社区权力系统进行分析的时候就需要考虑社区历史、地理位置、经济结构、人员结构、社区组织等诸多因素。不可否认，各类组织是影响社区权力结构的最为重要的因素之一。我们知道，社区层面的组织形式多样，类型也很多，除了社区党组织、居委会这些较为显性的权力组织外，还有很多居民因为兴趣和爱好而自发形成的组织，可称之为隐性权力组织。这些兴趣型社会组织的领导者基本上都是包括社区积极分子在内的社区能人。从另一角度看，如果把每一个楼门看成是一个楼组，那么楼门组长也可以被看成是一个"组织化"的人物。

所谓自组织，从本质上看是居民基于解决自身环境中日常事务的需要而自发形成的一种参与方式。[①] L街道所辖社区中大部分都活跃着这种由社区居民自发形成的自组织。这些组织大多数都属于文体娱乐型（见表6-1），主要集中在合唱、舞蹈、健身、学习等方面，参加人数不一，最少的只有8个人，多的如老年协会人数达到200人。这些社区组织成立的程序一般是居委会先在社区中宣传、倡导，然后发掘有这方面专长并愿意参加的居民，最后通过楼门组长的积极招募和居民之间的口耳相传，一些有共同爱好的居民慢慢认识并形成一个组织。组织形成后，由大家共同推举出一两名负责人。居委会则尽力为这些组织提供活动场地、桌椅板凳和音响

---

① 王敬尧：《参与式治理：中国社区建设实证研究》，中国社会出版社，2006。

设备等。

在国内学术语境中，居民自组织一般被称为"社区民间组织"（grass-root organization），是一个带有浓厚的基层和民间色彩的概念。社区民间组织的出现和形成主要遵循自下而上的路径，可以说完全是居民自身意愿和兴趣的体现。有学者认为，社区自组织是社区文化维系力的平台，尤其是在新建社区，居民通过社区自组织参与新的社区文化活动，建立居民之间的信任与分享，是居民共同体走出"集体行动的困境"进而走向信任和合作的必要条件。[①] 居民参与这些社区组织的过程不仅促进了社会化，而且也强化了民主意识、增强了参与能力。居民自组织在社区中的生存状态各异，有些组织人数多，活动频繁，逐渐产生了影响力，不仅社区居民喜欢参与，而且还得到了上级组织比如街道办事处的认可，那么这样的组织就会得到更多的支持以及更多参与社区事务的机会；反之，那些人数较少的居民自组织，由于内部联系不紧密，影响力弱，社区关注得就比较少。仅从表 6-1 中"经费来源"一项可以看出，除了 G 社区的合唱队可以定期获得来自社区的经费资助外，其他多数组织的经费都需要"自筹"。G 社区邢主任谈到为什么要为合唱队提供一些经费资助时说：

> 这些合唱队的队员都是积极分子，也都是老党员，积极参与社区的各种活动，合唱队唱得也好，都出名了，就是街道有活动也来邀请。还有，这些合唱队员都是志愿者呢。我们从党员活动经费中拿出来一部分支持他们，是应该的。（对 G 社区邢主任的访谈记录）

G 社区合唱队成员相对固定，尤其是有十位经常参与活动的居民，他们作为合唱队的核心成员，积极参与，形成了合唱队的一些大家共同遵守的规则，产生了比较好的社会效应。"有为才有位"，正是由于合唱队产生了较大影响，因此社区也愿意寻求资源支持其继续开展活动，为社区赢得声誉。其他未获得资助而不得不自筹经费的组织就没有这么好的运气了。

---

① 杨贵华：《社区自组织能力及其指标体系》，《社会主义研究》2009 年第 1 期。

有的是小组成员自己筹钱，有的是去别处"化缘"。当然，L 街道每个社区每年都有 8 万元的社区公益金，这些公益金基本都用来支持社区居民的文化活动。比如 Z 社区用公益金为舞蹈队提供演出服装、H 社区为合唱团提供录音机等。但是，这样的资助是需要竞争才能得到的，而且也不固定。

表 6-1 L 街道社区民间组织汇总

组织名称	社区	类别	业务范围	参加人数	经费来源
桑榆合唱队	火桥	文体	唱歌	25	无
Z 社区重阳合唱团	Z	娱乐	唱歌	66	自筹
Z 社区夕阳秧歌队	Z	娱乐	扭秧歌	30	自筹
安化楼健身队	安化楼	文体	太极拳等	25	自筹
喜乐年华健身舞蹈队	安化楼	娱乐	健身舞	20	自筹
安华楼市民英语学校	安化楼	文体	学英语	25	自筹
夕照寺社区合唱队	夕照寺	文体	唱歌	43	自筹
夕照寺社区象棋队	夕照寺	文体	下象棋	8	自筹
板南社区老年协会	板南	公益	服务	290	自筹
板南社区群众文化协会	板南	文体	群众文化	300	自筹
G 南里合唱队	G 南	文体	唱歌	30	自筹
G 南里青年篮球队	G 南	文体	打篮球	15	自筹
G 南里社区英语班	G 南	文体	英语学习	15	自筹
幸福家园合唱队	幸福家园	文体	唱歌	30	自筹
H 社区老年活动团	H	文体	文体活动	90	自筹
武术健身队	绿景苑	文体	武术	12	自筹
合唱队	绿景苑	文体	唱歌	40	自筹
舞蹈队	绿景苑	文体	交际舞	13	自筹
英语班	绿景苑	文体	英语学习	60	自筹
龙北东老年合唱队	龙北东	文体	唱歌	30	自筹
G 北绘画班	G 北	文体	绘画	8	自筹
G 北夕阳红合唱队	G 北	文体	唱歌	40	党委活动经费

续表

组织名称	社区	类别	业务范围	参加人数	经费来源
铁道花园健身舞队	G北	文体	健身舞	30	自筹
幸福健身操（舞）队	幸福楼	文体	健身操	20	自筹
幸福柔力球队	幸福楼	文体	柔力球	15	自筹
幸福合唱队	幸福楼	文体	唱歌	50	自筹
幸福手工编织队	幸福楼	娱乐	手工编织	15	自筹
幸福书法绘画队	幸福楼	娱乐	书法绘画	8	自筹
幸福英语普及班	幸福楼	文体	学习英语	30	自筹

资料来源：2009年L街道社区民间组织汇总表（作者自制）。

社区居民自组织的发展是我国社区建设过程中的可喜现象，这表明社区居民的参与意识增强了，对社区的认同感增加了。同时这些社区民间组织的形成都是来自居民自身的兴趣和爱好，反映了居民的需求和某种生活状态。有学者评论说："以社区精英为核心的社区民间组织发挥了重要的作用，这些民间组织不仅仅包括舞蹈队，也包括文艺团体，虽然功能不同，但是某种程度上都促进了社区居民的社会参与，为社区重建创造了必要的社会资本。"[1]

虽然社区能人通过自组织的方式为居民营造了比较好的社区参与氛围和渠道，但是社区民间组织的发展仍面临不少障碍，这使得这些居民兴趣爱好类的社区民间组织在社区的生存状态总体不佳。一是由于缺乏必要的活动资金和场地，缺乏有效的激励机制，有些社区民间组织得不到持续发展；[2] 二是社区民间组织的发展与社区能人的能力和责任心有很大的关系。有些组织的负责人责任心强，社会关系丰富，该组织的发展就比较顺畅，而那些负责人能力弱的组织就会出现人员慢慢流失、进而解散的现象。

居委会对社区民间组织的发展是支持的。这主要是因为希望通过这种方式增进居民对社区的认同，提高自身在社区的号召力和影响力。如果有社区能人的参与，居委会对社区民间组织的控制和影响将会变得容易很多。在日

---

[1] 张虎祥：《社区治理与权力秩序的重构》，上海大学博士学位论文，2005。
[2] 《L街道社区民间组织汇报》。

常实践中，社区能人依靠自己的力量，将兴趣相同的居民组织到一起；居委会在提供支持的同时，透过社区能人维系与这些组织的"联系"，从而扩大调控资源的范围。此外，居委会通过联系各个居民组织的负责人又形成了一个组织网络，可以通过组织的负责人转达居委会的意见和建议，或者在居民组织意见不合的时候先通过负责人去了解情况，并予以协调。图6-2表达了居委会与社区居民自组织之间的关系。由图6-2可见，居委会联系自组织的负责人，然后与居民建立起联系；居民参加自组织是为了拓展自己的社会交往，增加自己的社会关系，满足自己的兴趣爱好，而居委会则通过培育社区民间组织扩大了影响力，同时发现了更多的社区积极分子。

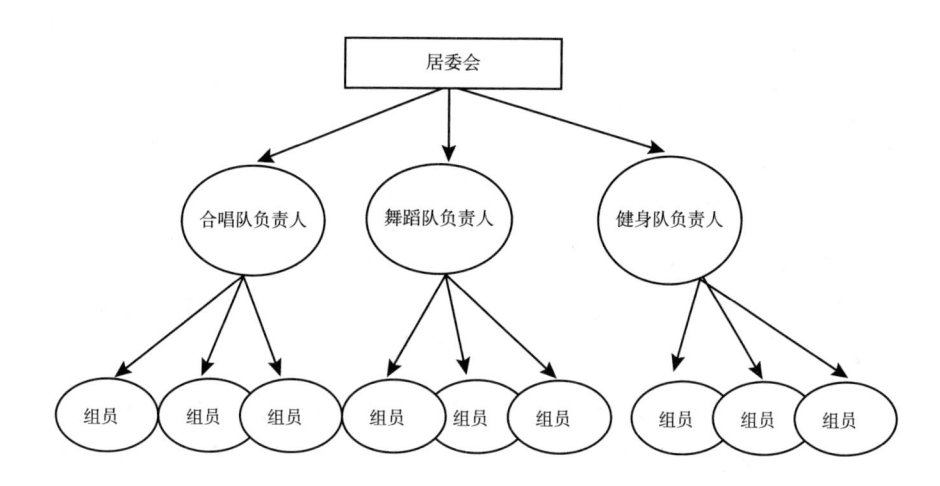

图6-2 居委会与居民自组织关系

（二）具有明显的不均衡性

社区能人群体参与社区事务和社区发展的过程呈现明显的不均衡性。社区建设的主旨是建设社区，其根本目的在于发展社区，也即通过整合社区资源、强化社区功能、增强社区活力、培育社区归属感等活动，使居民与社区之间建立起协调发展、和谐有序的平衡关系。要达到这一目的，就离不开社区成员积极而富有成效的参与。政治学意义上的参与一般包括三个基本要素，即"谁来参与"、"参与什么"和"怎样参与"。"谁来参与"也即参与的主体是谁。目前社区参与的主体大体可分为三类：社区居民、社区民间组织和驻社区的机关、团体、部队、企事业单位。在这三类主体中，社区居民参与的地位最为重要，毕竟人是社区建设中的决定性因素，没有社区居民的广泛参与，再丰富的物质资源也不可能得到充分利用，更谈不上社区与人的和谐发展。"参与什么"也即参与的客体或者说参与的内容都有哪些。从总体上说，社区参与的客体可以分为政治性参与和非政治性参与两大类。政治性参与是指与国家政治事务或本社区政治事务有关的公共性参与，比如选举各级人大代表和社区居委会成员、讨论决定本社区的重大事项等；非政治性参与是指与居民日常生活有关的事务性参与，比如组织老年娱乐活动、举办社区体育竞赛、青年志愿者在社区内开展活动等，当前非政治性参与是社区参与的主要内容。"怎样参与"也即参与的途径或者说参与的形式是什么。一般而言，社区参与的形式可分为制度性参与和非制度性参与两大类。制度性参与是指社区成员在既定制度规范内的参与活动，常见的形式有选举、表态、执行、管理、决策、监督、观察等；非制度性参与是指社区成员超越既定制度规范的参与活动，常见的形式有议论、投诉、抗议等。从 L 街道的实践情况看，社区能人参与社区事务或者说参与社区权力运行存在以下几种不均衡性。

一是从参与内容上看，以非政治性参与为主，极少涉及政治性参与。尽管我们可以简单地给出政治性参与和非政治性参与的定义，但在实践中要将两者加以严格地区分却是困难的。比如居委会组织社区成员讨论是否应该在居民区兴建一个自行车棚，从社区公共权力的角度看可以说是政治性参与，而从便民服务的角度看则可以认为是事务性参与。一般而言，像选举居委会成员、各级人大代表和居民代表这样的事项可以毫无争议地归入政治性参与当中，政治性参与也排除了在社区开展活动的非政府组织。因此，政治性参与因不具经常性而不可能在社区参与中占据主要位置。而社区文体活动、环境保护成为各类社区居民自组织参与的主要内容，这也成为社区能人展示的最佳舞台。比如，G 社区某年实施的工作项目分为亲情服务、居民文娱活动两大类，具体内容包括快乐午餐、社区书画班、社区合唱队、社区关怀服务、"心系居民"社区大讲堂、我与共和国一起过生日、读书会、科普长廊等。居委会邢主任介绍说：

> 我们社区老人多，今年我们以"九九重阳节、浓浓敬老情"为主题，为社区90岁以上的老年人集体过生日。活动中，社区合唱队为老人们表演了歌曲《夕阳红》《快乐的好朋友》《天路》，洪湖幼儿园的小朋友们为老人们演唱了《歌唱祖国》《幸福拍手歌》，并表演了舞蹈《小木马》。今年，居委会为合唱队定做了演出服，使合唱队更加正规，特色更加鲜明；组织社区书画班到大觉寺写生，提高了成员参与热情。社区合唱队、书画班坚持每周活动一次。（对G社区邢主任的访谈记录）

按照邢主任的说法，G社区的年度工作项目都是在广泛征求居民群众的意见后确定的。在项目实施过程中，社区积极分子和各类居民自组织的积极参与，对项目成效发挥了巨大的作用。

二是从参与形式看，以被动执行式参与为主，极少主动性参与。被动执行式制度性参与是当前社区参与的主要形式。在社区建设中，参与本身受到鼓励而非受到限制，L街道根据当地实际先后出台了一系列规章制度，引导和规范社区成员积极参与建设社区。换句话说，社区成员参与社区建设的制度渠道是畅通的，因此，一般情况下社区成员都会选择制度性参与。只有当社区成员之间的利益冲突比较强烈时，才会出现非制度性参与的情况。非制度性参与一般仅存在于社区居民当中。在制度性参与中，又以被动执行式参与为主。对社区成员来说，能否有机会参与社区事务的关键在于是否得到了社区管理机构的邀请。居民当中受到邀请最多的当然是受社区工作人员赏识的所谓"社区积极分子"，其次是居民代表，普通居民则很少能有机会参与较正式的社区事务。同样的，如果没有社区居委会的支持，即便是社区能人，也基本上不可能"主动"参与到某些社区事务中。

三是从参与程度上看，有些事务参与多，有些事务极少涉及。由于缺乏制度性约束，所以社区能人参与社区事务也存在较大的不平衡性。通常情况下，社区能人参与社区活动的时候都会做出自己的选择和判断。对他们来说，有些社区事务与其关联度较强，在许多情况下是不得不参与，没有选择的余地。比如社区环境卫生，只有本社区居民最为关心，也最愿意参与改善。再比如，社区能人出于自身爱好和体现自我价值的需要，参与最多的是合唱队、健身队、体操武术队等社区内组织。所以当社区有文化体育活动时，居民的参与热情相当高。有些社区事务与其关联度弱，或者不感兴趣的，则不予参与，或较少参与。达尔把这种现象表述为一种现代化带来的城市人的"陌化"与"政治冷漠"。他说："在大多数政治体系中，对政治事务极感兴趣，关心并了解政治事务，活跃于政治事务中的人在成年人中所占比例并不大。"① 在我国基层社区，社区能人的参与可能更多体现为"选择性"非制度性参与，因而表现出参与内容的不均衡性。

第二节 社区能人在社区权力结构中的地位和作用

能否参与社区事务决策以及参与程度的深浅是衡量社区权力拥有状况的重要标志之一。作为参与社区事务的重要力量，我们判断社区能人在社区权力结构中的地位和作用也需要结合具体的事例进行分析。下面我们尝试以社区能人参与一个具体的社区项目为例，从决策到实施的过程全面分析其在社区权力结构及其运行中的情况。

一 "魅力社区"项目基本情况

这个社区项目名为"魅力社区"。2006 年，由北京人民广播电台城市管理广播栏目主办，并联合其他多家媒体和政府部门举办了首届北京市"魅力社区"评选活动，此后每年评比一次。凡是参加魅力社区评选的社区，都要根据本社区的实际情况，提出一个切实可行的"社区改善方案"。经过初选入围的前 30 名社区方案就会获得 10000 元魅力基金的资助，用于实施自己的方案。项目评选过程中，主办方将会聘请专家评议团、百姓评议团、媒体评议团对提交的实施方案进行评估。评估的主要依据共有 10 项，即大

---

① 达尔：《现代政治分析》，上海译文出版社，1987，第 131 页。

事小事有人管、日常生活很方便、社区安全有保障、应急处理很及时、环境优美设施全、环保措施见成效、饲养宠物不扰民、停车文明又有序、邻里和睦风尚高、文体活动多又好。

年度"魅力社区"活动共分五个阶段展开。第一是项目策划阶段。参与社区要按照主办方的主题，自己设计一个项目，并提出策划的方案。第二是项目提交阶段。参与社区向主办方提交项目策划，主办方邀请专家学者对项目进行评审，筛选出一批入围者。第三是项目实施阶段。经过初选入围的社区开始实施自己的项目，主办方聘请专家学者、媒体、百姓评议团等深入社区调研，进行抽查，作为评估打分的依据。第四是现场竞争阶段。主办方组织现场竞争大会，通过提问、现场展示和现场打分等环节进行第二次筛选，选出再次入围者。第五是现场总决选阶段。主办方再次举办现场总决选大会，要求参与社区提供与本社区项目实施有关的各种资料，并且通过不同的形式进行展示，现场各类评委评估打分，评选出最后十名获得"魅力社区"称号的社区。

"魅力社区"项目实施这些年来，各个社区设计的项目种类繁多，主要包括社区照顾、社区文化建设、社区服务、社区环保建设、社区儿童教育、社区安全等，基本上涵盖了居民社区生活的方方面面。比如L街道板厂南里的"时间银行"项目，将社区所有志愿活动都纳入"时间银行"的组织管理中来；幸福家园小区的"幸福训练营"项目是一个针对儿童、幼儿家长、社区老年人和社区志愿者开展社区教育的项目，根据这些群体各自所处阶段，组织开展各种社区教育活动，在活动中增长才干。"魅力社区"活动开展四年来，L街道包括Z社区、G社区、H社区在内的大部分社区都参与了进来，并且G社区、Z社区还获得了极为难得的"魅力社区"称号。

"魅力社区"活动在组织上有这样几个特点：一是采用了项目策划的方式，这种工作方法对社区工作者来说是一个挑战；二是特别强调居民参与，居民的知晓率和参与率被作为评判项目成功与否的主要标准；三是重视利用新的网络技术，扩大参与率。比如，主办方设立了"魅力社区"官方网站，开设论坛为参与各方提供讨论和交流信息的平台，要求参与社区开博客，利用网络日志的形式将本社区实施项目的情况向社会公布等。魅力社区举办四年来，因为活动形式和理念都比较新颖，得到社会各界的广泛关注。无论是市区政府、新闻媒体，还是社区居民，都对这项旨在促进居民参与社区的活动表现出极大的兴趣。

学者们也初步探讨了"魅力社区"活动所蕴含的深层次理论意义。刘铎认为，魅力社区活动是"社区开放式治理模式"的很好实践，尤其是活动中多方参与的方式和自下而上的决策模式是社区建设中的创新之处。[①] 杨荣提出"魅力社区"中项目策划是社区工作的新方法，可以有效提高社区工作者的工作效率。[②] 吴刚将"魅力社区"写入北京市社区发展报告，认为这是北京社区建设中的大事，对于促进北京社区建设有着积极的意义。[③]

笔者参与并详细观察了 L 街道主要社区申请和实施"魅力社区"项目的整个过程，目睹了居民特别是社区能人参与项目的每个细节。下面我们以 Z 社区和 G 社区参与"魅力社区"活动为例，通过过程 – 事件分析的方法，也就是通过选择这些能反映社区权力深层逻辑结构的事件，进行动态地描述，探讨社区积极分子如何与居民一起，参与并影响了这一社区事件的发展。

二 决策与动员：社区能人的初步参与

项目策划是参与"魅力社区"活动的起点。那么，项目策划的主题如何确定？这是项目策划最基本的问题。如果按照居委会传统的工作方法，由主任、副主任和书记们开个会研究后就可以确定了。但是，由于此次活动的主要考察指标就是居民知晓率，所以不能完全依靠居委会干部的工作，而必须广泛征求居民群众的意见。广泛收集居民群众的意见，就需求社区积极分子的参与和配合。前面谈到，积极分子是社区居委会的神经末梢，通过他们，居委会才能尽可能全面了解普通居民的想法与需求。

按照"魅力社区"活动评选规则的规定，每个社区提出的参评项目都必须是居民需要的，能够解决居民群众实际问题的。根据这一原则，G

[①] 刘铎：《社区开放式治理模式》，参见魅力社区官方网站。
[②] 杨荣：《项目策划：社区工作新方法》，《社区》2007 年第 6 期。
[③] 参见《北京社区发展报告（2008）》，社会科学文献出版社，2009。

第六章 社区权力的非制度参与：社区能人的介入与影响 | 161

社区和 Z 社区都采取了召开社区居民代表会议的形式来征集居民意见。社区居民大会是社区民意展现的合法平台，一般由社区全体居民或户代表、驻社区单位代表、居委会干部以及其他议题涉及人员组成。按规定，社区居民大会每半年或一年召开一次，讨论与社区发展有关的重要问题并做出决定。因为社区居民大会召开的次数少，涉及的人数众多，能聚齐一次很不容易，所以根据社区议事规则的有关规定，社区居委会可定期召开居民代表会议，就社区日常事务进行讨论和决定。参加会议的人员主要是居委会干部、部分居民代表、楼门组长以及其他社区积极分子。在 Z 社区和 G 社区，社区居民代表会议每月召开一次，如果遇有重大事情，也可以临时召开。为了更好地参与"魅力社区"活动，广泛征求居民对这一活动的看法和需求，两个社区都组织召开了居民代表会议。作为社区能人的楼门组长和社区积极分子，都成为居民代表会议的积极参加者。在居委会组织召开的社区居民代表会议上，社区居委会主任先介绍了"魅力社区"活动的背景和参与程序、有关要求，然后征求代表意见。与会人员纷纷表示支持居委会申请和参与这项活动，并表示愿意配合居委会参加有关活动。

除了在社区居民代表会议上征求居民代表和社区能人的意见，获得同意和支持外，居委会还要广泛征求广大居民的意见。G 社区采取了分发调查问卷的方式，调查社区居民的参选意愿和具体需求；Z 社区则采取给居民群众分发宣传单的方式，请居民在宣传单背后填写回执、表明需求，同时为自己的社区设计一个响亮的口号等，然后居委会回收。G 社区邢主任说：

> 我们通过调查问卷进行统计，发现居民主要关心环境、安全和养老三方面的问题，其中关心养老问题的人最多。这也是我们社区的老年人比较多的缘故。我们仔细考虑了一下，又和楼门组长商量，最后确定申请一个与社区养老有关的项目，就是"快乐午餐"，一个老年饭桌的项目。（对 G 社区邢主任的访谈记录）

Z 社区比 G 社区的居民人数多,而且是新建商品房混居小区,居民不熟悉居委会,居委会也不了解居民。因此,居委会采取了发放宣传单的方式征求居民的意见和需求。社区居委会王主任说:

> 我们把"魅力社区"活动写在一张宣传单上,然后让楼门组长给自己楼门里的居民分发,并且要求居民写下自己的意见和需求。然后,楼门组长再上门回收。我们有一个居民积极分子特别有思想,特别有热情,他最先提了一个五色土的想法,我们一合计,觉得这个提法挺新鲜的。最后我们形成了"情系五色土"的方案,用五种不同的颜色代表不同的主题,从周一到周五,包括环保、健康、文化、教育、卫生等内容。(对 Z 社区王主任的访谈记录)

在"魅力社区"活动的开始,居委会凭借社区居民代表会议这一合法的议事平台,启动了正常的民意征集程序,使得一项社区活动成为正式的社区工作内容。有学者把这种既借助于行政网络,又建构自己的社会互动网络的动员称为地方性权威动员。[1] 同时居委会借助社区这些积极分子也将活动的信息传达给更多的居民,从而为社区能人参与到社区决策畅通了渠道,这一决策模式非常符合达尔对于社区权力就是居民直接参与社区决策的观点。社区存在各种不同的利益群体,各自有代言人,权力总是与具体事务决策密切关联的,不同的利益群体为各自的利益互相抗衡,互相制约。[2] 社区能人积极、主动介入"魅力社区"活动中来,代表一方利益参与决策,影响了社区项目的发展方向,也为社区权力运行带来了新的力量。

三 实施与协商:社区能人的深度介入

通过与社区居民的广泛协商,每一个社区都提出了自己的"魅力社区"

---

[1] 杨敏:《公民参与、群众参与与社区参与》,《社会》2005 年第 5 期。
[2] 潘泽泉:《参与与赋权:基于草根行动与权力基础的社区发展》,《理论与改革》2009 年第 4 期。

第六章 社区权力的非制度参与：社区能人的介入与影响 | 163

参评项目并开始逐步实施。项目实施是一个艰难的过程，因为要动员更多的居民将一个纸面上的方案变成现实。社区居委会只有和社区积极分子进行更多、更广泛的合作、协商，才有可能将项目实施下去。社区决策是多种力量共同作用的结果，决策者可能来自不同的群体，代表着不同的利益。居委会有自己的目的，社区积极分子、楼门组长也有自己的想法。街道也很看重这次活动，专门给居委会主任开了动员会并布置了任务，又将是否得奖与居委会的年终考评结合在一起，这样就无形中增加了居委会的压力。居委会"对上"要完成街道的任务，"对下"要面对积极分子和广大居民，成为"上"和"下"的中介，使社区之间形成了一种相互"粘连"的权力关系。[①] 社区能人在这种"粘连"的权力关系中也发挥着重要的"中介"作用。

在 2009 年第四届"魅力社区"实施过程中，主办方提出了短信投票的环节，即在一个月内，看哪个社区的短信投票率高，哪个社区就可以有机会进入第二轮的竞争。此处先不管这个环节是否合适，只是描述在拉票过程中居委会与积极分子的活动。

第一步是在本社区拉票。社区居委会与积极分子在社区各个路口和单元门口设置拉票点，从早到晚向居民宣传，"给咱社区投一条短信吧"。为了鼓励居民积极发短信投票，居委会在街道的支持下增加了拉票的内容即"有偿投票"，投一条花费 2 角钱的短信，居委会会给居民一条价值 2 元的毛巾或者一块洗衣皂。这种有偿拉票方式获得了明显的效果。许多居民出入小区门口，在居委会主任热情的招呼声中，纷纷拿出手机为社区投票。

第二步是在临近社区拉票。G 社区是一个老旧社区，居民人数少；Z 社区是新建商品房混居小区，居民对社区还比较陌生。在社区拉票进行了一周之后，居委会和积极分子、楼门组长开始向临近社区渗透。这里有一个细节很有意思。街道办事处再一次动用自己的权力，"命令"其他

[①] 桂勇：《邻里政治：城市基层的权力操作策略与国家——社会的粘连模式》，《社会》2007 年第 6 期。

没有参与"魅力社区"评选活动的社区帮助这两个社区拉票。许多临近社区的居委会主任、积极分子也开始在社区设置投票点，向自己社区的居民宣传，"给咱兄弟社区投一条短信吧，都是一个街道的"。在 L 街道 15 个社区的集体行动之下，这两个社区的投票率一直稳居在前 30 名。笔者曾与一位社区主任交谈，该主任说："按道理说这不属于我们正常的工作范围，可都是一个街道的，主任们之间也挺熟悉的，再说街道都动员了，我们能不出来吗？"简单的话语道出了"人情来往"的本质，在社区生活中，如果只是依靠行政权力的垂直介入，实施效果肯定要大打折扣，包括居委会、社区能人等社区权力主体之间的人情和面子在社区权力运行中发挥了非常重要的作用。

第三步是在社会上拉票。通过前两个步骤，社区已经聚集了不少票数，但是为了保持并稳步增长，社区居委会开始离开社区，超越街道范围，迈向写字楼、市场、商场、学校周边等地，在更大范围内拉票。这个行为已经脱离了街道和社区的权力影响范围，居委会主任和积极分子感受到一种"无力感"和"无助感"。一位楼门组长申师傅说：

> 我们到红桥、百荣那里去拉票，感觉挺那什么的。见了谁都给人笑脸，让人给我们投票。到写字楼去吧，还差点被赶出来了。还挺巧的，人家那地的居委会也在拉票，看见我们那脸拉得别提有多长了，话也难听，最后差点打起来了都。（对 G 社区楼门组长申师傅的访谈记录）

社区外拉票引起的风波让居委会和积极分子们都比较受挫，但是居委会主任和楼门组长对于目前取得的成绩还比较满意。经过开会讨论，他们一致决定，部分楼门组长立足本街道的社区继续拉票，另一些人再寻找其他地方去拉票。虽然这个行为让大家都很疲惫，但是面对共同事件的时候，居委会和积极分子们站到一起。尤其是有些居民不理解居委会的行为，指责居委会不工作、耽误事的时候，楼门组长还主动承担起解释和维护居委会权威的角色。在这个参与决策和社会动员的过程中，社区积极分子踊跃参与，为社区的集体利益与居委会保持一致。曼纽尔·卡斯特认为，现代社会，新的社区及文化认同的形成，必须经历社会动员的过程，也就是说，"人们必须参与都市运动，并在其过程中发现彼此的利益，人们以某种方式分享彼此的生活，新意义也就有可能产生"。社区能人参与拉票的过程，其实质就是在参与社会动员的过程中维护彼此利益并塑造社区权威。

四 决选与结果：社区能人的作用

"魅力社区"活动设立了总决选的环节，通过现场不限形式的"秀"，来展示各个参赛项目的实施状况，尤其是如何改进了社区的工作、满足了居民的需求、推进了社区发展等。在笔者观摩的总决选中，不得不佩服居民中能人济济，多才多艺。

在2009年第四届"魅力社区"总决选比赛中，Z社区派出了包括居委会主任和积极分子在内的20人团队，这个团队富有团队精神，在现场演示的过程中表现良好。最后Z社区以总分第二名的优异成绩获得"魅力社区"称号。

> 我们对这个结果还是很满意的，这过程太不容易了！主要还是我们居民好，特别支持我们。我们这些积极分子、楼门组长贡献太大了！没有他们的支持，这事情指定是做不下来的。光靠我们几个哪成呢？（对Z社区王主任的访谈记录）

获得"魅力社区"称号的社区得到街道的嘉奖。L街道召开会议，对获奖社区的经验进行总结和推广，并鼓励其他社区继续根据自己社区的特色提出下一年度的工作方案等。

"魅力社区"这个项目策划事件从提出到决策、从设计到实施，社区楼门组长、积极分子深度参与，对于项目最后的成功发挥了极为重要的作用。在项目实施过程中，少数人的发动、宣传和激励，动员广大社区居民参与到项目中来，使之成为推动本社区建设或本社区发展的重要行动策略。在社区能人参与社区决策和活动的过程中，居委会给予了大力支持，与社区能人一起推动社区居民参与社区项目，进一步了解和理解社区工作，发挥了积极的作用。社区权力结构就是社区决策网络，而决策网络的运行过程就是不同社区权力主体对于关系到社区成员和社区利益的事务或者活动的协商和决定的过程。权力就是决策，参与影响决策。权力的大小反映参与的范围和参与的程度。在我国城市社区，影响参与程度的要素主要有两个，一是在社区权力结构中的位置（position），二是所扮演的角色（role）。不同居民在社区权力结构中的位置不同，与权力核心（社区党组织、社区居委会）的距离也不一样。他们在参与社区决策中的影响力也是不同的。位置在社会结构和社会网络中相当重要，它不仅会影响到资源的支配和人员的分配，而且会影响社会资本的培育和积存。不同位置的主体反映彼此不同的社会互动关系。如图 6-3 反映的是社区能人在社区权力结构中的位置。

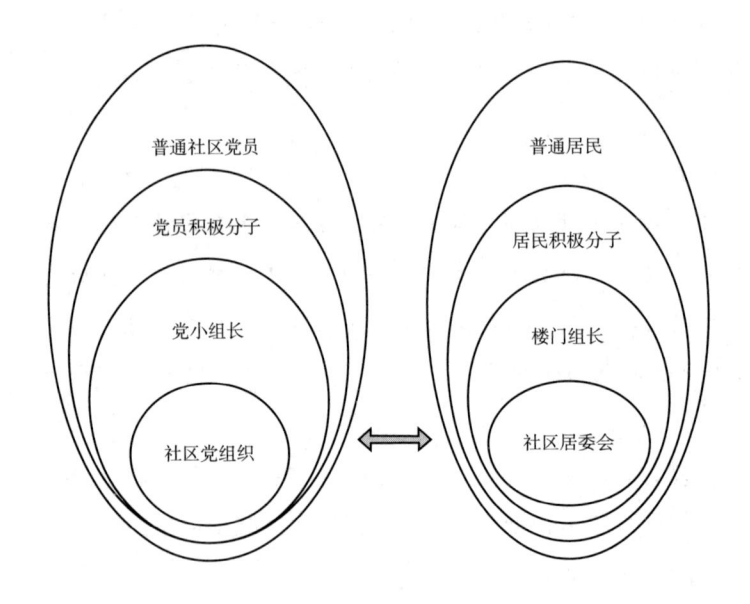

图 6-3　社区能人在社区权力结构中的位置

从图 6-3 可见，党小组长和楼门组长是距离居委会和社区党组织最近的群体，他们可以依托社区居民代表会议、楼门组长会议或者党小组的日常活动等合法性途径，直接参与社区决策；他们还有权对居委会的工作进行监督和评议。同时，楼门组长和党小组长也是居委会联系居民的中介，居委会对于他们在居民中的影响力是非常认可和尊重的，也希望他们参与到社区决策中来，并愿意为此提供机会和渠道。

居民积极分子和党员积极分子是距离社区权力核心稍远的一个群体。他们不是楼门组长或是党小组长，无法定义务配合居委会工作，但是凭借个人意愿或爱好也积极参与社区各项活动。这一群体可能无法通过合法的途径介入社区决策，但是他们能够将自己的意见直接反映给社区或是自己的楼门组长，或者通过自己所在的居民自组织向居委会提出意见建议。反映群众意见和建议的过程其实也是参与社区决策的过程。由于他们代表的是普通群众，而且是参与社区活动的主力，因此，居委会对他们的意见和建议也都非常重视和尊重。

再向外延伸就是一般的社区居民和普通党员。他们相对于社区权力核心保持比较远的距离，态度上比较"漠视"，对于社区事务兴趣不大，除非与其切身利益有直接的关联。他们甚至不认同社区居委会在社区中的地位和功能。在2009年"魅力社区"活动中，主办方请了专业调查公司到社区调查居民对社区参评项目的知晓率和参与率，最后调查结果显示10%的居民了解居委会，也知晓这次社区活动的主要内容，而其余90%的居民就属于对活动内容不了解、对社区活动不太关心、对社区事务不想参与的群体。

在社区决策和项目实施过程中，居委会、社区党委、楼门组长、积极分子、热心居民等都扮演着不同的角色。在我国现有两级政府、三级管理和四级落实的城市基层管理体制中，居委会是国家的代理人形象，在社区就是"政府"的代表，同时又是社区当家人的角色。在行政体系中，居委会依据国家和政府的政策在社区行使资源分配的权力。因此，在社区事务社区决策过程中，只有社区党组织和居委会有能力整合各方资源，能够通盘考虑和调动各类人员参与，扮演着最有力的执行者角色。

楼门组长这些"先进群众"或者"积极分子"们虽然有参与社区决策的合法性，有参与的热情和参与的实际行动，也得到居委会的认可，但是这个群体不具有操控全局的能力和资源。在基层社会管理中，他们更多是一个

"辅助者"的角色。更大多数的普通居民在社区权力结构中呈现一种"原子化"的状态，非常分散和游离。他们没有兴趣参与社区事务，更乐于扮演"观众"的角色。

　　社区能人是社区中为数众多、分布广泛、具有深厚群众基础的先进群体。他们在社区权力结构中的位置比较特殊。一方面，他们紧密围绕在社区"两委"周围，类似外围组织，坚决、忠实地支持并贯彻社区居委会或社区居民代表会议的决策；另一方面，他们也会利用这一渠道，将居民群众的意见和建议反映上来，并力争使之形成社区决策。社区能人具有独特的群体特征，他们的个人素质普遍较高，参与动机单纯，参与形式多样。居委会对社区能人的社区参与形成强烈制约，除了为社区自组织提供必需的物质资源和机会资源外，还将其发展为与社区居民之间的"中介"，在共同分享社区权力的同时强化自身在社区权力结构中的核心地位。

第七章 | 多元社区权力结构的类型与特点

前面分析了街道办事处、社区党组织、社区居委会、业主代表、社区能人等不同权力主体在社区权力结构及其运行中的特点、类型以及权力拥有的情况，对不同权力主体参与"社区资源分配"和"社区发展决策"等社区事务的形式和作用，以及在社区权力结构中的地位进行了详细的讨论。无疑，这些分析都是从社区平面的角度出发，将不同的权力主体作为社区权力结构网络中的一个个"节点"来进行研究的，这种研究容易忽视社区类型的差异性。事实上，社区类型不同，权力结构也会存在差异。就 L 街道而言，主要存在三种类型的社区，每一种类型的社区，权力主体之间的关系和互动方式都会呈现不同的特征。

第一节 类金字塔型社区权力结构

所谓类金字塔型社区权力结构，是指街道办事处"领导"居委会和社区党组织；居委会和社区党组织这样的制度精英居于社区权力的顶端；楼门组长、积极分子等社区能人居于社区权力的中端；普通居民处于社区权力的末梢。社区居民大会以及居民代表会议是联结三者，特别是联结制度精英和社区能人的平台和渠道。类金字塔型社区权力结构主要存在于老旧社区，这种类型的小区执行力较强，但在广泛汲取民意、吸引普通居民参与社区事务等方面需要进一步加强和改进。

一 老旧社区的主要特点

L 街道的老旧小区主要集中在 G 社区、龙北东社区、夕照寺社区等地。这些社区虽然都在二环内，位于交通主干道附近，但居民居住时间长、房屋陈旧、没有物业公司提供专业服务，常常被称为"老旧社区"。这里的"老"，主要指相对于新建商品房小区而言，其建立的时间比较早；这里的"旧"，主要指社区的房屋较为陈旧、设施不全，小区公共环境狭小落后等。

G 社区始建于 1958 年，至今已有 60 多年的历史。地处原崇文区的东北部，小区紧靠东护城河，面积 0.05 平方公里。该社区共有户籍居民 1432 户 4116 人，流动人口 359 人。社区内共有 24 栋居民楼，96 个单元。社区居民多为 20 世纪 50 年代因居住房屋危险而拆迁搬来的居民，收入水平大部分属于中下等，居民文化水平也不高。随着时间的推移，社区人员呈现老龄化趋势，60 岁以上老人有 982 人，占社区人口总数的 1/4。此类老旧社区在成员构成、房屋性质、社区建设等方面特点明显。

一是社区居民同质性强，管理形式单一。社区居民的构成有较强的同质性，老旧社区的居民一般居住时间长，彼此熟识，有感情，彼此容易交流互动，属于典型的熟人社会。老旧社区没有引入物业公司，社区服务和管理的提供方主要是居委会。居委会成立的时间也比较长，对社区的管理已经形成了比较固定的模式。

二是居民居住条件较差。在 20 世纪 50～60 年代，居民分到一套房子或是几家合居一套，能住进楼房还是很不错的条件。但是随着时间的推移，有条件的居民买了新房搬走了，更多居民没有条件或机会置换新房。再加上北京房价一路高涨，社区普通居民也没有经济条件购买商品房，就一直居住于此。G 社区合居户共有 400 多户，许多合居的家庭一起居住了几十年，家庭成员增多，房屋逐渐老化，居住的条件也越来越差。从 G 社区内的住房情况看，全都是 5 层砖混结构的楼房。楼房外侧有各类后接上去的天然气、有线电视等管线，看起来非常凌乱。各种住房和管理设施老化，自来水、地下水管网腐蚀严重，易堵塞，各种电路和电线老化，成为火灾隐患。有些楼宇安装了门禁系统，出入楼门需要刷卡，但是看得出有些门禁系统已经被人为破坏，大门敞开，任人出入。

三是社区公共空间少，绿地少，缺乏公共设施。在 G 社区这样的老旧小区，各栋楼之间的距离比较窄小，没有绿地，也没有多少体育健身器材，道路狭窄，路面破损严重。许多配套设施如消防、机动车停车场等在最初的社区规划中几乎没有。只有一些社区公开栏或宣传栏，用于居委会发布公告、张贴宣传材料和通知等。随着私家车越来越多，楼宇之间的空地多半成了停车位，有些车主私自加装地锁，使原本就不宽敞的社区空地显得更为逼仄。L 街道的工作人员告诉笔者，由于距离天坛很近，根据北京市的规定，天坛附近不可以修建高层建筑，建筑物高度不能超过祈年殿的高度，这就严重限制了开发商建设商品房小区高层建筑的可能性。另一个原因就是这些老旧社区中的合居户特别多，开发商要补偿的居民人数太多，增加了拆迁成本，所以虽然 G 社区地处二环以内，但是一直没有拆迁重建，这些老旧社区就得以保留下来。

四是社区居委会用房得到基本保证。近些年来，北京市大力开展社区规范化建设活动，明确规定社区居委会的办公用房面积不得低于 350 平方米，极大地改善了社区居委会的办公条件。2009 年北京市共审核批复 350 个社区用房规范化建设试点项目，建筑面积 12.2 万平方米，总投资 11 亿元（市政府固定资产投资支持资金 4.7 亿元，区县配套投资 6.3 亿元）。L 街道办事处投入巨资改善了所辖的老旧社区居委会的办公条件。L 街道资源有限，于是就采取各种因地制宜的措施，或者在社区空地上新建，或者改建原有的房屋，或者是直接购买房屋等，通过这些措施极大地改善了各个社区的办公条件。到 2009 年底，L 街道超过 2/3 社区的办公用房面积达到或超过了北京市的规定，电脑、空调、打印机等办公设备也都配备齐全了。政府下大力气改善社区居委会办公条件的目的就是要将更多的政府工作下沉到社区，吸纳更多的人员充实到社区居委会中，推动社区建设的规范化。G 社区居委会是一座二层小白楼，使用面积 300 多平方米，有房屋十多间，有大小会议室、居委会办公室、居民活动室、社区图书室、社区老人照顾室、社区片警办公室、社区残疾人活动室等。小楼里都是瓷砖铺地，光洁干净。每间办公室统一配备桌椅、沙发、文件柜、电脑、打印机等。居民活动室里还有一面墙的镜子，安装了把杆，利于居民排演节目。

二 类金字塔型社区权力结构及其运行

在老旧社区，社区内的权力结构相对简单。除了受街道办事处的影响较大外，居委会的权力相对集中。以G社区为例，因为没有业主委员会和物业公司，所以平行的权力主体比较单一。社区决策的程序基本上是由居委会召集社区居民代表会议讨论社区重大事项，征求代表意见并形成共识，决定后由社区居委会执行，其他社区组织参与。社区日常事务的处理则由居委会自行决定。G社区曾提出针对空巢老人的社区服务项目，包括设立老年餐桌、邻里互助、身体健康等具体内容。在谈到项目申请过程中展现的居委会与居民及其他社区组织的关系时，邢主任说：

> 提出关于照顾空巢老人的项目是征求了居民意见的，我们还做了调查，形成了几个提议。后来开了居民代表会议，大伙把这几个提议都讨论了，最后还是觉得我们这老小区吧，老年人多，空巢老人多，设计一个针对老年人的项目比较适合。这都是和居民商量着来，不能都变成我们居委会自己的事情。居民代表会议要是不赞成，这事也干不成。不过我们居委会这班子人还行，只要我们提议什么的，居民一般都比较支持。（对G社区居委会邢主任的访谈记录）

在社区决策过程中，居委会、居民代表和普通居民都参与了社区照顾项目的讨论，表达了自己的意见，行使了自己的权力。此外，在居民的自发组织中，也有不少人都是居民代表会议的代表，他们对于居委会的支持也是决策形成的重要因素。

在项目实施过程中，涉及要给老人"结对子"，就是将空巢老人和近邻中的中青年双职工结成对子，互相照顾。双职工为老人提供力所能及的帮助，在老人有困难的时候去老人家里提供照料服务；老年人如果身体健康状况允许，就帮助双职工照顾孩子，比如双职工的孩子放学回家后就先到老人家里，老人帮着照看一下。这个活动在人口老龄化日益严重以及家庭小型化的现实背景下显得非常实在，确实起到了整合资源的作用，拓展了社区照顾的渠道，为老旧小区的空巢老人照料问题找到了比较好的解决之道。这个项目实施的难点在于"结对子"，即要让两个并不是很熟悉的家庭互相认识、信任，并深度介入。"相互帮助"这一传统美德在当今社会遇到了障碍，往往很难做到。"结对子"的工作完全要靠居委会主任和委员们去联系、协商。邢主任回忆说：

> 我们心里刚开始也觉得挺困难，这些都担着责任呢。老的、小的谁也不放心。好在我们居民都挺理解我们的，一些老居民都知道我们，就表示愿意。双职工里也有做志愿者的，平常就爱帮助人。门对门的，这事情就成了。（对 G 社区居委会邢主任的访谈记录）

居委会主任说话有人听，去敲门居民愿意开门，这小小的举动，反映的是居民对于居委会的认可，对居委会工作的支持。在 G 社区，居委会主任树立了自己的威信，有了一定的影响力。和别的社区不一样的地方是居委会在提议和推动项目实施的时候，权力是比较集中的，不需要考虑其他更多类型的社区组织的意见。这从某种程度上确保了权力行使的效率。同时，居委会在居民心中是唯一的一个替居民办事的地方，容易得到居民的认可。社区形成金字塔型社区权力结构，社区居民委员会在金字塔顶，而居民代表会议与居民组织位于金字塔底座，支持着社区居委会的工作（见图7-1）。居委会的这种权力既有来自科层体系的行政权力，也有来自社区多数居民伙伴间的信任和授权。

社区居委会是具有合法性的居民自治组织，其权力和责任已经在法律中界定得非常清楚了。但是居委会又不同于行政权力机关，不能完全依靠行政力量"强迫"居民配合或参与有关活动。在社区，居委会权力的正常运行更需要说服、劝导，在这种情况下，居委会在社区是否有威信就显得非常重要，否则其合法性也不能保证居委会权力运行就能够通畅。因此，在中国社会，如果权威者不能建立自己的卡里斯玛权威（Charismatic Authority，即个人魅力型权威），即使他有法理权威做依托，其权威的危机也只是个时间问题。① G 社区邢主任就先后从事过商店营业员、幼儿园教师等职业，后通过社会招聘获得社区工作岗位。她和以前的居委会主任相比属于"外来人员"，虽然更年轻，有知识，决策能力强，也有一定的社会经验，却没有比邻而居的信任。

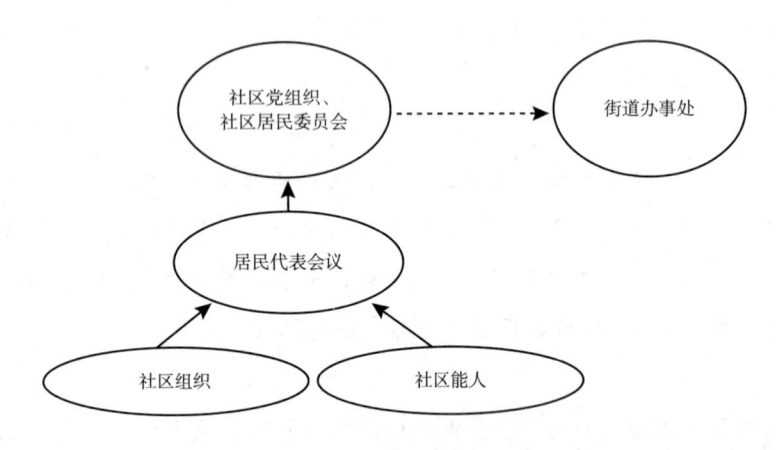

图 7-1 类金字塔型社区权力结构

因此，对于 G 社区的邢主任来说，确保社区权力顺畅运行的关键在于能否赢得居民的信任。为此，她想了很多办法。她说：

> 所以我们居委会冬天怕下雪，一下雪睡不着觉，害怕起晚了，人家来了我没来，所以一下雪 6 点多钟全都到这儿了，扫雪。所以说树的形象比较好，居民群众满意度就很高，都很认可我们居委会，说是干事的居委会。我们在居民心里也比较有威信。（对 G 社区居委会邢主任的访谈记录）

在 G 社区，社区权力的来源及内容没有变化。但前任居委会因为不作为得不到居民的支持和信任，不仅权力运行不顺畅，在选举中还落败了。邢

---

① 翟学伟：《人情、面子与权力的再生产》，北京大学出版社，2004，第 106 页。

主任上任后很注意班子的能力建设和威信建设，她强调在办公室不能说闲话，不能吃东西，遇到雨雪天气，班子成员要早到社区打扫卫生。在刚上任的一年中，为了改变老旧社区环境卫生差的状况，邢主任和她的同事们每天都义务打扫卫生。拿她的话说，要说自己的班子有些威信，那都是一扫帚一扫帚扫出来的。

第二节　并列有限合作型社区权力结构

所谓并列有限合作型权力结构，是指在社区中除居民委员会这样的群众性自治组织作为权力中心外，还有另一个分享权力的中心，即物业公司。从严格意义上说，物业公司是一种商业行为，不涉及公权力问题，但在转型期的中国社会，物业公司和居委会在社区权力界定上存在模糊地带，比如社区公共空间资源管理、社区服务、社区秩序等。物业公司离不开居委会的配合，又不会完全服从于居委会的领导；居委会也不可能完全依照物业公司的规则处理社区事务，但也不能不要求物业公司的配合。并列有限合作型社区权力结构主要存在于混居社区。

一　混居社区的主要特点

混居社区是指回迁居住的老居民与购置商品房的新居民一同居住的社区。按照北京市的征地拆迁政策，当开发商合法取得一块土地的开发权后，就需要为原住居民办理拆迁手续。一部分居民选择仍回原地居住，可以按成本价购买回迁房。其他房屋则作为商品房卖给新的购房者。L 街道 Z 社区就是这样一个典型的混居社区。这类混居社区的特点也比较明显。

一是房屋性质不同。居民虽然同住一个小区，但是房屋性质不同，购买住房花费也不同。因为购买商品房的业主是以市场价格购买住房，拥有房屋的完全产权；而回迁居民由于是以低于市场价格购买的房屋，房屋产权受到一定的限制。

二是小区人员密集、公共环境问题多。混居社区的房屋密度一般比较大，居民数量多。比如 Z 社区就有 2000 多户居民，这为居委会开展工作增加了不少困难。公共环境卫生以及停车问题等成为小区的老大难问题。

三是居民水平参差不齐。与商品房社区和老旧社区相比，混居小区的居民构成比较复杂，有土生土长的老北京居民，也有购买商品房的外地业主。不同身份的居民对于社区的归属感是不一样的。老住户觉得这里原本就是自己的家园，新住户则要熟悉环境，由此导致二者参与社区的动机和参与社区事务的程度也不一样。

四是社区管理的多样性。混居社区成立居委会的同时，也引入了物业公司进行专业化管理。这样，居委会和物业公司在社区事务中的责任和权力就往往会存在一定的冲突和磨合。

二 混居社区权力结构及其运行

Z社区是L街道一个典型的新建混居社区，居民成分比较复杂。出于房屋销售的需要，在社区基建竣工的时候物业公司就开始入驻小区，并为居民提供早期的社区服务和社区管理工作。随着居民越住越多，小区规模逐渐成形。于是在街道办事处的指导下，于2006年成立了居民委员会。居委会成立伊始，可以说没有任何威信可言，居民有事还是找物业公司。如果权力主体在社区权力结构中的位置处于弱势，没有形成自己的影响力和权威性，那么社区居委会的职责和功能就不可能正常发挥。

威信的确立首先来自团队的工作。Z社区居委会王主任和居委会的工作人员来到Z社区后，首先就是走门入户了解情况，介绍居委会的工作性质、探询居民的需求、征求居民的意见建议等。通过走访和调查，王主任对社区居民的基本情况有了一定的了解。其次，通过一系列社区活动，吸引越来越多的居民关心社区，参与社区活动。再次，注意社区融合。通过整合社区资源，悉心为居民提供服务，让居民感受到居委会的存在和工作进展带来的便利，同时加强不同来源和不同层次居民的互相了解。Z社区是混居社区，回迁户居民对本社区有着深厚的感情，他们对于居委会有较强的认同感。新住户也有融入新环境、建设美好家园的意愿。最后，积极与物业公司协调和沟通，处理相互好关系，共同服务社于区居民。

由于物业公司前期开展的工作，居委会成立后，两者之间形成了非常微妙的关系。社区居委会王主任说：

> 我们和物业的关系一直不怎么好，现在能好一些了。主要是两家配合不起来。比方说，就是一个楼道里，一户居民接一外延门，按说这块地方应该属于公共空间，就像这种问题应该属于物业公司管，物业管这地面和楼道公共空间的管理。还有比如说他们家安这个护栏，他安得宽了，遮住其他人家地面的光了，这是不是你物业要管？居民找到物业，物业说去找居委会去，这是属于人的问题，他把这个都归结于人的问题。后来我说了，什么事都是人去干的，那你物业干什么啊，所以对解决问题这一块啊，他不是那么特别积极主动。（对Z社区居委会王主任的访谈记录）

物业公司和居委会在社区管理的内容和程序上存在明显的矛盾。物业公司作为最早介入社区管理的商业组织，在自身的定位和管理权限方面是不清楚的。比如，居民之间因为公共空间受到侵占而找到物业，物业认为是"人"的问题，物业认为居民的纠纷是"人"的矛盾，不属于他们管。但是居委会认为对社区公共空间的管理是物业的问题，是"物"的问题，"人"的问题是由于"物"的问题而引起的。居委会和物业公司对居民反映问题性质的判定截然相反，所以很难协同合作一起解决居民问题。居委会对此很有意见，王主任说，物业不解决问题，难道光会收物业费？据了解，在北京某些社区，由于服务不到位，居民欠交物业费的情况非常突出，已经陷入了"你不交物业费，我不提供服务，你不提供服务，我不交物业费"的恶性循环。

Z社区的权力结构运行机制不顺畅，物业、居民、居委会等还没有形成良性的运行模式，对各自在权力结构中的位置和角色厘定不清。但是居委会团队能逐渐在工作中确立自己的权威和形象，虽然成立时间晚，但是已然站住脚跟，正发挥着越来越大的影响。

Z社区居委会与物业公司并立，在有限的居民事务中进行有限的合作。虽然二者都是为居民服务，按照规定，居委会有指导物业公司开展工作的权力，但是在 Z 社区，居委会与物业之间的关系是疏离的、互不干涉的。如图 7-2 所示，物业公司进入社区早，形成了自己的工作规范，因为服务居民而被居民熟悉和部分接纳；社区居委会后来居上，通过开展一些社区活动获得居民的支持，但居民有时也需要配合居委会开展工作。物业公司和居委会在社区的力量旗鼓相当，保持一种合作关系。物业公司并不介入居委会的活动，居委会也不过分靠近物业公司，但两者又互相离不开。两个组织用"管理物"和"服务人"的工作范围暂时界定了组织的边界，如果有些问题需要双方同时介入，就会合作解决某个事项。这种关系看起来像是一种没有持久和固定的、权力分散的弥散性的社区权力结构。

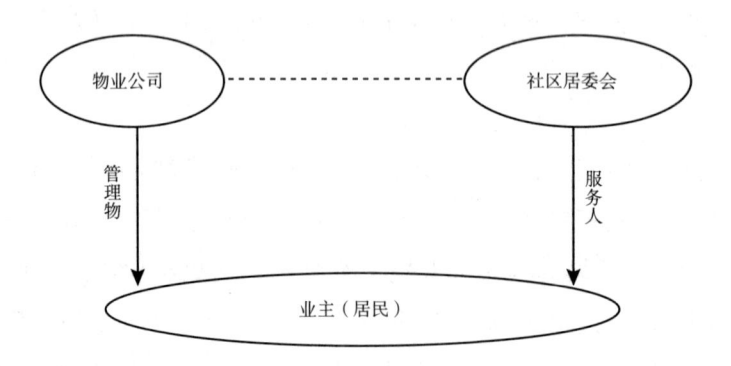

图 7-2 并列有限合作型社区权力结构

第三节 核心联盟型社区权力结构

所谓核心联盟型社区权力结构，是指在多元社区权力结构网络中，居委会居于网络核心，物业公司、业主代表、社区能人和其他社区组织认可并服从社区居委会的领导或指导，与居委会建立起联盟关系，共同推进社区健康发展。同时，普通社区居民通过社区居民代表会议表达自己的意见，提出建议，参与决策社区发展等重大事务，为居委会提供权力资源。结构稳定、多方互动、参与广泛是核心联盟型社区权力结构的重要特点，主要存在于新型商品房社区。

一　新型商品房社区的主要特点

新型商品房是指具有法定开发经营资格的房地产开发公司（包括外商投资企业）开发建设的住宅，通过市场交易方式提供给居民居住，购房居民对房屋拥有完全产权。由于我国长期以来在住房体制上实行的是供给制，所以，商品房是 20 世纪 80 年代以后才在我国城市出现的。商品房社区就是指因居民购买私有商品房居住而形成的居民社区。新型商品房社区既不同于房改房（即所谓政策性购房）形成的老旧社区，也不同于回迁户与购房户共同居住的混居型社区，它是完全由市场化购房者形成的新建住宅区。

L 街道的新建商品房小区地理位置都比较优越，地处二环以内，自然环境优美，靠近天坛公园，辖区里有龙潭湖公园、北京教学植物园等，价格居高不下。尤其是在近邻龙潭湖公园的怡龙别墅，在 1992 年建成的时候一栋就要几百万元的价格。L 街道其他商品房小区根据房屋户型、面积、质量、价格等要素，都可以算是中高档小区。新型商品房社区有如下特点。

一是居民身份具有二重性。这里的二重性是指既是居民，又是业主。居民身份与居住地相连，居住在这个小区就是本小区的居民；业主则是一个产权意义上的概念，即物业的所有权人。业主可以是自然人、法人和其他组织，可以是本国公民或组织，也可以是外国公民或组织。国务院 2007 年颁布的《物业管理条例》（国务院令第 504 号）第 6 条规定"房屋的所有权人为业主"，从而把业主界定为房屋所有权人。不同的身份带给居民的社区感受是不同的。前者强调地域和居住状态，后者则强调房屋的私有性质。

二是社区的居住条件较好，设施齐全。新型商品房小区一般都有比较好的社区规划，有绿地、会所、体育或者健身设施，能够满足居民不同层次的需求。L 街道的怡龙别墅社区里就有网球场、游泳池等私人健身场所；H 社区有健身体育馆、健身设施、花园等设施。

三是社区居民构成复杂，异质性高。购买房屋居住的业主来自社会的不同阶层、不同行业，生活经历和社会地位大不相同。有的在政府机关或国企担任职务，有的是企业白领，也有的是普通从业者。但是，能购买此类住宅的业主一般在收入水平和职业特征上也具有一定的共性，那就是有稳定的职业、收入处于中上等。比如 H 社区外地人较多，很多人都没有北京户籍，居民收入高，年龄结构中以中青年人居多；社区中还有中央某部委机关的一栋宿舍楼，其实行自我管理，一般不与社区其他居民来往，成为商品房小区中的"独立王国"。

四是社区管理主体多元。新型商品房社区的管理主体与老旧社区、混居社区相比存在一定的区别，更为多元化。在新型商品房社区，除居民委员会和物业公司外，业主代表或准业主委员会活动相对活跃。当然，受客观条件限制，当前业主委员会的成立遇到的障碍还比较多，发挥的作用也还非常有限，但其作为社区管理主体的发展潜力不容忽视。目前在 L 街道，只有一个商品房社区成立了业主委员会，还有几个社区处于业主委员会筹备委员会的准备阶段。在新型商品房社区，一般情况下，物业公司成立比较早，常住居民达到一定规模后再成立居委会。物业管理公司是按照法定程序成立并具有相应资质条件，经营物业管理业务的企业型经济实体，是独立的企业法人。物业公司属于服务性企业，与业主或使用人之间是平等的主体关系，受业主的委托，依照有关法律法规的规定或合同的约定，对特定区域内的物业实行专业化管理并获得相应报酬。物业公司作为参与社区管理的新生组织，在与业主委员会和居民委员共同参与社区事务管理的过程中，经常会出现矛盾和冲突，当然彼此也需要持续的相互配合和协调合作。

二 新型商品房社区权力结构及其运行

文崇一在对美国的社区权力结构进行分析时，将社区权力结构分成专权型或金字塔型（Pyramidal）、党派型（Factional）、联盟型（coalitional）和散漫型（Amorphous）。不同社会背景、不同层次的社区会有不同类型的权力结构，有的权力主体是单一的，有的则是多元化的权力主体。在分析新型商品房社区权力结构时，李友梅提出了居委会、物业公司、业主委员会并驾齐驱的"三驾马车"观点。[①] 笔者认为，用核心联盟型权力结构来形容新型

[①] 李友梅：《基层社区组织的实际生活方式——对上海康健社区实地调查的初步认识》，《社会学研究》2002 年第 4 期。

商品房社区权力结构可能更为贴切。在 H 社区观察其权力结构的形成和权力运行时发现，因为物业公司的变动和业主委员会力量的薄弱，"三驾马车"运行得并不是很平稳。

H 社区是 L 街道社区的一个商品房社区，成立时间不长，大多数业主是 2003 年才开始入住的。业主的构成比较多元，异质性较强。H 社区的居委会是 2006 年成立的。刚开始社区居委会在社区的影响力非常有限，居民几乎没有意识到居委会的存在以及居委会作用的发挥。即使居委会将其组织结构图以及各位主任、委员的姓名公布在社区大门口的公开栏内，居委会主任也很少被人认识和了解。居民委员会在商品房小区威信的获得面临较大的挑战。社区中的业主代表以及计划成立业主委员会的筹备委员会，对于居委会的态度一开始是不明朗的。有的怀疑居委会的能力，有的公开质疑居委会存在的必要性。居民因为都是新入住的，对于小区的环境和人员不熟悉，居委会主任对于新小区也是陌生的。在这种情况下，居委会认真分析了自己所处的形势，认为其面临的困境同一般新型商品房社区居委会面临的困境具有共性。

首先，居民认同度低，缺乏社区归属感。因为 H 社区是一个新建商品房小区，又是分三期分别入住的，所以居民的生活圈和工作圈似乎都与小区无关。居民在没有熟悉新环境的情况下，彼此的往来很少，缺乏对社区的认同感。

其次，物业公司介入早，实质行使社区管理权。社区的物业公司进驻较早，承担了社区管理和社区服务的工作，与居民的联系比较多。虽然业主对于物业公司的服务价格和服务质量颇有微词，但是日常生活又离不开物业公司，彼此关系密切。业主不得不主动多了解物业公司，对其发表的公告和通知也很重视。

最后，社区尚未形成有影响的组织和团体。社区组织和社区团体是居民参与社区事务的重要平台，也是社区权力结构的重要组成部分。一个社区的社区组织不发达，其权力结构就是不完善、不完整的。在社区初步形成期，因为居民彼此完全是陌生人，不容易形成社区组织和团体。

社区居委会从行政性公共服务入手，从弥补物业公司社区管理的不足切入，很快赢得了居民的信任，也使得社区权力结构和内容发生了巨大的变化。随着居委会的成立、完善并且影响力越来越大，不仅支持业主炒掉了居民特别不满意的原来的物业公司，而且又组织招聘了新的物业公司，建立健全了居民代表会议制度，选出了楼门组长，成立了各种社区组织，初步形成了核心联盟型社区权力结构。

那么，H社区居委会是如何一步步站稳脚跟，逐渐扩大自己的影响力，获得居民认同的呢？这里以一个社区事件为例对这一过程做详细的剖析。这个事件发生在居委会、业主代表、物业公司之间，是一起典型而又普通的社区冲突事件。说普通，是因为这个问题是城市社区普遍都存在的停车难、乱停车问题，说典型，是因为这个问题的解决方式具有该社区的特点。

H社区属于中高档社区，地处二环以内，地理位置优越，交通方便，生活便利；社区基础设施配套完善，环境优雅，因为紧邻护城河，又有"水上社区"的美誉。该社区建有地下停车库，每个车位以每月600元的价格租给业主，社区路面车位的价格是每月300元。H社区分三期入住，在第一期业主入住的时候，因为社区还处于建设之中，业主人数少，各项设施还不配套，社区的管理也没有正式启动。许多业主就将车停放在社区的路面上，没有人租地下停车位，业主与物业之间倒也相安无事。但是随着后期楼盘的竣工和大量业主的纷纷入住，路面乱停车的现象越来越严重，交了车位租金的业主对物业的不作为很不满意，认为自己的权益没有得到保障，物业公司"不会管理"；后来的业主认为地下停车位的租金太贵，尤其是和周边小区相比，物业公司"乱收费"。由此，物业公司聘请的保安在限制车辆进入小区时，频繁与业主吵架，甚至打架，社区管理混乱不堪。有位居民回忆说，当时小区路面上全是车，人都没法走，有的车主自己随意安装地锁，保护自己的车位，不让别人停车。

事情愈演愈烈，各方力量纷纷登场。物业公司认为自己的停车费是在业主入住前已经由合同明确了的，没有乱收费，业主不停入地下车库，是业主的问题。物业公司的话惹起业主众怒，一些先期入住的业主与物业公司开始交涉，其中涌现一些领头人，着手成立业主委员会筹备委员，并以业委会筹备委员会的名义多次约谈物业公司相关负责人。双方态度都很强硬，商谈无果。一些行为激烈的业主开始将车停在小区大门口。

第七章 多元社区权力结构的类型与特点

居委会就是在社区纷乱如麻的情况下建立并开始工作的。以郝主任为首的居委会一直处于被忽视的状态，无论是业主，还是物业公司都没有认真对待居委会。在双方冲突愈演愈烈的时候，忽然都开始找到居委会。之所以有这个变化，郝主任后来分析：

> 一个是业主发现业主委员会是不容易成立的，要走很多程序，业主筹备委员会也很难。发牢骚的时候有很多人，真正要成立起来干事情的时候就没有人了，只剩下两个人了，干不成事。物业公司发现众怒难平，业主不交物业费了，也难以收场，都来找居委会了。（对H社区居委会郝主任的访谈记录）

居委会的出场富有戏剧性。郝主任借着这个机会让这个戏剧按照居委会——当然其中也有街道办事处的意图一直进行下去。对于这个过程，郝主任说：

> 业委会成立不了，我们就开居民大会，因为这些业主首先都是咱社区的居民，通过居民大会投票表决对于物业公司的去留问题，以及如何找下一个物业公司、停车费的下调问题。由居委会出面召集居民会议是合理合法的，居民大多数都投票赞成炒了现有的物业公司，并通过投标的方式选择下一个物业公司。居民会议也推举了各个单元的楼门组长，这些楼门组长也都是居民代表。居民代表会议可以代表居民讨论和议事。后来居委会、物业公司、居民代表联合召开会议，向物业公司通报了居民会议的结果。后来，这家物业公司就走了，我们就又找了新的一家物业公司，通过协商，地下停车库的车位租金降到每月450元，地上不再划停车位，所有业主的车都进地库。社区的地面上就干干净净，没有人再乱停车了。（对H社区居委会郝主任的访谈记录）

通过这一事件，H社区居委会的地位和威信树立起来了，尤其郝主任的个人风格和办事能力得到了广大居民的认可。看到清爽整洁的社区路面，社区居民意识到有事情还是要找居委会,居委会也发现并培育了自己的外围力量——楼门组长以及党员积极分子这样的社区能人。

导致社区冲突(community conflict)的原因往往是冲突各方对于金钱、物质、资源的争夺以及权力分配的不均。社区冲突在社区形成和变迁过程中最容易产生,因为这是资源分配和权力分配的关键时期。作为社会冲突的一种,社区冲突的作用是多样化的。科塞认为,冲突可以增进团体团结,增强自身力量,有利于社区结构的重建,使之更合理和更有效率。戈尔曼在他的《社区冲突》一书中将社区冲突分成经济性的、政治性的、文化性的和个人性的四种。他认为社区冲突与社区认同度、社区组织的多寡、组织分子的结合程度、社区居民的参与程度等都有关系。桑德斯将社区冲突按照对立的关系、权力的分配、表达的方式等几种情况加以讨论。

这起社区冲突事件对于 H 社区权力结构的形成产生了怎样的影响呢?笔者认为,社区冲突是促进社区发展的机遇,是社区生命源泉的体现,也是促进社区变迁的重要途径。在城市基层社区中,最常见的是没有社区冲突。其中看起来很平静的社区,并不是因为社区中没有需要解决的问题,而是社区居民的认同度低,社区参与意识弱,无法引发冲突。"沉默"的社区不是没有问题,而是没有人想去解决问题。在 H 社区,社区居民关注本社区的环境和利益,关心自己的私有财产,这种冲突如果善加利用就会成为社区发展的积极力量,可以有效促进社区权力结构的分化和多元化。图 7-3 为冲突前的社区权力结构。

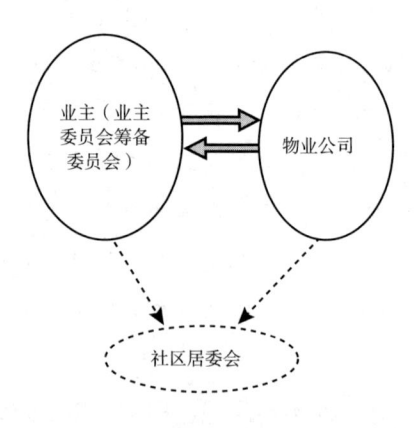

图 7-3　H 社区冲突前的权力结构

第七章　多元社区权力结构的类型与特点

在 H 社区的这起冲突事件中，前期社区权力结构主要由两股力量组成，即业主和物业公司，两者关系紧张，从而引发了社区冲突和对抗。社区居委会与业主、物业公司的关系都非常疏远，也可以说是极度弱化。社区组织没有成形，居民大会和居民代表会议没有组建，权力结构比较单一。在冲突后期，随着社区居委会对冲突事件的介入越来越深入，逐渐走向社区权力结构的核心；业主委员会虽然没有成立，但是业主代表和业委会筹备委员会依然代表业主发挥作用，经过社区冲突之后，业主们对于物业公司的管理和各项制度更加敏感、更加关注，也更加不信任，相反对于居委会却是比较相信和倚重了，这也进一步推动社区居委会成为社区权力网络的核心。新物业公司是后来介入的，对于业主和居委会都不敢忽视，并且积极主动地向居委会示好，努力改善关系。居民代表会议成立后，成为社区能人和普通居民参与社区事务的重要力量，他们对社区各项事务进行集体商讨和决策。包括兴趣组织、文娱组织在内的社区民间组织也被社区居委会延揽，成为社区参与的重要力量。在 H 社区权力结构中，居委会通过联系和动员其他权力主体，在权力结构中处于核心地位，形成 H 社区独特的核心联盟型权力结构（见图 7 - 4）。

社区的类型化对于更深入地讨论社区权力结构及其运行机制是不可或缺的。对 L 街道社区的类型化分析可以发现，在不同类型的社区中，各种权力主体呈现不同的特点，进而形成不同的权力结构，同时在运行方式上也形态各异。从总体上看，L 街道的社区权力可以归结为老旧社区的类金字塔型权力结构、混居社区的并列有限合作型权力结构和新型商品房社区的核心联盟型权力结构。虽然每一类社区权力结构的形成都有着独特的发展路径和富有特色的运行特点，但权力主体的多元化、权力运行机制的复杂化以及权力内容的多样化是其共性。同时我们也要看到，在不同类型的权力结构中，各个权力主体都是通过其精英人物或代表人物来行使权力的，而这些精英人物又分布在多元化的权力结构中，通过自己的位置、声望、能力等要素参与社区资源的分配和社区发展决策，进而影响社区发展的方向。

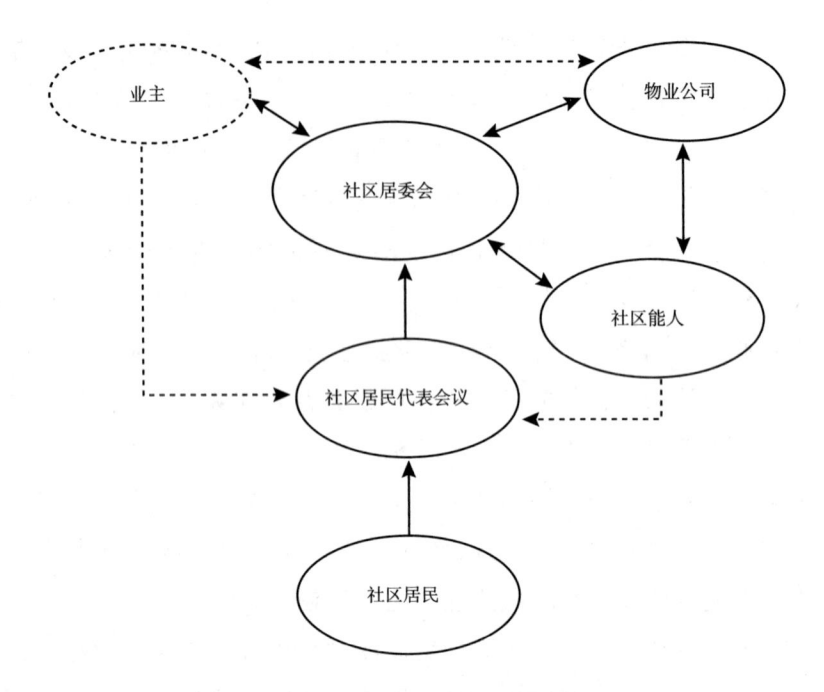

图 7-4　H 社区冲突后的权力结构

第八章 总结与思考

在研究我国城市基层社区权力结构时，街居关系是一个分析的起点。这是因为街居关系是我国基层社区面临的核心问题之一，反映的是国家和社会关系在基层的互动。作为社区居委会的直接行政指导机构，街道办事处是我国城市行政管理的末梢，在组织结构和运行机制等方面具有鲜明的行政特征。街道办事处的结构、机制和行为方式，深刻影响着社区权力的运行。街居关系又是社区权力关系纵向的一种延伸。虽然社区是人们生活的共同体，更多体现出自下而上的纵向联系和横向分布的网络化结构特性，但由于社区的行政资源来源于街道，街道办事处与居委会的关系密切。特别是在社区发展决策和社区资源分配中，街道办事处都会积极介入，并影响社区决策的过程、结果以及资源的分配形式。研究社区权力结构及其运行机制，必须首先剖析街居关系，深入分析街道办事处行为模式对社区的影响。从 L 街道的实际情况看，街道通过控制或影响社区居委会人员选拔和安排、资金与资源分配、居委会业绩的考核评估、参与社区发展决策形式等方式，深度参与社区发展决策和资源分配。

街道办事处是街居关系的核心，也是社区权力的行动者之一。街道办事处从无到有，职能从简到繁，性质虽然还是政府派出机构，但是从实际运行来看已经成为一级准政府了。通过分析 L 街道办事处内部的组织结构以及社区管理体制，本书发现了街道办事处的科层化权力结构以及分布其中的制度精英。街道办事处将社区分组分类划成"片"，便利了街道对于社区的了解、指导和权力的分享。街道办事处管理社区（分享社区权力）的途径归纳起来主要有四种：一是对工作人员的选拔和安排；二是对资金和资源的分配；三是决定社区发展决策；四是实施奖惩。通过采取这些措施，街道办事处在社区权力结构中的重要性不言而喻。社区服务站的设立促进了街居关系的调整，使社区权力更为分散。在改变社区权力主体的同时，也增强了街道对社区的实际控制能力，这使得社区权力的内容和运行机制发生了很大的变化。

从理论上讲，社区党组织居于社区权力结构的核心，对于社区其他权力主体的领导作用是无可替代的，其表现就是它拥有对社区重大事项和重要决策的最后决定权。同时，社区党组织并不只是抽象化的领导和原则性导向的提供者，而是一个真正的权力行动者，实质性介入社区的发展决策和社区资源分配。社区两委的"交叉任职"为社区党组织的实质性领导提供了平台，使得社区决策的形成和资源分配得以顺畅进行，避免了因为权力组织的分立而可能造成的分歧。从另一角度看，社区党组织权力的合法性来源也正在逐步多样化，除上级党组织赋予外，也开始转向社区居民的认同。

如果说社区党组织是社区权力的制度核心，那么社区居委会就是事实上的社区权力运行核心。但这并不意味着社区居委会就能够代替社区党组织，将分散的社区权力凝聚到一起，形成精英化的社区治理集团。不同的权力主体，虽然可以通过职务兼任、联席会议等形式更容易在决策中形成共识，但他们之间的博弈和争辩、讨论和协商，仍然代表着不同的利益攸关方。在我国社区层面的各类组织中，社区居民委员会是居民自治组织，在社区发展决策和社区资源分配中扮演着不可替代的角色，甚至在很大程度上决定着社区决策的方向和资源分配的结果。社区居委会主任兼任社区党组织领导和社区服务站站长的做法，是当前社区权力结构的新变化，也是奠定并进一步强化居委会社区制度精英地位的重要举措。结合"集体化"的社区决策形式，以及"声望"被逐渐侵蚀的权力动态变化情况，居委会制度精英在主导社区资源分配和社区发展决策的同时，也采取了更为民主、更为科学、更能体现民意的决策方式，从而在最大化发挥资源优势的前提下，努力实现制度化的程序与组织间、组织与个人之间人情互动的有机结合，这成为当前社区权力运行机制的重要特点之一。

业主代表是新的社区权力分享者。社区治理模式的快速变革导致我国城市社区权力结构呈现动态的、持续的变化，这种变化与社会结构、经济结构、科学技术等的发展都有着密切关系，无可避免地会对原来的社区权力结构形成冲击。在社区发展变迁过程中，业主作为新生权力主体参与到社区建设中来，进而影响了社区权力的分布格局。相对于"两委"干部这样的社区制度精英而言，业主算是社区非制度精英，他们通过业主委员会或者业委会筹备委员会，积极参与到社区事务中来，在社区权力结构中越来越成为不可忽视的角色。社区能人既不属于制度精英，也不同于业主这样的非制度精英，事实上他们处于现有制度性社区权力体系之外，但他们也在积极参与社区决策，是"潜在"的社区权力分享者。社区社会组织是社区能人重要的参与平台，他们一般追随在社区居委会这样的制度精英后面，但其动员、说服能力不仅大大强化并放大了居委会的权力，而且对于社区发展决策以及社区资源分配或多或少也在发挥着潜在的影响。社区能人是社区中为数众多、分布广泛、具有深厚群众基础的先进群体，一方面，他们紧密围绕在社区"两委"周围，类似外围组织，坚决、忠实地支持并贯彻社区居委会或社区居民代表会议的决策；另一方面，他们也会利用这一渠道，将居民群众的意见和建议反映上来，并力争使之形成社区决策。居委会对社区能人的社区参与既支持也约束，除了为他们提供必需的物质资源和机会资源外，还将其发展为与社区居民之间的"中介"，在共同分享社区权力的同时强化自身在社区权力结构中的核心地位。

对 L 街道社区的类型化实证分析可以发现，在不同类型的社区中，各种权力主体呈现不同的特点，进而形成不同的权力结构，同时其运行方式也形态各异。L 街道的社区权力大体可归结为老旧社区的类金字塔型权力结构、混居社区的并列有限合作型权力结构和新型商品房社区的核心联盟型权力结构。虽然每一类社区权力结构的形成都有着独特的发展路径和富有特色的运行特点，但它们的共性是权力主体的多元化、权力运行机制的复杂化以及权力内容的多样化。研究同时发现，在不同类型的权力结构中，各个权力主体都是通过其精英人物或代表人物来行使权力的，而这些精英人物又分布在多元化的权力结构中，通过自己的位置、声望、能力等要素参与社区资源的分配和社区发展决策，进而影响社区发展的方向。

通过对北京市 L 街道的实证研究，本书对城市基层社区权力结构及其运行状况进行了深入分析，重点探讨了街道办事处、社区党组织、社区居委会、业主代表、社区能人等不同组织和群体在社区权力结构中的地位、作用及其行动方式，同时也对不同社区的权力结构特点进行了类型化描述，主要的研究结论有以下几点。

第一，权力主体的状况深刻影响着社区权力结构的形态。单一权力主体容易形成相对简单的社区权力结构，而多元权力主体必然导致社区权力结构的复杂化。在 L 街道所辖社区中，有相对简单的社区权力结构，也有比较复杂的社区权力结构，其影响因素之一就是社区权力主体是否呈现多样性。在老旧社区，由于基础条件的限制，权力主体相对单一，社区"两委"权力大、有威信，权力运行机制顺畅。在社区资源分配和社区发展决策过程中，社区制度精英与社区能人形成良好的合作和互相支持的关系，互动频繁，权力结构稳固，政令畅通。在混居社区，虽保留了部分老旧社区的传统，但又突出了新型商品房社区的特点。除以社区"两委"为代表的制度精英、以社区楼门组长为主体的社区能人外，积极维权的非制度精英（业主代表）、与居委会保持适度距离的物业公司等，都希望在社区管理的舞台上崭露头角。在新型商品房社区，制度精英、非制度精英、社区能人、物业公司、开发商纠结在一个平台，彼此既有联系、协调，又有矛盾、冲突，特别是在处理业主极为敏感的公共设施、公共资源、公共空间等问题上，各个权力主体各执一端，互不相让。这带来了社区权力结构的震荡和调整，但也因此而为社区权力的运行和发展带来了勃勃生机。

第二，权力精英分散在多元的社区权力结构中。社区权力结构虽然是多元的，但多元的社区权力需要通过分散的权力精英得以实现。街道办事处对社区的指导和干预、居委会及社区党组织决策社区资源分配和社区发展事务，无不通过以居委会干部为代表的制度精英。不可否认，虽然他们的权力来自法律授予，其合法性毋庸置疑，但居委会从一个松散的团队发展为精英组合，也历经了一个相当长的过程。在业主委员会及其筹备委员会发挥作用有限的情况下，业主代表作为非制度精英在社区权力的舞台上，代表业主们行使自己的权利。实证研究表明,业主代表这样的非制度精英对于居委会的态度是不明朗的,一方面他们认为居委会是政府的"腿",无法代表自己的利益;另一方面又认为居委会是社区合法的领导组织,是可以倚重的重要力量之一。非制度精英态度的不明朗使社区资源分配和社区发展决策需要更多的时间去协商、调整和讨论。居民代表会议是社区合法的权力组织,但依然要通过社区能人这样的精英人物来实现权力的运行。社区能人群体的同质性高,他们是最靠近居委会的民意力量。社区能人的支持、配合和积极的建言献策,为居委会决策社区资源分配、社区发展提供了基础条件。此外,社区能人通过合法的程序表达了自身的利益诉求,同时又对制度精英产生非常实际的权力制约和权力监督。

第三,社区环境对社区权力运行机制产生重要影响。这里的社区环境既包括制度环境,又包括非制度环境。制度环境是指法律法规以及有关社区的政策规定;非制度环境是指制度之外的个人或社会因素,比如人情、权威、能力、关系等。从制度环境看,无论是街居关系、社区党组织与居委会关系、居民代表会议与居委会关系、居委会与物业公司关系,还是居委会与业主委员会关系等,都有明确的法律规定,每一个权力主体在行使权力时都是有法可依的。从非制度环境看,在老旧社区的熟人社会,居委会权力运行非常通畅,而在居民彼此不熟悉的新型商品房社区,就需要做大量的协调、沟通和说服工作。因此,社区权力的通畅运行既需要法律法规和有关政策做保障,也需要能力、威望、关系和人情来润滑。反映在权力主体层面,制度精英不可能离开非制度精英的合作,制度内的权力运行也需要制度外居民的合作,制度精英良好的社区关系网络是社区权力高效运行的重要基础。

第四,社区权力的内容是通过社区日常事务的处理展现的。从内容上看,权力其实是可以收缩或膨胀的。有的社区,主体相对单一、公共事务少、冲突和矛盾少,社区权力就处于萎缩状态;另外一些社区,主体多元、要管理的事务多、冲突和矛盾不断、需要决策的事情持续增加,社区权力就处于膨胀状态。但无论如何,权力的内容必然要通过社区日常事务的处理才能展现。社区资源分配和社区发展决策以及与此相关的社区具体事务就是展现社区权力内容的最佳平台。根据权力研究决策法,真正的权力体现在能否参与决策、参与什么样的决策以及怎样做出决策上。在社区层面，社区资源的分配是制度精英日常工作的重要内容。社区资源的表现虽有所差异，但一般都会涉及人员安排、钱物的分配、机会的多少等。不同的社区，资源的重要性有所不同。比如老旧社区更需要利用人力资源和物力资源解决自身的社区照顾问题，而在新型商品房社区，公共空间的用途就成为社区权力涉及的重要内容。

因此，"精英参与式多元权力结构"是目前我国城市基层社区权力分布的现实状况。在这一结构下，不同形态的精英人物和组织，都能通过自己的渠道找到与之相对应的地位、功能和方式，简言之，都能在社区权力结构中找到自己的位置。同时，这样的社区权力结构也充分反映了我国基层社区多元权力主体的现实。

附录一 北京市基层管理体制的历史变迁

作为长期的政治、经济、文化中心，北京市在我国社会发展中占有的地位无疑是极其重要的。就城市管理史而言，对北京的研究在一定意义上代表了对国内其他城市的研究。在漫长的历史发展过程中，城市居民接受政府管理的方式处于不断调适和变化当中。基层管理体制的历史变迁，既反映了国家与社会关系的互动，也反映了城市居民在社会发展中地位和作用的变化，甚至也反映了居民个人权利的享有程度，是政治制度的一个缩影。

一 民国及其以前：从坊里制到保甲制

就城市发展来说，尽管北京很早就出现了与乡村居民点相异的特征，但在相当长的时间里，并没有独立的行政地位。在国家管理者的视野中，城市与乡村是等同的。如明朝定都北京后，设顺天府，为北京地区最高行政机关，辖大兴、宛平、良乡、固安、永清、东安、香河等22个县。其中大兴、宛平两县以城区中轴线为界，分享对北京城的管理权，称为京县。清朝时期，依然由这两个县负责北京的市政管理。直到1914年京都市政公所成立，北京才初现市政府的雏形。

同我国古代其他城市一样，北京市早期的基层管理体制实行的是坊里制。坊里是城市建筑布局单位和基层行政管理单位的统称。"坊"之名起始于周汉时期，初称"里"，"坊"乃"里"之俗称。[①] 所谓坊里是指将城市

---

① 加藤繁：《中国经济史考证》，商务印书馆，1959，第248~249页。

中的居民区划分为若干个正方形或长方形的块状区域，周围用墙围起来，设一至四个大门，定时开启或关闭。每坊以十字形街巷为界，一分为四。居民住宅位于街巷两侧。唐朝时，坊里的建置在大城市中已经非常普遍了。据记载，辽代北京（燕京）"城中二十六坊，坊有门楼，大署其额，有罽宾、肃慎、卢龙等坊，并唐时旧名"①。作为城市建筑布局单位的坊里将"市"与居民区从物理上分离开来，便于社会治安的管理和对居民的控制。元代及明初的北京依然沿用坊里制，如元改北京为大都后，将全城居民划分为 50 个坊进行管理，后来随人口增长又陆续有所增加。②但随着"市"与居民区的融合及居民活动空间的增大，元明以后的坊里制与辽代以前相比已经发生了很大的变化，最明显的就是作为城市布局单位的功能越来越弱化，作为基层社会管理单位的功能则日益凸显。出于城市居民日常交往、开展社会活动和市场贸易的需要，坊的围墙逐渐被打破，由封闭转向开放状态。有的地方仅仅是建一座坊门，上书坊名而已。从北京今天的地名上，我们依然可以找到坊里制的踪迹，如白纸坊、和平里等。元明时期文献记载上的坊，基本上已经只是一个基层管理单位了。

坊里制是与乡村的乡里制相对应的一种城市基层管理体制，其首要功能是维护社会治安，严密控制居民活动，达到"虽有暂劳，奸盗永止"的目的。一般坊里设有坊正（或里正），主要职责是"掌坊门管钥，督察奸非"③。坊之上设厢，若干坊组成一厢，设厢官。坊之下有铺，相当于现在的街道。明代，"见行城内各坊，随居民多少，分为若干铺，每铺立铺头伙夫三五人，统之以总甲"④。坊正及总甲的主要职能都是协助政府管理户口、征税及维护社会治安，此外，还要承担大量的公共服务工作，如调处民间纠纷、传达官府政令、反映民情民意等。据明人著《宛署杂记》的记载，总甲还要协助政府监督民间房地交易并登记契税，同时在日后交易

---

① （宋）路振：《乘轺录》，转引自吴建雍等《北京城市生活史》，开明出版社，1997，第 19 页。
② 白鹤群：《老北京的居住》，北京燕山出版社，1999，第 10 页。
③ （唐）杜佑：《通典》卷三，岳麓书社，1995，第 36 页。
④ 沈榜：《宛署杂记》卷五，转引自张小林《清代北京城区房契研究》，中国社会科学出版社，2000，第 77 页。

双方发生争执时还负有出面作证的责任。① 政府各部门大都以坊为基本单位行使社会管理权。比如明代的巡城御史衙门在各坊设有司坊官，负责本坊的社会治安。

保甲组织出现于宋代，最初专为维护社会治安而设，主要在乡村使用。明后期因城市社会治安恶化，统治者开始在城市利用保甲维护社会秩序。保甲遂逐步与坊铺融合成新的城市基层管理组织。1621年，负责北京治安的余懋衡上书朝廷，建议在北京编查保甲。朝廷采纳了他的建议，遂"逐户编排，十家一甲，十甲一保，互相稽查，凡一家之中名姓何人、原籍何处、作何生理、有无父子兄弟、曾无寄寓亲朋，并载明白，具造花名清册呈报"②。这是北京保甲制的初始，只是编排范围较小，编排方式也不很规范，可以说是作为坊里制的补充存在的，城市管理的重心在坊不在甲。清朝不仅沿用了保甲制度，而且在内容、形式和编排方式上都有更为详细的规定，使保甲制的功能更为完善。1708年康熙下诏："凡州县乡城，十户立一牌头，十牌立一甲头，十甲立一保长。"③ 虽然在相当长的时间里，建立于坊里制基础之上的清代保甲并没有完全取代坊里制，但逐步演变为城市基层管理体制主体的趋势越来越明显。康熙初年，北京内城按不同方位置八旗戍守，不参加保甲编查。外城由汉人及其他民族居住，分十坊，全部参加保甲编查。清朝中后期，随着社会发展和各民族的大融合，不仅北京的旗人编查了保甲，而且保甲制成为政府统计户口和推行户籍管理的基础，在城市基层管理中的地位日益重要。保甲制推行后，由于政府各部门在管理城市时都直接与保长发生关系，坊里制事实上也就失去了城市基层管理的职能。

从坊里制演变为保甲制，是北京城市基层管理体制上的一个重大变化。它反映了政府行政触角随机构之膨胀逐步向基层延伸的趋势，是科层制管理结构日益完善的重要体现。坊里制以地域为基础，每坊里的户数和人数都较多，保甲制则打破了区域的概念，形成以户为单位的网络化组织。清朝北京

---

① 张小林：《清代北京城区房契研究》，中国社会科学出版社，2000，第77页。
② 《明熹宗实录》天启元年四月。
③ 《清朝文献通考》卷二十二，《职役二》。《雍正会典》卷一百三十八，《兵部·保甲》。

城区分东西南北中五城，每城有坊，如西城有崇财坊、金成坊、鸣玉坊、朝天坊、河漕西坊、关外坊，东城有明时坊、黄华坊、思城坊、居贤坊、朝阳坊等。① 坊之下，"十户为牌，立牌长，十牌为甲，立甲长，十甲为保，立保长"②。由于保甲的职责非常宽泛，"其管内税粮完欠、田宅争辩、词讼曲直、盗贼发生、命案审理，一切皆与有责"③，已经成为城市基层管理的重心所在。

1902 年，直隶总督袁世凯批评保甲制度"防患不足，骚扰有余"，建议以现代巡警制度代替保甲制，维护北京的社会治安。④ 清政府接受了这一建议，遂于同年设立工巡局，并将内城划分为东、中、西三城进行管理。1905年，清政府在内外交困的情况下宣布实行"新政"，撤销工巡局，成立了职责广泛的"内外城巡警总厅"，负责社会治安、人口普查、公共工程、消防、救济贫困、公众健康、公共卫生等，⑤ 辛亥革命后改称京师警察厅。内外城巡警总厅和后来的京师警察厅都是直接面对普通市民，不再通过保甲办理城市管理事宜，保甲制当然也就失去了存在的必要性，无形中暂时消失了。1909 年清政府颁布《城镇乡地方自治章程》，第一次以法律形式确认了城、乡分治的管理理念。随着城市人口的增多，社会管理的任务越来越重，1914 年 6 月北京成立了"京都市政公所"，与京师警察厅一起负责北京的市政管理。市政公所主要负责城市的总体规划和基础设施建设，如道路和沟渠的建造和维修等；京师警察厅主要负责维护社会秩序、征收捐税、人口调查、消防和商业管理等。⑥

1921 年 7 月北洋政府颁布《市自治制》，列北京为特别市，第一次确立

---

① 张研：《清代社会的慢变量：从清代基层社会组织看中国封建社会结构和经济结构的演变趋势》，山西人民出版社，2000，第 4～5 页。
② 《大清会典事例》卷一五八，《户部·户口·保甲》。
③ 《大清会典事例》卷一三三，《户部·户口·编审》。
④ 《东方杂志》卷一，第七号，第 86 页。
⑤ 史明正：《走向近代化的北京城——城市建设与社会变革》，北京大学出版社，1995，第 29 页。
⑥ 史明正：《走向近代化的北京城——城市建设与社会变革》，北京大学出版社，1995，第 31 页。

了市—区两级管理网络。① 1928 年南京国民政府成立后，改北京为"北平"，仍指定为特别市，并于同年 6 月专门颁布了《特别市组织法》，以加强城市管理。该法明确了市政府的组织机构及其权限，但对城市基层管理组织未做特别规定。1929 年 1 月，北平特别市筹备办事处成立，开始办理基层自治事宜，遂划全市为 15 个自治区，其中内城 6 区，外城 5 区，四郊 4 区。城区内每 500 户左右编为一自治街。② 1930 年 5 月国民政府又颁布《市组织法》，废除了特别市和普通市的划分，将全国城市划分为院辖市和省辖市，确定北平（京）为院辖市。该法规定："市划分为区、坊、闾、邻，除有特殊情形者外，邻以五户、闾以五邻、坊以二十闾、区以十坊为限。"区设区公所，设区长一人，由区民大会选举产生，办理本区自治事务；坊设坊公所，设坊长一人，由坊民大会选举产生，办理本坊自治事务。闾、邻均通过居民会议选举产生闾长或邻长。闾长和邻长的主要职责有两项：一是办理法令规定范围内的一切自治事务；二是办理市政府、区公所及坊公所交办的事务。据此，北京改街、村为坊，全市 15 个区共编为 461 坊、5157 闾、25417 邻。由于经费紧张，闾、邻均于各坊公所内办公，不设单独的办公场所。1934 年，经行政院批准，北平市在市政府之下设自治事务监理处，将坊公所、区坊民代表会、区坊监察委员会一律取消，改 15 个区公所为自治事务区分所，设所长一人，由市政府委任。③

1935 年，根据国民政府行政院的统一部署，北平重开保甲，"以确立地方自治之基础"。其编排方法是：以户为单位，每户设户长一名，十户为一甲，设甲长一名，十甲为一保，设保长一名。打着推进地方自治的旗号，北京完成了以市—区—保—甲—户为链条的新行政统治网络的设立。④ 保甲制的重新启用，是国民政府强化城市基层社会控制的重要措施，主要目的还是"严密民众组织，彻底清查户口，增进自卫能力"⑤。除了"联保联坐"、互

---

① 《市自治制》，载罗家伦主编《革命文献》第 20 辑，台北："中央文物供应社"，1960。
② 《北京市志稿·民政志卷十五·自治二》。
③ 《北京市志稿·民政志卷十五·自治二》。
④ 《北京市志稿·民政志卷十五·自治二》。
⑤ 《剿区内各县编查保甲户口条例》，载闻钧天《中国保甲制度》（影印版），上海书店，1992。

相监视外,"遇有建设或保卫事项","得将保甲内二十岁以上、四十岁以下之壮丁编成壮丁队",① 为国民党政府的统治服务。

二 新中国成立：街居制的初立与单位制的泛化

1949年1月31日，北平（9月更名为北京）宣布和平解放。为了迅速建立社会主义性质的人民政权体制，稳定社会秩序，北平市人民政府先是依照原来的行政区划对区级建置进行重组，分全市为32个区，6月接管工作结束后又调整为20个。区之下则废保甲建政府，规定过渡时期的政权组织系统为市政府—区政府—街政府三级管理体系。市政府于同年3月30日颁布《废除保甲制度建立街乡政府的初步草案》，规定2000户以上居民建立街政府。② 街政府设正副街长，由区政府委派。街政府之下设闾，置闾长1人，由群众推选产生，街政府委任。闾之下设居民小组，组长由居民推选产生。街政府只存在了3个多月时间，其主要任务是宣传政策、发动群众、肃清散兵游勇、清查敌特反革命、摧毁保甲制度、审查保甲人员、救济贫民、登记失业、整顿摊贩、取缔银圆贩子、办理成人业余教育、优抚、清除城市垃圾、维护交通和社会秩序等，对于组建新生的人民政权发挥了一定作用。③

1949年6月30日，北平市军管会根据刘少奇等中央领导关于北京的政权组织形式不宜多级，宜集中于市政府，领导方式应该采用直接方式，以避免"政出多门""步调紊乱"的指示，发布了《关于改革区街政权组织及公安局派出所的决定》。主要措施有：撤销区政府，改设区公所作为市政府的派出机构，负责优抚、救济等民政工作、工商管理和一般民事纠纷；取消街政府，其原有工作如税收、组织生产、社会教育等均分别交市政府有关部门直接办理；加强公安派出所功能，与居民事务有关的民政工作亦放到公安派

---

① 《北京市志稿·民政志卷十五·自治二》。
② 北京市档案馆编《北平和平解放前后》，北京出版社，1988，第207~210页。
③ 中国人民政治协商会议北京市委员会文史资料研究委员会编《北京的黎明》，北京出版社，1988，第249~250页。

出所内，全市共设 212 个公安派出所；① 保留闾和居民小组不变。基层政权组织的取消削弱了对基层居民事务的管理，与北京大城市的特征是不相符合的。1950 年 11 月，政务院发布《大城市区人民政府组织通则》，要求在大城市设立区人民代表大会和区人民政府。北京市遂于 1951 年 8 月恢复区政府。

区政府恢复后，先是向派出所派驻民政干事，后又指导建立了许多群众性居民组织，如治安保卫委员会、妇幼保健会、自来水民主管理站、房屋修缮委员会、军属代表组、社会救济委员会、中苏友协支会等。但由于民政干事管理面太宽，无法深入基层，居民组织泛、宽、散、乱，在办理行政性事务时不仅名不正言不顺，且没有报酬，其成员的积极性不断下降，加上抗美援朝对居民动员的迫切需要，建立统一的、法定的街道政权组织和居民组织不得不再次提上议事日程。1952 年，海淀区政府组织当地一些无业家庭妇女建立了市内第一个居委会——东观音寺居委会，主要做一些力所能及的社会工作，从而拉开了北京市试建居民委员会的序幕。②

街居制建立的初衷是为了弥补单位制的不足，以便对城市中因各种原因无法被纳入正式单位组织的居民实施有效的社会管理。新中国成立初期的街政府和北京市关于居民委员会的初步试验证明，在街道建立政权组织和在居民中建立自治性组织是可行的。1953 年 6 月 8 日，北京市市长彭真在给中央的报告中写道："由于我们现在的工业还很不发达，同时还处在向社会主义过渡的新民主主义社会阶段，即使在现在工业较发达的城市中，仍有很多不属于工厂、企业、学校、机关的无组织的街道居民，这种人口在有的城市中，甚至多至百分之六十以上。为了把街道居民逐步加以组织并逐渐使之就业或转业，为了减轻现在区政府和公安派出所的负担，在很多城市中除建立居民委员会外，还需要设立市或区人民政府的派出机关，我们的意见是设立街道办事处。"③ 1954 年，内务部发布关于建立街道办事处和居民委员会的通知。北京市人民政府于同年 10 月召开第 213 次行政会议，决定在城内各

---

① 李绍纯：《北京地区解放前后的行政区划沿革与探讨》，《中国方域》2002 年第 2 期。
② 《居委会的历史》，《北京青年报》1999 年 1 月 22 日第 7 版。
③ 彭真：《彭真文选》，人民出版社，1991，第 241 页。

区建立街道办事处和居民委员会。这样，全市的街道派出所统一改组为街道办事处，居民委员会也普遍建立起来。至1955年底，全市城郊13个区共建立了142个街道办事处，① 主要任务是指导居民委员会工作、反映居民意见和要求、办理市区人民委员会交办的事项等。居民委员会的任务主要有三项：一是办理有关居民公共福利事项；二是向人民政府反映居民的意见和要求；三是动员居民响应政府号召，协助政府推行政策法令。居委会的设立，一般结合户籍责任段、群众习惯和居住情况进行，每100～600户建一个居委会，15～40户组成一个居民小组。先以原有积极分子为基础成立筹备委员会，再由筹备委员会组织召开居民片会，选出居民小组长1人。由各居民小组长组织居民委员会，并推选出主任1人，副主任1～2人。最后召开全体居民会，宣布居民委员会正式成立。

1954年12月31日，全国人大常委会审议通过《城市街道办事处组织条例》和《城市居民委员会组织条例》，统一规定：十万人以上的市辖区和不设区的市，应当设立街道办事处；十万人以下五万人以上的市辖区和不设区的市，如果工作确实需要，也可以设立街道办事处，作为市辖区和不设区的市的派出机关。居民委员会是群众自治性的居民组织，参照公安户籍段的管辖区域设立，一般每一百户至六百户设一个居委会，由各居民小组推选的委员7～17人组成。企业职工居住集中的住宅区或者较大的集体宿舍，可以设立职工家属委员会兼任居委会的工作。这样，街居制不仅在名称、性质、任务和机构设置上实现了全国统一，而且被正式纳入国家的组织法规，有了法律上的保证。街道办事处和居民委员会的建立，更新了城市基层管理体制的组织载体，强化了城市基层事务管理，使新生的人民政权有了稳固的群众基础。

1958年，北京市掀起"大跃进"高潮。街道办事处纷纷合并，组建城市人民公社，但街道办事处的名称依然保留，实行"一套人马、两块牌子"，成为政社合一的政权组织。到1960年，全市共成立了48个人民公社。② 1966年

---

① 邓力群主编《当代中国的北京》（下），中国社会科学出版社，1989，第529页。
② 李绍纯：《北京地区解放后的行政区划沿革与探讨》，《中国方域》2002年第3期。

"文化大革命"开始后,城市人民公社又被改组为"街道革命委员会",居民委员会也被改组为"革命居民委员会"或"文化革命小组",变成了阶级斗争和群众专政的工具,工作性质发生了重大变化。这种状况一直持续到1978年党的十一届三中全会召开。另外,在"文革"末期,按居民居住的自然院落组建的"向阳院"也曾经流行过一段时期,但并没有普及。①

作为一种社会整合机制,同全国其他城市一样,机关、工厂、学校等单位成为北京居民的基本组织形式,也是政府实施城市社会管理的最主要的途径。街居制只是单位制的一个补充。单位制的泛化伴随着公有制的全面实现而完成。通过单位体制,国家"广泛控制着家庭以外的主要日常活动——工厂、办公室、党校等地方的活动"②,不仅重建了城市社会调控体系,使城市经济秩序、政治秩序、社会秩序和文化秩序在与中国现代化的总体目标相一致的基础上得以恢复,而且最大限度地集中了社会资源,控制了单位中的所有就业者,将国家政权深入居民个体的现实生活中,实现了对城市社会的全面控制。

因此,改革前的北京市基层管理体制事实上是由两部分组成的:一是包括党政机关、工厂、团体、学校等组织在内的党政单位、企业单位和事业单位,它吸纳了城市居民的绝大多数,是城市基层管理体制的主体;二是街道办事处和居委会。他们的管理对象是极少数没有单位的城市居民。市区政府无法透过"单位"与这类居民发生关系,主要靠街道办事处和居委会发挥作用。街居组织是城市基层管理体制的辅助。

概而言之,改革前北京市基层管理体制有以下这样几个特点。一是"单位"承担了过多的社会和服务职能,起到了"把市民组织起来"的作用,压缩了社会权力的存在空间。单位的复合功能特征使它具备了超强的动员和管理社会的能力,从而把街居组织的城市管理职能压缩在数量极少的无单位居民范围内。二是街道和居委会的权力很小,功能有限。除了政府主要通过"单位"传达各类城市管理信息,进行社会组织、社会动员和资源分

---

① "向阳院"首创于1974年的北京市北新桥街道,其管理机构是"向阳院管理委员会"。1975年1月27日的《人民日报》有详细介绍。
② 〔美〕吉尔伯特·罗兹曼:《中国的现代化》,江苏人民出版社,1995,第491页。

配，街居自身处于边缘性地位外，区政府各类职能部门还在街道设立了相应的对口单位实行所谓"条条"管理，于是"区政府政策实施主要通过各职能部门，然后再由各局传达到街道各所，街道办事处只是做一些辅助性工作，比如宣传和动员，以及随同税务人员和工商人员进行检查等"[1]。三是造成居民工作空间与居住空间的区域分离。对单位体制内的城市居民来说，"单位"就是其福利共同体，按照国家政策和规定负责为其分配工资、福利及各种政治、社会资源。街居组织由于无法介入居民生活，不可能有效实施社会管理。[2] 四是强化了居民的身份特征。在"单位"与街居组织的二元管理体制之下，城市居民被划分为两种类型。有单位的可以根据单位性质享受相应的政治、福利和社会待遇，没有单位的则处于城市社会的边缘。由于个人在单位中的不同序列及单位在整个单位体系中的不同序列，具有不同单位身份的居民拥有不同的社会感受。

三 改革开放以来：从街居－单位制向街道－社区制的转型

党的十一届三中全会以后，加强城市基层管理工作再次被提上议事日程。1980年，全国人大重新公布了1954年的《城市街道办事处组织条例》和《城市居民委员会组织条例》，并在1982年的新宪法中确认了居民委员会的"基层群众性自治组织"性质。之后，北京市逐步恢复了街道办事处建置，并按照民政部的统一部署和城市管理的实情，实行简政放权，努力健全并完善街道办事处的职能。在居委会建设方面，则结合贯彻1989年全国人大常委会审议通过的《中华人民共和国城市居民委员会组织法》，于1991年12月公布施行了《北京市实施〈中华人民共和国城市居民委员会组织法〉办法》，明确了居民委员会的性质、任务和组织方式。

---

[1] 朱健刚：《城市街区的权力变迁：强国家与强社会模式——对一个街区权力结构的分析》，《战略与管理》1997年第4期。
[2] 例外的情况是家属委员会。家委会接受单位和街道办事处的双重指导，与居民关系较为密切。

随着社会主义市场经济体制的逐步建立，包括个体私营经济在内的各种经济成分获得快速发展，社会结构不断分化，城市社会发生了根本性变革。社会的转型对单位制为主体的二元城市基层管理体制构成了巨大挑战。一方面，社会组织的多样化特征日益明显，出现了许多不具有传统"单位"特征的行业和组织，且从业人数增长很快；另一方面，"单位人"在社会改革的大潮面前，或自愿或被迫地转向"社会人"，单位的服务职能也不断向社会剥离，这就要求社会必须及时提供足够多的、高质量的服务。再加上社会流动人口的增加、居民闲暇时间的增多、老龄化社会的来临等，这一切都使得城市基层管理的内容越来越多、越来越杂。在社会转型的大背景下，"单位"制整合社会的组织功能日益弱化。街道办事处、居委会在维护辖区社会治安、引导下岗工人再就业、落实居民最低生活保障、营造良好的经济发展环境等方面发挥着越来越重要的作用，逐步形成城市社会管理的微观重心。因此，改革以"单位"组织为主体，以街居组织为辅助的城市二元基层管理体制已成为时代之需。

面对社会转型的大背景，民政部门逐步认识到，街居工作的重点必须从发展经济向提供服务转变，必须从单纯的社区服务向整合的社区建设转变。1991年5月31日，时任民政部部长崔乃夫在谈到基层政权建设工作时，明确提出推进社区建设的要求。这样，以开展社区建设为标志，城市基层管理体制改革的序幕徐徐拉开。以上海、石家庄、青岛、沈阳、武汉等地的试点经验为基础，中共中央办公厅、国务院办公厅于2000年11月19日转发了《民政部关于在全国推进城市社区建设的意见》，明确提出社区建设的指导思想是："改革城市基层管理体制，强化社区功能，巩固党在城市工作的组织基础和群众基础，加强城市基层政权和群众性自治组织建设，提高人民群众的生活质量和文明程度，扩大基层民主，密切党群关系，维护社会政治稳定，促进城市经济和社会的协调发展。"自此，我国城市基层管理体制进入全面转型时期。

北京市对街居管理体制改革非常重视，专门成立了城市管理体制改革领导小组办公室，对街道办事处和居委会长期存在的职能定位不明确、管理体制不健全、责任权力不统一、利益关系不合理、机构人员不适应等问题进行了深入的调查研究。在此基础上，市政府于 1999 年 1 月 14 日颁布了《北京市街道办事处工作规定》，就街道办事处的性质、构成、职能、经费保障等做出了明确规定。《北京市街道办事处工作规定》是北京市颁布的第一份用于规范街道办事处这一区政府派出机构的规范性文件，为北京市基层管理体制的转型提供了制度变迁的法律依据。

同时，市委、市政府自 1998 年以来连续四次召开城市管理工作会议，推进城市基层管理体制的转型。其总体思路是通过转变职能、理顺条块关系，进一步下放权力，努力把街道办事处建设成责权统一、行为规范、能够有效履行辖区综合管理职能的行政主体；逐步建立街道和居委会的财政保障机制，削弱街居办经济的财政冲动；充分发挥居委会的群众自治组织作用，引导居民自我管理、自我服务和自我教育，以社区为平台，搞好社区服务、社区保障、社区治安和其他社会公共事务。

社区建设是城市基层管理体制转型过程中就城市组织结构、管理制度和工作方式进行的一项制度创新，其核心概念是社区。明确的社区定位是社区建设展开的物质基础。与上海市把社区定位在街道办事处这一层次不同，北京市将社区定位在街道以下，但又大于传统的居民委员会辖区。"社区辖区内的居民户数一般在 1000～3000 户。"[①] 这就要求对居委会的规模进行适当调整，构建新型社区组织体系。截至 2002 年底，按照有利于实施管理、有利于资源配置、有利于提高工作效率的原则，北京对全市 4600 个居委会进行了规模调整，整合为 2400 多个具有不同功能特征的社区居民委员会。随着社区党组织、社区居民委员会、社区代表会议的建立和各项规章制度的逐步建立健全，新的社区管理体制已初步形成。

社区建设的广泛开展，健全了管理机构，整合了社会资源，优化了人员结构，完善了服务功能，拓宽了参与渠道，使北京市的基层管理体制的模式逐步从街居—单位制向街道—社区制转变。尽管目前这一过程还没有完全结束，但转型的趋势已经非常明显了。一是"单位"的复合功能进一步弱化，

---

① 北京市社区建设工作领导小组办公室编《北京市第三次城市管理工作会议文件汇编》，2001 年 9 月，第 34 页。

国有经营性单位和国家财政供养单位继续分离办社会的职能，后勤保障逐步推向社会。二是街道办事处和社区居委会的职权有所强化，街道享有或者扩张了综合协调权、执法权、处置权、监督检查权，从而能够行使相应的政府管理职能，其工作重心开始向社区下沉。三是新的社区居民委员会组建完毕，适应了功能扩张、人口居住密集度增加以及管理手段现代化的客观情况。四是居民社区参与力度有所加大，参与渠道有所拓宽，参与的形式和内容也得到了前所未有的扩展。

总的说来，在民国及其以前的历史上，北京市的城市管理完成了从城乡合一、以城治乡到城乡分治的转变，基层管理体制则经历了从坊里制到保甲制的演变。民国之后，逐步摆脱了"控制"的惯性，开始沿着"治理"思想的轨迹前进。特别是由街居—单位制向街道—社区制的转型反映了北京市以人为本治理现代化大都市的新理念。这种体制关注的不是基于行政区域划分后的控制，而是对人的关怀，强调的是与居民生活环境息息相关的日常事务。从管理目的来说，由过去的控制向服务转变。从管理形式来说，由过去行政命令式的统治向强调合作、共享、参与的治理结构转变。政府权力的回缩为社区组织的发展释放了更多的权力空间，不仅为居民代表会议、居民议事会等法定性社区组织提供了活动平台，而且促进了社区志愿者服务队、晨练队等非法定社区组织的发展。街道—社区制密切了居民与社区之间的利益关系，张扬了个人权利，从根本上改变了居民与社区之间的权力关系，对于当代城市基层管理具有非常重要的意义。

附录二 社区"优治理"
——北京市朝阳区社区治理模式研究[*]

社区是社会的基本单元,是城乡居民的公共生活空间,是政府社会管理和基层群众自治的重要载体。社区建设是社会建设的重要内容,社区治理是社会管理创新的基层平台。党的十八大提出,要"加快形成党委领导、政府负责、社会协同、公众参与、法治保障的社会管理体制","加强基层社会管理和服务体系建设,增强城乡社区服务功能"。在社区建设和治理方面,北京市朝阳区在社区管理体系、社区规范化运行和社区服务体系建设等方面取得了长足进展,特别是在社区治理方面成果丰硕,总结其实践经验,可以将其概括为社区"优治理"模式。所谓社区"优治理"模式就是以"党委领导、政府负责、社会协同、公众参与"为指导思想,以优化社区治理模式、提高居民生活质量为目标,坚持"社区为本、以人为本"的原则,以"需求导向、资源整合、服务优化、管理科学"作为社区治理的主要内容,着力构建"突出资源优势、优化社区能力、提供优质服务、培养优秀社工,重点难点问题优先解决"的"五优"策略(优势、优能、优质、优才、优先),形成内容明确、指标科学的社区治理产出体系和评估体系。具体来说,朝阳区社区"优治理"主要包括治理结构优、协商民主机制优、服务体系优、服务方式优、治理团队优,评估体系优五个方面。

---

[*] 本文由作者与胡建国教授共同完成。

一 朝阳区社区治理模式研究的背景

模式是对客观事物存在方式的高度概括，模式具有相对固定化、抽象与具体相结合、可复制性等特征。社区治理，是在社区地域范围内进行的社会治理活动。所谓社区治理模式，是根据一定的国家与社会关系，对社区治理本质特征和表现形式的高度概括，主要包括治理主体和治理方式两个方面。开展朝阳区社会治理模式的研究，基于以下几方面的考虑。

（一）基层社会管理创新和推进城市精化管理的迫切要求

加强和创新社会管理，是中国经济社会发展进入新的历史转折时期提出的重要任务，是社会建设的重要内容。改革开放以来，随着社会生活领域的扩大，社会管理表现出重心下移的明显趋势，管理的重点在基层，创新的活力在基层。社区作为居住在有限区域内的人类生活共同体，在其内涵和具体形态都发生了重大变化的今天，如何对其进行有效治理，成为社会管理创新的重要任务。同时，对北京这样的特大或超大型现代化城市而言，城市管理的任务日益加重，在管理要求上已经迈入了精细化的阶段。所谓城市精细化管理，就是要把精细化管理应用到城市管理之中，通过规则的系统化和细化，运用程序化、标准化和数据化的手段，使城市管理各单元精确、高效、协同和持续运行，强调把管理工作做细、做精，以全面提高城市管理水平和工作质量。精细化城市管理，也对社区治理提出了新的要求。

社区建设和社区治理，当然需要结合不同社区的实际，开展有效的建设和治理活动，解决各个社区千差万别的具体而细微的问题。但是，从管理的效度出发，散点式的社区治理方式和方法是远远不够的，不利于管理的规模化、资源有效配置和节约管理成本。适应基层社会管理创新和城市精细化管理的新要求，必须对这些散点式的社区治理经验和方式，进行概化和类化总结，提高社区治理方式的普遍适用性。

(二)朝阳区具备了社区治理模式创新的可能条件

朝阳区是北京市面积最大的市辖区,下辖 24 个街道办事处,19 个地区办事处。人口总量多、结构复杂,户籍人口和外来人口总量均居全市首位,有大量外籍人士、商务人士、文化人士,还有 14 万左右的农民。从城市发展来看,朝阳区既有 CBD 这样具有现代都市特征的商贸区,也有从农村向城市形态过渡的城乡结合部,还有广大的农村腹地。上述这些因素,决定了朝阳区的社区数量多、类型复杂。目前,朝阳区共有社区 500 多个,数量在北京各区县中居首。社区类型复杂,既有文化娱乐场所、绿化、道路、学校、卫生服务、停车等社区服务配套设施完善、物业服务水平较高的高档小区、别墅区,也有人员结构复杂的商品房小区,还有无物业管理的老旧小区,以及城乡结合部的保障房小区等。在不同类型的社区中,由于基础条件、居民人口结构、社区文化、社会资本等的不同,社区建设中遇到的问题也各有差异,政府管理和社区居民自治相结合,渐次形成了各具特色的社区治理方法。这些方法,在基本属性相同或类似的社区具有一定的可借鉴、可复制、可推广性,呈现一定的模式化特征。对这些模式进行系统总结,也是朝阳区在区级或街道层面统筹推进社区治理工作、分类引导社区居民自治、提高社区管理和服务综合水平的迫切需要。本文综合分析了以奥运村街道绿色家园社区为代表的城市大型建成区(商品房小区),以六里屯街道十里堡北里社区为代表的无物业管理的城市老旧小区,以朝外街道天福园社区怡景苑小区为代表的高档小区,以麦子店街道朝阳公园社区为代表的国际化高档社区,以垡头街道双合家园社区为代表的城乡结合部保障房小区,和以建外街道永安里东社区为代表的功能型小区(商务楼宇小区)六类城市社区,提出了各类社区的治理模式框架。

(三)社区治理发展到矛盾问题凸显阶段的现实需要

中国进入新的历史转折时期,最突出的矛盾是经济发展和社会发展不协调,社会发展滞后于经济发展,社会结构与经济结构不协调,从而导致社会矛盾和问题凸显。反映在社区建设和社区治理方面,表现为社区发展的不平衡，居民不同需求层次的矛盾和问题突出。朝阳区的社区建设和社区治理经过近年来的快速推进，作为实体的社区（居住区）发展迅速，社区类型多样，社区治理模式呈现多样化的特点，但满足社区居民多层次、多样性管理和服务需要的治理方式没有得到系统研究和及时跟进。历史遗留和长期积累的老问题，以及社区快速发展、需求更趋多元引发的新问题相互交织，集中呈现，为社区治理带来了严峻挑战。目前，无论是高档小区还是老旧小区，社区基层工作者都感觉面临诸多问题，如业主与物业公司的矛盾已经到了难以调和、不解决不行的程度。政府主管社区建设职能部门、社区基层工作者迫切需要找寻一个解决这些矛盾和问题的系统性方案，给他们的工作提供方向性和具体方法的指导。

二 社区优治理：朝阳区经验模式与实务指南

治理是一个相对复杂的概念，它具有广泛的内涵和外延。近年来，在治理理论中多元治理的概念正在逐步被大众接受。学者们在组织秩序、市场秩序、权利机制和价格机制之外，发现了人类社会中公共事务管理的新方式——多中心，即多元治理。多元治理是指利益多元的主体彼此制衡，多元治理以自主治理为基础，给予民众更多的选择权，治理过程由行政控制转化为民主协商，治理组织体系由垂直科层制转化为网络结构。在多元治理的语境下，迫切需要现有的政府、组织机构转变角色与任务。

基于多元治理理论，本文提出了朝阳区社区"优治理"模式。所谓"优治理"，概括而言就是以"党委领导、政府负责、社会协同、公众参与"为指导思想，以优化社区治理模式、提高居民生活质量为目标，坚持"社区为本、以人为本"的原则，以"需求导向，资源整合，服务优化，管理科学"作为社区治理的主要内容，着力构建"突出资源优势、优化社区能力、提供优质服务、培养优秀社工、重点难点问题优先解决"的"五优"策略（优势、优能、优质、优才、优先）。具体来说，朝阳区社区"优治理"主要表现在治理结构优，协商民主机制优，服务体系、服务方式优，治理团队优，评价体系优。"优治理"在实务操作层面需要把握以下四个重点：一是在评估社区需求时做到"照顾共性、突出个性"，分类分步骤厘清社区需求；二是在发掘社区资源时要注重多元主体的互动关系，做到"优势组合、共治共享"，让来自政府、街居、社会组织和市场的资源在社区中高效运转起来；三是在为社区提供服务上，要做到"分类分层、服务联盟"，一方面注重服务质量和与居民需求相匹配，另一方面完善服务系统；四是在社区管理上要做到"工作准入、三社联动"，即正确把握社区、社工、社会组织的相互作用。社区为社工提供实践平台，为社会组织提供项目运作平台。社工为社区提供专业服务，为社会组织提供人力资源。社会组织服务于社区需求，并促进社工能力的提升。

社区优治理不仅是理念，更是实践，有着自身的规律与途径。概括朝阳区社区优治理的实务，本文提炼出其实务指南构成，主要包括如下几方面。

（一）剖析社区

在进行社区治理研究时，我们首先要了解我们所治理的这个社区，相信按照下面方法做好社区系统分析和社区动力分析，可以让我们清楚地看到一个社区的运行状况。

1. 社区系统分析

一个完整的社区系统分析，包括十项要点，如图1所示。

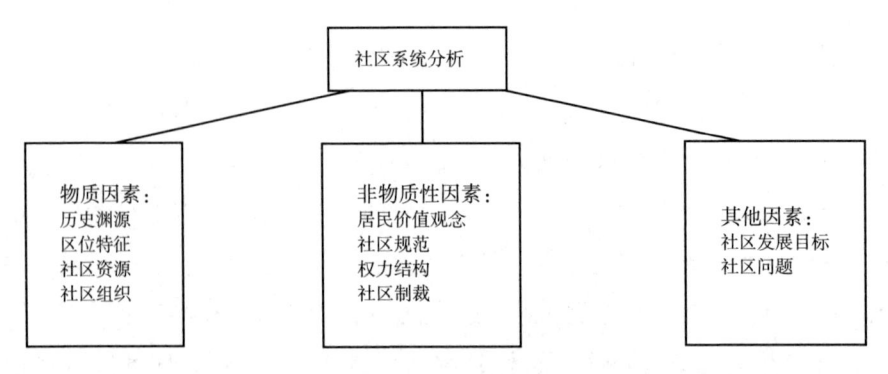

图1　社区资源分析

第一，历史渊源：把握社区的历史发展脉络，了解社区规划和治理的基础。比如本文调研的朝阳区北里社区是一个在20世纪80年代由54家产权单位联建的廉价房小区，这也就相应存在规划建设起点低、共建配套设施不全和原产权单位改制破产导致的管理转移等不可避免的历史问题。

第二，区位特征：主要了解社区的地域特征，进而分析社区的功能及性质。如朝阳公园社区毗邻第三使馆区，社区内居住人群三分之一为外籍人士，因此社区具有国际化社区特色。

第三，社区资源：我们需要做到尽量系统与全面地掌握社区资源，主要从人力、物力、财力、组织资源等方面进行分析，当然我们还需要关注这些资源之间内在的联系与互补性。

第四，居民价值观念：社区类型的不同导致社区居民特征存在差异，社区居民价值差异影响着社区治理、社区服务等工作的开展和实施方向。社工可以采取问卷法、访谈法或者焦点小组的方法来获取居民的价值取向，但对于从事社区工作一段时间的工作者而言，理解居民的价值观念并不困难。

第五，发展目标：根据社区的功能特征明确社区的发展目标，可以从社区层面和居民生活质量层面界定社区的发展目标。

第六，权力结构：不同类型的社区在社区权力结构构成方面存在不同的表现，需要明确本社区的权力结构，找准治理模式及运行机制，从而实现各方的共赢。

第七，社区规范与社区制裁：包括社区制定的《居民自治公约》和《小区管理委员会章程》等制度化的规范章程，其中也包含了违背规范的制裁规定。

第八，社区组织：各种类型的社区组织、管委会、志愿者队伍及其所起到的作用都是分析社区治理模式的重点。

相信通过对以上基础性工作的分析，社区的整体情况已经逐渐清晰了，社区工作者可根据社区的关键资源和关键因素，找到自己社区的着力点，那么接下来的工作思路就会变得愈发清晰。

2. 社区动力分析

任何个人或者组织的发展都需要动力。社区动力是指对社区发展可以起到积极推动作用的力量，包括社区内的人、团体、组织、机构等元素。社区动力分析就是对这些元素进行纵向的系统分析和横向的互动分析。在进行分析前让我们先明晰社区各个主体的责权关系和相关功能。

第一，社区党组织是社区建设的领导核心。街道工委和街道办事处是国家政策、法律在社区落实的主导者、推动者，是公共服务的提供者，社区是被领导者和协助者，是国家政策、法律和公共服务的承接者和具体落实者；在社区内部事务治理方面，街道是指导者、监督者与资源提供者，社区是主导者和实施者。因此，街道工委通过社区党组织实现其对社区管理的引领。在社区治理过程中，社区党总支成为社区治理结构的领导核心，一方面，社区党组织要及时知晓、准确地把握党的政策，并紧密结合社区建设的实际情况，引导并推进和谐社区的各项建设；另一方面，社区党组织要成为政府同社区居民群众联系的桥梁。

第二，"一居一站"的社区自治与公务事务管理服务主体。社区居民委员会作为群众自治组织，按照法律授权履行职责，社区居委会要协助基层政府提供社区公共服务，组织社区成员开展自助和互助服务，为发展社区服务提供便利条件。社区服务站是政府在社区的服务平台，协助、配合政府及其工作部门在社区开展工作，为社区居民提供服务。社区服务站的职责范围包括社区综合管理事务、社区安全事务、社区法制事务、社区健康事务、社区人口和计划生育事务、社区社会保障和社会事务管理、社区文化事务、社区环境卫生和环境保护事务、社区协调事务等。社区服务站与居民委员会是完全意义上的合作伙伴关系，双方相互支持、协调与配合，共同做好社区工作，社区居委会的主任同时还兼任社区服务站的站长。

第三，社区居委会、物业公司与业主委员会的三方联动。社区是由居住小区组成的，小区业主委员会是社区工作的重要支柱，帮助小区业主委员会依法正确处理各种问题是社区工作的重点内容之一。理顺这三方的关系，是实现社区优治理的保证。所谓物业管理三方联动，就是由社区牵头，定期召开联席会议，物业公司要配合社区居委会做好社区管理、社区服务等有关工作，社区居委会也要监督业主、业主委员会的工作。其核心就是社区、业主委员会、物业公司三方之间建立的一种联动机制，有效沟通和协商处理相关问题。具体来讲，物业公司对居民房屋水电的维修、停车管理、社区卫生等基本服务管理实现全覆盖，在向业主和租户提供服务的同时，物业公司还要承担部分政府有关部门对城市管理的职能。与此同时，社区居委会在积极主动地了解社区居民（小区业主）、业主委员会在物业服务方面的要求和呼声的基础上，将社区居委会与物业公司彼此的功能和优势结合起来。社区居委会出面监督和引导物业公司服务尽心尽责，为业主提供周到的服务，同时也协助物业公司解决"物业费收取难"等问题，从而有效维护了业主和物业双方的合法权益，激励物业公司参与到社区管理与服务的工作中，赢得居民的好评，促进社区的和谐。

第四，社区社会组织、驻社区单位参与下的社区建设与管理。在社区治理过程中，社区居委会要注重吸收辖区单位、社区中介组织、民间组织、居民代表等参加到社区的共建协调机制中来，按照互惠互利的原则，共同协商将服务设施向社区居民开放、为社区单位提供服务的方法。同时社区党委牵头，社区居委会通过对社区居民和驻社区单位进行社区意识、社区服务等宣传教育活动，逐步使社区居民和驻社区单位树立起"社区建设、人人有责""社区是我家，建设靠大家"的意识和氛围，积极主动地参与到社区建设中来，实现社区治理的多方参与合作。

在明晰了各个主体的责权关系与功能之后，社区的动力网络便清晰、动态地呈现在社区工作者面前了。当然在分析过程中社区工作者还要具体问题具体分析，各个类型社区的动力网络是不相同的，例如老旧社区无物业公司、商务楼宇无业委会、高档社区居委会的力量明显变弱等，遇到此类情况，我们就要以社区动力的激活为前提，寻找社区的关键动力要素和动力机制，调整互动形式。

（二）社区矛盾与问题

改革开放以来，中国社会变革的最为重要的一个变化就是社会结构和组织方式发生了根本性的变化。几十年来，单位制改革不断推动着个人重返社会。伴随"去单位化"改革，以往的"单位人"从单位中分离出来，变为"社会人""社会个体"。以往政府是通过单位向社会和个人提供公共资源和社会服务，经过体制改革，这一过程的程序性、技术性和操作性条件已不复存在。社会资源的集中和配置载体随之改变，社区作为基层社会的组织结构承担了原有单位制下的社会工作。社会个体从"单位人"转变为"社会人"，各种社会问题和社会矛盾向基层社会下沉，转变为社区层面的问题和矛盾，使社区处在十分敏感的交汇点上。这些个人不仅规模巨大，而且多元异质、快速流动，他们所面对的问题和需要的服务也是高度个性化的。从"单位人"到"社会人"和"社会个体"的变化，提出了社区"如何才能提供直接的、适宜的、个性化的社会资源和公共服务"这样一个课题。

不同类型的社区矛盾与问题不尽相同，在此本文不过多地一条条列出某类社区的突出矛盾与问题，而是试图带领社区工作者学习如何及时发现和掌握社区的矛盾与问题，又如何去调节、化解社区矛盾与问题。

1. 及时发现、掌握社区问题

第一，以"走动式"工作法为基础。"走动式"工作法强调社区领导主动走动于社区内，以获得更为丰富和直接的社区信息。通过"走下来"与社区居民交流，而非社区居民"上访"社区领导的方式，拉近社区与居民的距离。用眼睛去发现问题，用嘴巴去了解问题，用耳朵去倾听问题，以社区居民的态度为指导，从而了解、发现和掌握社区现有问题。

第二，多种调查方式并行辅助。以"走动式"工作法为基础，可以了解到社区居民对社区现状的态度。同时，搭配以网络问卷调查、电话访问、座谈会等形式的社区互动，从而更广泛地主动了解社区居民对社区治理的态度，发现潜在的，或更深层次的社区问题。

第三，社区工作者加强合作沟通。在社区工作中，每名工作者由于时间、精力等因素，不能完全涉及社区所有管理实务，因此也无法发现和掌握社区全部问题，所以社区工作者之间的相互沟通和合作是必要且亟须的。通过社区工作者之间的协作，不仅能发现和了解社区问题，同时更能够在这种合作氛围中，增强社区工作者之间及对他人工作内容等的了解程度，增强其工作"相互补位"的能力，为发现和解决社区问题提供助力。

2. 调节和化解"矛盾"

第一，明晰问题与矛盾的性质。对于社区内的问题和矛盾，在调节或者化解前，我们首先要分析问题和矛盾的性质。对于不同性质的矛盾和问题，社区管理者采取的办法和手段也不尽相同。对于特殊群体的问题，专业社工要多用专业化的方法和手段来解决；对于民间的矛盾或是家庭内部的矛盾，可以更多利用社区关系网络、找对劝解人，以协调和化解问题为主；对于管理者与社区居民之间的问题，要分析居民提出问题的合理性是否存在，是工作方法问题还是群众素质问题，找对问题的症结，对症解决；对于社区内部与社区外部的问题，管理者要耐心帮助他们找到问题所属部门，尽力找到解决办法。

第二，明晰工作者的权限范围。社区管理者发现和掌握的问题，并不一定都是社区管理者权限和能力范围内能够解决的问题，所以社区工作者首先要分析是什么性质的问题，是不是自己权限和能力范围内能解决的问题？问题和矛盾的症结和根本原因是什么？以双合家园为例，目前的一个共性问题和矛盾就是停车位和阳台问题。双合家园停车位的设计是按照 10∶3 的比例设计的，但实际上有车户远远超过这个比例，入住后的一大矛盾就是部分业主无法停车。同时，保障房一般都没有阳台，这导致居民不能晾晒衣被，只能去建护栏，但护栏属于违规建筑，这使得物业和业主容易产生矛盾。这两个问题的症结在于保障房的规划设计不合理，不是社区管理者所能解决的问题。在这种情况下，社区管理者既不能推卸责任，也不能大包大揽。要理解安抚业主，做好业主与政府规划部门和房产开发商之间的沟通协调工作。如，社区工作者可以向市政府申请小区周边绿化用地是否能改建停车位等解决办法。社区管理者是直接面对社区居民的，不论问题或矛盾的责任在哪里，首先要做好的是评析矛盾，解决问题。

第三，合理利用社区领导个人魅力。在很多社区的日常管理中，社区领导借助其个人魅力，以及与社区居民所构建的良好关系，通过靠"面子"等方式缓解，甚至化解了一定的社区矛盾。但久而久之，社区领导的个人魅力也会有所消退，如若合理利用社区领导个人魅力，搭配以先进的社区管理理念，则会对缓解社区矛盾，促进社区治理产生事半功倍的效果。

第四，增加社区活动数量。社区出现矛盾和问题应及时解决，但就像病愈后应注重预防一样，社区在面对邻里矛盾时重在"预防"也是一个道理。社区基于自身资源条件，多举办一些人力和物力上可以承受的邻里活动，既能够增加社区居民的参与意愿，同时也能够让社区居民之间借助活动本身相互熟识，建立邻里的"熟人社会"。这样，再发生邻里纠纷时，纠纷双方之间可能会缘于其较好的邻里关系，有些事情通过相互协商沟通就能解决。

（三）社区资源与需求

在谈及社区资源的时候，本文更多的选取优势视角去发现社区的优势资源和关键资源，并且挖掘社区的潜在资源。在优势视角下，本文认为每个社区都有巨大的力量和独特的优势，在社区环境下充满资源（见图2）。

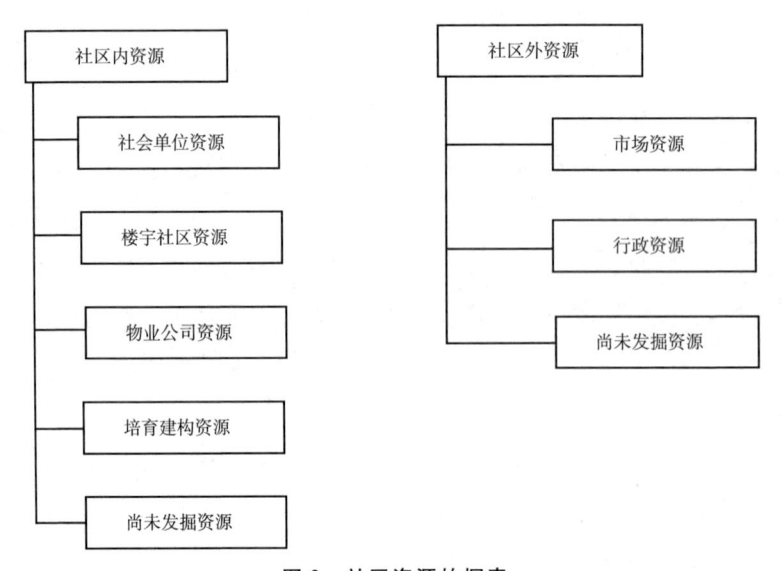

图 2　社区资源的探索

1. 如何绘制社区资源图

第一，绘制资源图的步骤。社区资源包括社区现实资源和社区虚拟资源两部分。在绘制社区资源图时，针对社区现实资源，其步骤大体分为以下四步。

（1）完整考察社区，走过社区每一个角落，实地考察社区已知的现有全部资源;(2)与社区常住居民交谈,了解和发掘社区未知资源;(3)将社区资源逐一标注在社区资源图上,并明确标明每一个社区资源的种类和数量;(4)根据所完成的社区资源图,不断听取专家和社区居民的意见进行改进和完善。

收集社区虚拟资源,可以通过入户调查等方式,或借助人口普查等方式实施。通过不断收集和更新社区居民信息,了解社区居民当下实际状况,获取社区无形资源的资料信息。此外,了解社区居民当下情况,特别是他们对社区管理和社区服务的选择,也能够产生一定作用。社区虚拟资源不标注于社区资源图上,但应制作成文档形式保存,以便今后在需要利用这些资源时方便查找和使用。

第二,绘制社区资源图的原则。绘制社区资源图应当遵循如下原则:(1)罗列出社区资源主体,政府部门、社区组织、商业组织、物业公司;(2)明确社区资源主体的内部关系,尤其是不同主体之间的关系模式;(3)明确关系方向和强度;(4)社区资源图最好是立体的,直观可视。

第三,绘制资源图(见图3)。

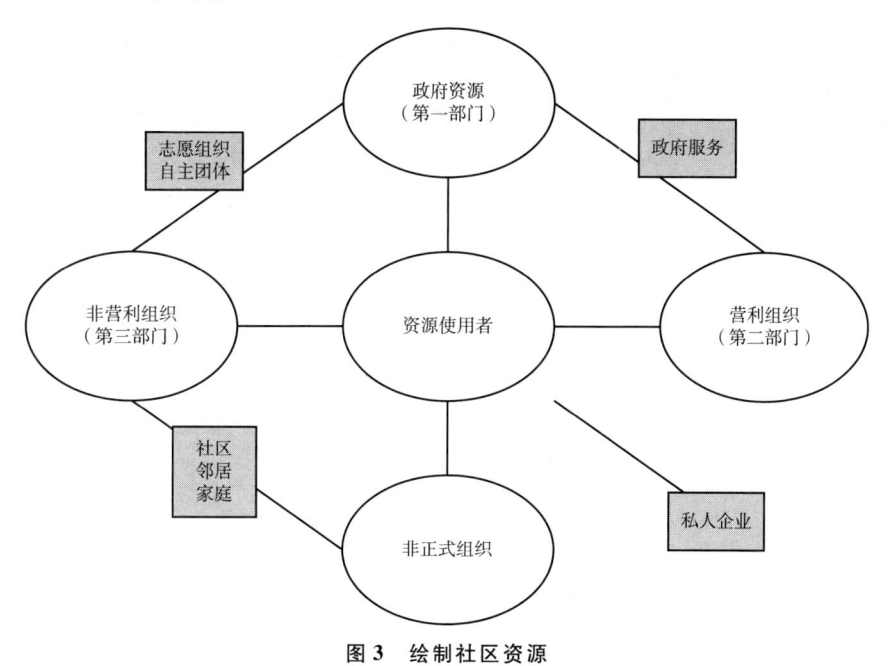

图 3 绘制社区资源

在社区资源图的基础上，我们可以进一步思考，这些组织分别具有怎样的人力资源、物力资源、财力资源、人文资源和关系资源（见表1）。

表 1 社区资源类型

资源类型	具体内容
人力资源	社区领袖、政府领导、志愿者、专家学者、专业人士
物力资源	物质资源、场地和设备
财力资源	各种来源的资金
人文资源	居民认可、喜爱的文化性内容
关系资源	运用各种资源的动力、媒介和人际关系

2. 如何挖掘、配置、整合社区资源

挖掘配置社区资源，实现资源共享与协同工作，形成社区资源的有效整合，共同致力于社区治理，是解决社区矛盾和问题的重要路径。而发掘配置资源关键在于寻找各方利益需求点和结合点。通过发掘配置资源搭建一个资源共享、双向服务、互利共赢、多方协作的互助平台，从而形成社区治理的合力。

第一，多渠道立体收集资源信息。社区资源包括社区现实资源和社区虚拟资源两部分，但无论是社区现实资源，还是社区虚拟资源，发掘社区资源都需要社区管理者走进社区每一个角落，不断与社区居民进行交流，从而获得和掌握社区资源的信息，进而发掘社区资源。此外，配以问卷等形式的调查对发掘社区潜在资源也有一定成效。

第二，社区所有资源利用最大化。整合、配置社区资源，需要实现社区资源的共享和连带效应，即在社区的整体协调下，发挥社区现有资源的优势，使其发挥更大的效用服务于社区。因此，整合和配置社区资源的关键在于，如何通过科学利用现有资源创造更大的价值。例如朝阳公园社区成功举办的跳蚤市场活动，由居委会安排活动与节目，物业负责出资和通知业主，朝园市场负责提供场地和保安，既宣传了市场本身，又带动了居民参与，赢得了居民群众的赞许和媒体的关注。

第三，不求拥有，但求有所用。社区服务站本身所拥有的资源有限，但这并不意味着没有资源可以利用。如每到重大节假日组织志愿者巡逻执勤，就是社区服务站的重要职能之一。而完成这一重要任务仅仅依靠社区10余位工作人员的力量是非常困难的。永安里东社区的基本做法是协同辖区内的物业公司，组织物业公司的安保力量，将其转化为社区治安志愿者，为我所用。这种协调配置资源的方式，一方面发动和凝聚了社会力量；另一方面圆满完成了赋予社区的重要任务。

3. 如何发现社区居民的需求

社区居民的需求是社区治理过程中的着力点，解决居民需求也是社区"优治理"的重要一环。发现社区居民的需求，不是一蹴而就的事情，它同时需要社区工作者的努力和居民的反馈。具体可通过以下方式发现社区居民的需求。

第一，在社区安置居民意见与需求反馈专用栏。让有需求的居民随时可以将自己的想法写下，并告知社区工作者。

第二，做居民需求调查。设计居民需求调查表，分别找具有不同特性的居民填写调查表，总结调查结果。

第三，展开社区公共议题讨论。定期、不定期召开公共议题讨论会，使社区工作人员有更多的机会与居民接触，了解和发现社区居民的需求。

第四，深入走访居民。与居民有更多的沟通交流，从日常交谈中发现居民需求。这需要社区工作者更多的时间与精力，同时得到的结果也更有价值，因为很多隐性需求无法体现在调查表里，深入交谈的过程中可能会有意外的收获。

在社区治理工作中，社区工作者可以通过上述问卷调查、访谈或社区实务过程中个案研究的方式对社区居民需求进行调查统计。在此基础上，社区将获得和掌握的居民需求按类别分层划入马斯洛需求层级体系，以划归为"生理需要"层级的居民需求为优先解决的问题，之后逐渐向高等层级递减其操作优先性，优化社区治理工作（见图4）。

4. 如何链接社区"资源"和"需求"

社区资源的有限性和社区需求的无限性之间的差异是产生社区矛盾的重要原因。基于社区资源有限这个现实，我们需要借助社区资源与社区需求的

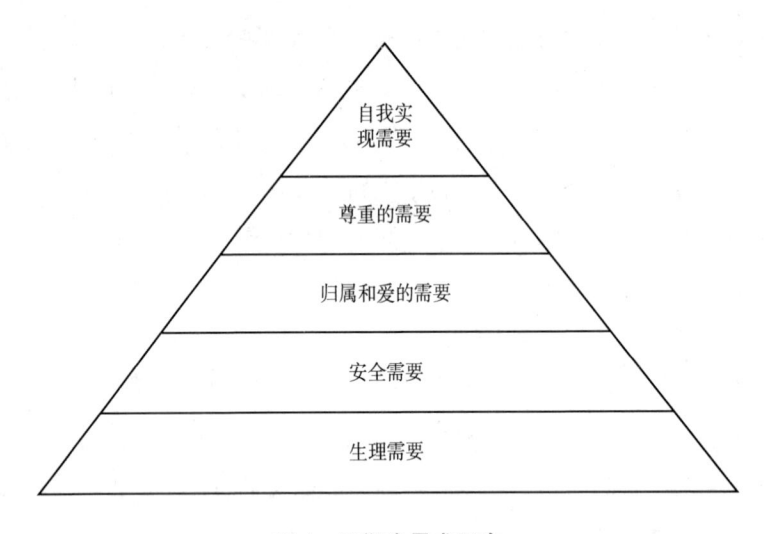

图 4 马斯洛需求层次

有效链接，即社区资源的整合与再配置，将有限的社区资源尽可能地应用于无限的社区需求当中。社区资源整合的根本目的在于互助，即社区资源重新再分配的要求是达到资源和需求各主体之间多方共赢的效果。通过科学整合社区各种人力、物力以及虚拟资源，为社区搭建一个资源科学分配、统筹调度的"资源—需求"中转站，以期实现各方互利双赢，进而推进社区治理进程的效果（见图5）。

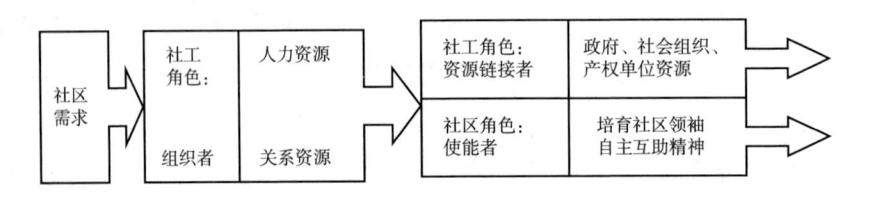

图 5 链接社区"需求"与"资源"示意

将社工的角色转变为一个组织者，人力资源和关系资源可以首先进入"资源"与"需求"链接的过程中，例如解决社区房屋维修的问题，我们就可以找到一些存在这一问题的居民一起聊聊。兴许在谈到可以从政府和产权单位处得到某些支持后，居民们能提供一些你不了解的资源，就像说某个住户退休前是水暖工，某个维修公司服务好、价格低等。在大家共同的参与之下，我们就有可能找到最有效地运用各种资源的方式。

接下来，社区工作者继续转变角色，一方面成为一个资源链接者，去寻求政府、社会组织、社会单位的支持，另一方面成为一个使能者，动员居民协助链接那些他们提出的资源。

社工强调培养居民自觉、自助、互助的精神，旨在挖掘社区物质和智力潜能，最大限度利用社区组织资源，提高社区的整合程度，服务于社区需求，形成"以人为本"的平衡，让这种参与成为一种长效机制。

（四）社区服务与管理

1. 如何拓展社区服务

社区服务要随着社会变迁、社区发展而不断拓展与提升，包括福利性服务、行政事务性服务和商业性服务。福利性服务主要面向社区内各类弱势群体开展，包括老年人、残疾人、青少年、贫困居民等，此类服务在一些社区是社区服务的核心内容，比如老旧小区。做好此类服务的拓展，首先就要多与服务对象交流，畅通他们的需求表达渠道，了解他们的个性需求，并且注重促进服务对象互助网络的建立。其次要做到服务的精细化，推陈出新。行政事务性服务的拓展空间不大，但提升这类服务可以通过完善服务流程、严把工作规范等手段提高社区工作者工作效率，从而为拓展其他服务腾出时间和精力，这需要我们更多关注社区工作者的能力建设。商业性服务的拓展也就是去加强社区自我的造血功能，为居民生活提供便利，需要对资源进行有效的整合利用。为了保证商业性服务的质量，社区一方面需要加强政策法规的学习，另一方面需要建立起完善的准入、监督和评估机制。拓展服务和拓展市场一样，除了必要的经济资本外，还依赖于自身的社会资本和人力资本量。社区拓展服务其实就是利用人力资本拓展社区的社会资本量，然后利用越来越优越的社会资本为社区居民、业主提供日渐优质的服务。具体做法包括以下几个方面。

第一，人力资源的培养。社区服务的提供依赖于优秀的社区工作者，优秀的社区工作者往往具备强烈的服务精神、严谨的工作态度、丰富灵活的处事经验、较强的沟通协调能力等。一名优秀的社区工作者往往能够以一当十，为社区服务带来不可估量的财富。所以在拓展服务时，人力资源的培养是首要的。

第二，社会资本的建构。主要是指社区资源的拓展和整合。充分了解社区所具备的资源，例如政府资源、物业资源、市场资源、驻区单位资源等，和这些资源主体通过互惠规范建立良好关系，并将其整合到社区服务上，形成重要的社会关系网络。

第三，资源和服务需求的对接。资源是社区的财富，财富如何运用主要取决于居民、业主的服务需求。居民服务需求的了解也是依赖社会资源网去直接、简单地了解，在这个基础上再制定对策、组织活动去满足。

2. 如何选择有效的社区管理方法

第一，选择社区管理方法的原则。社区管理的方式方法是否能够有效应用于社区，需要通过社区实务予以验证和考量。本文认为，在制定和选择社区管理方法时，需要大体遵循以下六项原则进行考察和分析。一是社区管理方法是否有理论支撑。无论是高档小区，还是老旧小区、保障房小区，在社区管理方法的制定上，首先应注重社区所选择的管理方法是否有理论支持。相较于凭空设想的社区管理方法，有理论基础的社区管理方式或许更为有效。二是社区管理方法应完整体现"以居民为本"的治理理念。人本主义的盛行强调了"以人为本"在当今的重要地位。相似的，在社区管理方法的选择上，我们也应强调社区居民在社区治理过程中的基础性作用。"以居民为本"，不仅是社区管理方法选择上的考量，同时也是社区服务的重要指标。三是社区利益整体化原则。这里强调的是注重社区管理的目标，即通过有效的管理，达到社区内个人、家庭、组织、社区整体的共赢，促进社区经济、文化、教育的发展。四是自助与互助的原则。虽然现阶段的社区管理中，政府依旧起到一定的主导作用，但是社区管理走向自治是一个趋势。那么只有充分调动社区居民发挥自助与互助精神的管理方式才是更加实用和可持续的。这里还涉及一个居民参与的组织化问题，也就是社区的管理方式一定不是只有社区工作者在做，而是组织居民最大限度地参与其中、乐在其中。五是矛盾早预警的原则。在选取某种社区管理方式的时候，要分析清楚这一管理方式可能带来的阻碍力量是什么，和它会带给社区什么样的矛盾和问题，对这些矛盾做到提前的预警和应对方案，或是放弃一些不适合本社区的管理方式，避免得不偿失或者走很多弯路。六是社区管理方法应在社区实务中获得验证。社区治理模式是否能够良好应用于该社区，这需要不断地进行社区实务予以验证。可能源于高档社区居民文化水平等因素，其他社区的某些治理方法并不适用于此，因此，基于社区个案研究，推广至社区整体实务对社区管理方法进行考量，并在不断的社区工作实践中，对社区管理方法进行修正，是形成更为切实有效的社区管理方法过程中必不可少的一环。

第二，社区管理及治理模式的提炼在遵循如上原则的基础上，开展社区管理应该从以下方面进行进一步的考量。

（1）发挥党委作用。党对社区的领导首先体现在社区建设过程中社区党组织能及时知晓、准确地把握党的政策，并紧密结合本社区的实际情况，推进和谐社区的建设。社区党组织也是加强党和政府同社区居民群众联系的桥梁。处在社会基层的社区党组织，是了解社情民意的最前沿，能够及时准确地了解群众的甘苦，摸清群众的脉搏，要义不容辞地承担起社区各方利益主体的利益诉求，扮演好民意表达者的角色，将社区内物业公司和居民群众的利益诉求综合、筛选、协调，形成共同的利益要求，并加以准确表达，这应当成为社区党建高度关注的问题。

社区党组织是社区文化建设的主导力量。在各种思想、文化相互激荡的大背景下，社区中人们的价值观、生活方式、思想道德和文化水平都有相当大的差异，社区党组织要有效地把社区党建工作和社区文化建设紧密结合起来，倡导社会公德、家庭美德、职业道德"三德"融合的社区文化建设，协调和利用社区资源开展丰富多彩、健康有益的文娱活动，提高社区思想政治工作的整体水平。

（2）居委会和社区服务站的关系。社区设有社区党委、社区居委会和社区服务站，也称"两委一站"，是社区治理的主体。社区居委会下设社会文化教育科普和体育委员会、医疗和计划生育委员会、服务和社会福利委员会、共建和协调发展委员会、环境和物业管理委员会、社会治安和人民调解委员会等，各个委员会之间分工明确，由专职委员负责专项事务的协调。居委会和社区服务站虽然有明确的职责分工但在实际工作中却是相互依存、互为补充的。过去居委会承担了大量的行政事务,成为政府在基层社会的"腿",影响了居委会自治功能的发挥,后来社区服务站成立运营,分担了许多原由居委会承担的工作,但是在实际运作中居委会和社区服务站并不能完全分离,一些社区在实际的社区管理工作中逐渐形成了居站合一的形式,人员也是交叉任职的,在工作上可说是"你中有我、我中有你"。

(3) 业主委员会与物业公司。物业公司是现代社区管理中一个不容忽视的主体,尤其是在单位社区解体后出现的各种高档混合小区里。物业公司是专业化的管理机构,具有独立的经营自主权,进行市场化的运作。因此,理顺居委会、物业公司、业主委员会的关系,是实现社区优治理的保证。具体做法如下:帮助业委会正确处理与房地产开发商和物业公司的关系,把解决房产移交后的遗留问题与维护业主的合法权益结合起来。业主入住小区以后,并未结束与房地产开发商之间的关系。这些关系主要体现在合同关系、利益关系和制约关系三个方面。具体来讲,围绕房地产开发商售楼合同的承诺兑现问题,经常会引发纠纷。而开发商是社区共建单位的基础,有的物业公司是独立运作的,有的则是开发商的子公司,所以在经济和管理上,物业公司和开发商有着千丝万缕的关系。业主委员会是在小区物业管理区域内代表全体业主对物业实施自治的组织。社区居委会是社区自治的主体,社区居委会在组织上和政治上对业主委员会进行领导和指导。如为了理顺关系,绿色家园社区居委会和业主相互配合,形成合力,共同指导和监督物业公司搞好居民住宅小区的管理和服务,这样就大大提高了社区治理中治安、环境卫生等方面管理的效率。

(4) 社区社会组织、驻社区单位的参与。社区中有行政组织、经济组织、自治组织和新生的体制外组织等众多类别的社区组织,这些组织是社区发展的基础,是和谐社区建设和治理的组织资源。社区党组织要协调好与各类组织之间的关系,在依法发挥各类组织积极作用的过程中体现党的领导核心作用。这其中要把握好以下两个关键点。一是要正确处理好组织之间的关系。处理社区中各种组织之间的关系,充分发挥社区居民自治组织协调利益、化解矛盾、排忧解难的作用；同时，要处理好与驻社区行政企业事业单位的关系；还要处理好与社区内新生组织的关系，充分发挥社团、行业组织提供服务、反映诉求、规范行为的作用，调动新经济组织、新社会团体等新生组织的积极因素，促进社区成长。二是要大力扶持发展包括文体性、公益性在内的各类社区社会组织，让社区社会组织分担大量的原来由社区居委会承担的公共事务，从而使其成为社区治理的重要力量，形成协同治理的合力。在分析社区治理主体及作用的基础上，选择和凝练社区治理方法。有效的社区管理方法需要经过理论和实践的评估才能决策出来。其一，方法源于解决实际问题的需求。方法是要解决社区治理中的实际问题，例如资源整合、满足居民（业主）需求、推动居民自治等。其二，方法经过经验丰富的社区管理者和专家的评估。也就是要在理论上做出评估，如果可行可以进行下一步工作。其三，小规模的实验。方法可以先从小规模开始实验，再由专家和社区管理者评估实践效果，最后逐渐扩大规模，用于整个社区的管理。

如双合家园保障房社区拟推行"五位一体"的社区日常管理模式，即成立由社区党委、居委会、服务站、社区物业公司和以业委会为主的社会组织五方主体组成的社区日常管理委员会，负责社区的日常管理和服务工作。朝阳公园社区根据其高档社区居委会难进小区的特点构建了"居物联合型社区治理模式"，老旧小区根据其特点形成了"准物业管理模式"。

（五）社区团队建设与治理

社区工作者作为社区各项工作的组织者、推动者、执行者和使能者，在社区建设中起到至关重要的作用，而一个社区的良性运转离不开社区工作者的团队建设与治理。

1. 怎样当好"领头雁"

在社区工作中，当好"领头雁"不但需要具备一般领导的素质，而且还应当根据社区工作的特殊性，注重一些价值的把握和技巧的培养。一是擅长采用优势视角看问题，能够挖掘、整合社区资源，不断激励社区工作者的工作热情。二是懂得如何赋权，有的放矢的将工作进行分配，而不是全部亲力亲为，让工作者在团队中实践、学习、成长。三是尊重人和人的价值，并且在团队中不断倡导和灌输这一社区工作核心价值。四是勇于承担责任，具有自信和坚强的意志。五是发现社区问题的能力突出，拥有比一般社区工作者更为敏锐的洞察力，能够及时发现社区问题，并充分调动社区资源加以解决。六是具有正向个人魅力，可以感染大家一起行动。七是善于听取意见，及时正确地把握事件发展方向，并具有把握全局的能力。八是突出的工作能力和工作经验，基于多年的社区工作经历，能够利用自身经验较好解决面临的社区问题。

2. 如何做到"独当一面"与"互相补位"

针对不同的社区工作，每个社区工作者都要有自己固定的分工领域。基于传统的划分方式，对于党建、青少年、低保、环境等工作内容均有专人进行主管。社区工作者从参与社区服务到主管某个工作领域，其通过社区实务不断积累经验、突出锻炼某一工作领域的服务能力，从而在提高自身后，能够在分管的工作领域上做到"独当一面"。但是，由于社区工作的复杂性，社区服务内容多涉及不同领域，因此在每个社区工作者"独当一面"的基础上，需要不断借助服务项目创造社区工作者之间的合作机会，进而培养社区工作者的团队意识和"相互补位"的能力。努力使每个社区工作者都能在对自己分工领域"独当一面"的同时，也能够协助其他社区工作者完成社区服务项目。

"独当一面"的能力不是简单的独立解决问题的能力，而是极强的综合能力和资源协调能力。一个人的能力一般体现为知识的广度和专业的深度，在一个分工细化的内部，"独当一面"的能力往往偏重于专业技能的深度，在对外协作方面的独当一面更是综合技能的体现。在社区工作中做到"独当一面"需要注意以下几点。

（1）从小事开始，不断反思，不断进步。任何能力的培养都是从小到大、由简入繁，小问题往往反映的是大道理。很多时候都要从小事情做起，不断地思考和改进，考虑以后遇到类似的事情应该如何处理，或者如何能够做得更好。多个小事情经验的积累往往就能够为自己独立解决大问题奠定基础。

（2）实践驱动问题解决，提升独当一面能力。能力培养一定是问题和实践驱动型的，而不是理论驱动实践的。实践驱动在问题解决后才能够有真正的验证标准，才可能进行实践活动的分析和总结，形成分析解决问题的方法用于下一次实践。

（3）严密逻辑思维，增强资源整合能力。一个人不可能是所有专业领域的专家，"独当一面"也不是说所有事情都要你去做，但是你要能够说清楚，能够提出清晰的思路和方法，能够协调和整合好资源，能够完成既定的目标。

社区工作是一个团队工作，个人不单会独当一面，还要根据需求能够做到相互补位。

（1）团队意识培养。"补位"需要大家有较强的社区责任感和集体荣誉感，在社区团队建设方面就需要注重培养团队意识，以大局利益为重。

（2）岗位的轮换制度。在一些岗位上，社区可实行工作者轮换制度，工作人员交换心得，同时实际体验岗位要求，锻炼社区工作者多个岗位上的实践能力，使互相补位能及时实现。

3. 如何发现和培养"社区领袖"

"社区领袖"是一个舶来词。在西方，它的本意是指社区里的精英分子。在我国，"社区领袖"多指社区带头人，即在解决社区矛盾、居民问题，建设社区精神方面，有示范性作用的热心居民。一般来讲社区领袖具备以下特质。一是积极参加社区各类活动。社区领袖往往对社区的各类活动比较热心，也会积极去参加这些活动。二是良好的人际关系。社区领袖不单自己积极参加活动，还会动员周围的人，他们一般和社区其他居民的关系比较好。三是优秀的说服力和领导力。社区领袖动员别人的时候就是说服力和领导气质展现的时刻。四是强烈的责任心。社区领袖一般都会具有强烈的责任心，能够以身作则倡导一些文明或健康的生活方式等。五是一定的社会影响力。社区居民如果有一定的社会影响力，其成为"社区领袖"后对其他社区居民产生的影响就会更大，也有利于更好地服务社区居民，维护该区居民正当权益。

那么，如何发现"社区领袖"呢？要发现具备这些气质的居民，就需要在实践互动中不断地观察和验证。社区精英是社区的宝贵资源，下面我们就来仔细分析如何发现社区精英，并通过评估等程序，筛选出可以成为社区领袖的居民。一是仔细观察。在一个社区事件中，通过观察我们就会发现一些经常给予社工意见、帮助居委会发现问题或是主动为居委会提供资源的居民，这些居民就应当引起社工的注意。二是了解参与动机。这里的动机有可能是希望通过自己的参与和努力实现一些目标，有可能是希望自己有影响力，受人尊重或重视，也有可能是希望有人认同自己及自己的主张或行为，还有可能是希望自己能够主持公义，为社区服务，达到自我实现。当社工发现这些居民的行为使某项社区工作得到支持、帮助，或是一定程度上促进了社区的发展时，那么一个潜在的社区领袖就可能被发掘出来了。

如何培养"社区领袖"？首先，要引导他们树立以社区公众利益和社会公义为己任的价值观，并且试着去将他们的自我成就感和自我实现与社区公益价值相连接。其次，要协助他们学习分析相关政策，认识权力资源的分布，帮助他们了解政府组织结构和工作机制，同时为他们创造机会与社区外部资源链接，从而鼓励他们去进行组织、策划和决策，为居民谋福利。再次，对他们进行技能方面的培训或是小组形式的领袖培训，培养领导能力，特别是组织集体行动的能力。最后，在日常活动和管理中增加其号召力和影响力，提高他们在社区居民中的认可度，最终使他们成为"社区领袖"。

（六）社区自治与志愿服务

1. 社区自治与志愿服务的形式

社区居民自治，是指社区居民自我管理、共建社区的过程。其原则是社区居民"自己管理自己的事情""大家的事大家办"，作为基层民主形式，主要表现为居民广泛参与。以朝阳公园社区为例：首先，朝阳公园社区的居民自治是党领导下的有序自治，坚持党对社区工作的领导，建立了楼道党支部，有比较完整的选举、听证、公开制度。对于社区居委会班子的选举，完全按照上级文件的精神，由居民选出居民代表，再由居民代表大会选举产生。在居委会的门前有社区公开栏，分为财务公开、政务公开和职责公开等。其次，朝阳公园社区居民自我管理社区、自己建设社区，为社区管理和社区建设尽职尽责的社会意识比较强烈，社区通过多种方式调动居民参与社区建设的积极性，建立了自己的志愿者队伍。第三，朝阳公园社区重视社区内共建单位的合作，携手为社区服务。每年街道拨出五万元作为社区一年的活动经费，包括办公、做活动等各种费用，然而这个数字远远不能满足需要。朝阳公园社区解决的办法就是与物业及共建单位联手，资源共享，共同为居民服务。社区每年举办的"跳蚤市场"活动，由居委会负责组织活动与节目，物业负责出资和通知业主，朝园公园市场负责提供场地和保安，活动每次都举办得相当成功。

志愿服务是社区居民、组织、机构等参与社区治理和社区服务的重要形式，是不同社区形成社区特色的重要内容之一。居民需求在不断增加，志愿服务工作开展的范围也应随着有所变化，志愿服务项目的设计需要在深化已有的常规志愿服务项目的基础上，紧密结合社区实际需求和社区特点，不断加强志愿服务内容的针对性和实效性。作为一个国际化社区，朝阳公园社区居委会的工作人员能够有效吸收外籍人员加入志愿者队伍，如某美国心理学博士在居委会的介绍下，加入志愿者服务队伍，为居民们提供心理疏导等志愿服务，并表示很喜欢社区工作，也教会了社区工作者很多心理知识，展现了"洋博士"志愿服务的模范作用。

2. 社区参与

居民参与是社区居民自治的前提条件，也是居民自治发展水平的重要指标。社区居民自治层次以参与程度区分一般有三种。浅层次参与包括居民对社区不良现象发发牢骚，也表现了对社区的认同感，有潜在参与意识，但有时是负面参与，而非有效参与。较深层次参与包括提建议、参与社区活动等。社区有老有少，人们工作有忙有闲，有的居民无暇顾及社区实际活动，仅是提出建议。深层次参与则是指居民亲自行动并发动其他居民参与社区活动。

如何推动社区参与？社区建设的核心理念是"以人为本"，核心行动是"社区参与"，社区居民是最重要的社区参与主体，社区参与的客体是社区经济、政治、社会和文化等事务，社区参与的心理动机是公共参与精神，社区参与的目标取向是社区发展和人的发展。主要通过以下方式推动社区参与。

第一，推动社区居民参与制度建设。推动居民参与社区制度建设，确保社区居民行使民主权利的渠道畅通、机制完善，社区居民的主人翁地位才有保障，居民的知情权、选举权、决策权、管理权和监督权才能得以实现。比如通过成立业主委员会构建居民的社区参与环境和制度平台。坚持政府和社区以及社区成员之间的公开、民主、平等的社区沟通，建立一套社区信息公开制度，让社区群众知道政府在社区建设方面的整体规划和建设目标，了解社区建设的各个环节和操作过程。

第二，培养社区居民对社区的认同感、归属感，激发居民关心社区公共事务的动机。每个社区都具有独特的社区特色和文化特性，通过宣传、倡导、服务等形式使居民了解社区、知晓社区、支持社区，从文体活动入手，通过拓展社区服务，以服务为核心，为社区居民创建社区参与的平台，在此基础上逐步消除居民内心的冷漠感与隔离感，增强对社区的认同感和归属感。

第三，提升居民参与意识和能力。创设一种民主化和公共化的生活环境，着力于社区民众自行主导、自主思考未来发展需要，主动关心并参加与自己生活休戚相关的环境规划设计、营造社区文化特色等，进而建立起人与人、人与土地、人与环境的亲密关系。引导社区居民积极参与社区建设的具体实践，使社区成员在用自己的力量解决共同面临的社区问题过程中逐渐建立起基于社区的长期互动的社会联系。

（1）一般居民。社区应为其提供经济、政治、教育、康乐和福利等方面活动的参与机会。例如策划一次为老年人打扫卫生的志愿服务，社区就可以通过宣传来招募志愿者，让有想法、有意愿却无从介入的居民参与到服务中来。当服务模式逐渐被参与者和服务对象双方接受的时候，社区可以协助组织志愿者队伍，并且充分赋权，给新孕育的社区自组织充分的机会去发现需求、策划服务和开展活动。

（2）社区弱势群体。例如居住在社区的残疾人、生活不能自理的老年人、处于康复期的精神疾病患者等，社区应当将他们的社区参与与社区为他们提供的服务相链接，最迫切需要达到的参与目标是缓解他们心理上的焦虑、自卑和失落，让他们感受到被社区所接纳。还可以尝试开展不同群体的小组工作，针对他们的共性问题开展活动，并协助其建立起互助网络。

（3）居民中的冷漠者。社区可以为他们开展一些与其需求相联系的、他们有兴趣的、开放式的社区活动，例如举办社区跳蚤市场并采用推销的方式鼓励其作为摊主参与其中，调动起他们的热情，并让他们在其中体会与社区居民互动的益处。

第四，对居民的社区参与予以物质奖励。诸如一些重大活动需要一定数量的社区人员参与时，就可以通过一定的实物补贴，作为参与社区活动居民的回报。可能基于社区经济基础和所获得财政支持的差异，社区居民每次参与的补贴价值不高，甚至只是一袋洗衣粉、一管牙膏等，但这些补贴是对于他们主动参与社区活动的物质肯定，相较于精神上的鼓励更为有效，这对于今后社区居民参与社区活动的意愿也有极好的促进作用。

3. 形成"社工+义工"的联动模式

社区服务和社区治理的思想和理论是否能够顺利应用于社区，关键在于执行者的选择和培养，也就是社区工作者队伍的发展。具体而言，"社区社工"和"社区义工"是社区工作的两个承担主体。社区社工，即专业社区工作者，他们是在社区服务中从事专门性社区服务工作的专业技术人员；社区义工，则是基于自愿，不以获得报酬为目的，无偿贡献个人的时间、精力和个人技术特长等资源为社区进行服务的非专业人员。社区社工和社区义工之间存在明显的差异，社区社工有着专业性的理论支撑和服务技能，而社区义工服务的专业性稍显缺乏。

一定数量的具备专业知识和服务技能的社区工作者（社区社工），辅以一定数量的社区志愿者（社区义工）是保证社区服务和日常管理工作良好运转的基石。因此，要着力发展"社区社工"，并通过"社区社工"的发展随之带动"社区义工"的壮大，产生"社工+义工"的联动效应，即通过社区社工的专业社区服务提升社区居民成为社区义工的意愿，以社区社工为基础、社区义工为纽带将社区和居民联系起来，为社区更好地服务于社区居民提供便利。社区吸纳一定数量的具有专业资格和知识技能的社区工作者，在社区日常工作管理中也能够为社区志愿者提供相对更为专业的社区服务理论知识，使其在实际社区服务中获得更大幅度的个人提升。更为关键的是，社区工作者提供的社区服务，能够在一定程度上使社区居民增加为社区服务的意识，也许社区居民并没有专业化的社工知识储备和专业的服务技能，但当越来越多的社区居民有为社区、为社区邻居服务的意识的时候，社区义工的壮大也就顺理成章，社区治理也就会更为顺畅和自然。

社会工作事务的承担主体包括两个方面：一是社工，即在社会福利、社会救助、社会慈善、残障康复、优抚安置、医疗卫生、青少年服务、司法矫治等社会服务活动中，从事专门性社会服务工作的专业技术人员；二是义工，是基于自愿，不以获得报酬为目的，以个人的时间、技能等资源无偿为社会服务，开展公益性活动的人员。目前，在国家的主导和推动下，深圳、上海、东莞、厦门等城市陆续开展了社工与义工联动的实践探索，我国各个城市的多个社区大力发展服务类社区社会组织，初步实现社区、社工、社会组织"三社"联动，积极推进"社工+义工"联动模式，努力把社区建设成居民和谐相处的社会生活共同体。当前，各种相关规章制度还不完善，各地因地制宜发展"社工+义工"联动模式主要有以下做法。

第一，加强理论研究与知识普及。在这一点上，香港的做法非常值得借鉴。从1978年起，香港特区政府社会福利署将社会福利界中需要社会工作专业化训练的职位与不需要社会工作的职位相分离，对于社会工作从业人员的入职要求以及职位序列均做了明文的规定，使社会工作职业化与专业化程度大大提高。可见，社工的职业化培训与发展有助于社工理论的提升与知识的普及。同时，加强在普通市民中社工、义工的宣传，使市民对其有一定的认识，对于社区社会工作的发展也非常重要。

第二，建立政府统筹支持、机构自主管理、公民广泛参与的有效机制。我国社会工作事业和义务工作事业均在政府主导推动下发展起来，都离不开政府支持，但是政府过多干预和包办，又容易造成"外行指导内行"，约束功能的正常发挥。在香港，政府奉行"统筹和支持社会服务，但是不干预、不阻挠"的态度，国外社会工作实践也证明，社会工作的主要承担主体是社工机构。政府应明确定位，全局统筹把握，主要是起到搭建平台和充当监督者的作用，在财税和政策方面提供大力支持，不要直接介入社工机构和义工机构的工作，而是尽可能培育多元化社会团体进行管理；同时要合理定位政府、机构团体、公民的角色，并能有效解决两工联动平台和载体缺失等问题。

第三，使社工、义工联动机制的服务队伍与对象更有效。在社工与义工联动实践中，组织较稳定的队伍是开展社工与义工联动实践的前提之一。目前来看，社工+义工治理模式的相关主体主要有民政局、团委、社工机构、义工联合会、义工和社工，有效的联动应当是上述主体之间的多项互动，即形成民政局与团委、社工机构与义工联合会、社工与义工三个层次的平行联动，同时，这三个层次之间也要形成纵向的互动。由政府机关统筹把握，社工根据服务项目需要招募义工、培训义工、组织义工、指导义工、监督义工、服务义工，形成合力，一名社工固定联系多名义工，义工负责广泛收集资料，掌握第一手情况，再由社工运用专业知识进行筛选，带领义工一同服务。同时，在社工与义工联动的适用范围上，应倾向于活动策划、社区服务类等，尽量减少个案服务。

第四，寻求多方资源支持，开展多元化服务。社会工作和义务服务工作的资金来源一般由政府出资、企业赞助和社会捐助等几方面组成。在我国，经费来源主要是政府出于公益事业的财政拨款，少量来源于公益基金。无论是在深圳还是在上海试行两工联动实践，对财政拨款用于购买社工服务方面的监督几乎为零，这是一种严重的资源浪费。在政府拨款使用方面，可借鉴香港的操作模式。香港成立义务工作发展局集中管理特区政府拨款及社会资助，按申请支持各类志愿社团的工作，义务工作发展局负责监督评估。另外，仅仅依靠政府财政拨款是远远不够的，政府转变职能定位，开展多元化社会工作服务、拓宽各类资金支持渠道，包括社会捐资、企业捐资渠道，集中广泛的社会资源以支持重要领域、重要环节、重要事项的社会服务，从而满足社会各领域各阶层的实际需要。

4. 如何发动居民自治解决社区问题

在我国，社区参与率低、参与机制不完善是制约社区参与的主要问题。社区参与不积极，那么发动居民自治解决社区问题就无从谈起。破解这一问题，将居民动员起来需要社区工作者遵循以下方法。

第一，发挥党员模范作用，形成居民推动居民共建社区的良好态势。充分发挥社区党员先锋模范作用，由党员带动非党员，逐步形成一个巨大的服务网络。社区可以成立一个活动小组，以社区党员为主，由热心居民共同组成，用实际行动营造居民自治解决社区问题的良好氛围，更好地实现社区居民自治。

第二，加大对社区居委会的支持，增强其自治能力。居委会是社区自治的基层组织，是发动居民自治的重要力量。一是要理顺政府与社区自治组织"指导"而非"领导"的关系。街道下放很多政务工作到社区，造成基层社区工作量大、工作压力大。政府要进一步简政放权，增强社区自我管理、服务、教育的自治功能，同时可以通过购买服务的方式，使政府在社区的有关工作逐步交由社会工作者承担，从根本上解决居委会负担过重的问题。二是要建立多元化投入机制，为社区居民自治提供物质基础。社区居委会必须有经济实力作为物质保障，才能更好地开展社区服务与活动。因此，政府、街道办事处在资金上要多给予一些积极扶持，同时在经费来源上由多个渠道筹集，充分调动共建单位、辖区单位的积极性，争取他们的捐赠赞助，多渠道筹集社区建设资金。

第三，广泛发动辖区单位参与社区自治。有效利用社区地理环境优势，充分调动社区共建单位的积极性，多开展与辖区单位的联谊会、座谈会、培训班等。发动辖区单位的志愿者参加社区活动，为社区业主义务服务。建立网上交流平台，随时沟通，在拉动共建单位支持社区自治项目的同时，帮助共建单位做宣传，互相帮助解决问题，形成互助互利的良好互动。

第四，增强居民对社区的认同感、归属感，使居民自觉参与社区自治。通过节日问候、祝福短信、温馨提示和举办活动等多种方式，强化社区居民"社区是我家、建设为大家"的意识，动员和组织社区居民主动、积极、广泛参与社区自治活动，参与社区的开发和建设。其中最主要的是通过开展健康、文明、丰富多彩的活动，如文艺演出、座谈会、讲座、节日喜庆会等，吸引居民群众关心社区，参与社区建设，同时也能够丰富居民的精神文化生活。活动不需大，但要精；活动不需专业，但要有情，每个居民都可根据自己的实际情况，参加志愿者队伍。由于中青年人业余时间不多，压力较大，主要通过老年人、儿童，带动中青年居民参与社区自治，如通过小手拉大手，带动全家参与社区建设。尤其是在两假期间开展有意义、形式多的活动，帮助学生在玩中学、在学中长、在长中认识社会。同时，作为家中重要成员的独生子女能带动家长参与到活动中来。社区应从强化居民当家做主意识入手，加大教育宣传广度、深度，提高他们参与社区事务管理的主动性和积极性。一方面，可能通过提供实实在在的服务，让居民群众切身感受到社区在他们生活中的重要地位，用利益把他们同社区紧紧连在一起，从参加社区活动，由浅入深，一步步加强自治意识；另一方面，要培养社区认同和社区文化，由共同的价值、观念和社区意识将大家联结到一起。

第五，推进居民社区自治制度化。居民社区自治制度化是社区自治最关键的一步。"没有规矩，不成方圆"，社区自治过程中要有规章制度予以引导和约束，明确社区自治过程中的责任和权力归属问题。这既是对社区居民组织尝试社区自治的指导指南，也是居委会辅助社区居民自治的规章手册。

第六，居委会适当赋权给居民组织。居民组织在社区治理中更多的功能在于提出建议，其实际权力并不大，因此很多居民组织难有大的作为，社区居民参与热情也不高。而且在高档小区，由于小区住户普遍社会地位较高，对个人空间的私密性也比较重视，因此社区居委会高频率、高密度的社区管理和服务也并不完全让业主满意。如果社区居委会适当赋权于居民组织，在社区自治制度的管理下，由居民自发形成的居民组织能够在与社区业主沟通时，让业主更能说出实际的想法，这非常有益于社区的发展和社区问题的解决。要认识到，赋权并不意味着居委会失去社区治理中的主导权，只是通过社区居民组织权力的适度增加提升居民组织的工作积极性，从而让居民愿意参与社区自治，共同解决社区问题。

第七，努力提升居民主动参与社区自治意识。通过社区活动等方式，强化居民的社区主人翁意识。借助于有社会影响力的社区住户，动员和组织社区居民主动、积极、广泛参与社区自治活动，参与到社区治理当中。社区应当从强化居民当家做主意识入手，加大教育宣传的广度和深度，提高他们参与社区事务管理的主动性和积极性，进而不断培养社区居民对社区的认同感和归属感，使居民自觉参与社区自治。

现阶段的社区居民自治是社会主义初级阶段的自治，还需要政府的强力推动。社区居民自治是服务实践过程中的自治，需要不断增强自治的能力。社区在实现居民自治过程中，不仅要培育居民自我的自治能力，而且要动员组织政府、社会、市场、社区等方方面面的力量，不断强化服务供给，全面提升和谐社区自治能力。

（七）社区治理的产出与评估

1. 社区治理的产出

所谓"产出"，就是指在社区治理过程中，提炼出来的成果或是具体产生的效用。"产出"是对整个社区治理过程的一个总结，它既是检验社区工作的指标，也标志着社区工作形成了一定的长效机制。社区"产出"，不仅指社区在社区治理过程中所获得的绩效和成果；同时也包括社区在进行社区工作和社区服务过程中形成的一套符合自身社区特点的，特有的社区工作模式和服务规范。社区的绩效"产出"是衡量社区治理成效的"硬"标杆，所形成的工作模式和服务规范则是衡量社区工作的"软"标尺（见表2）。

表2 社区治理产出内容汇总

社区治理"产出"	社区的成绩"产出"	社区文化档次提高
		社区环境水平提升
		社区安全保障能力增加
	社区工作模式和服务规范"产出"	形成合理的个案工作制度
		形成符合社区特点的工作模式
		形成完备的社区服务体系
		形成合理的社区服务规范

2. 社区治理的评估

社区治理成效如何，是否解决了社区问题、满足了居民需求，是否让居民满意？都需要通过社区评估的方式进行信息收集和分析。社区评估可以分为需求评估、过程评估和结果评估三类，在这里本文重点分析如何进行结果评估。

首先要明确结果评估的目的。做好评估，一是为了协助相关的行政决策；二是为改善社区服务质量提供依据；三是为了要确定服务接入和期望结果的因果关系；四是要确定社区服务方案目标的达成程度；五是要对出资方、政府等上级部门给予交代；六是为了获得持续不断的资源支持。

在了解了社区评估的目的之后，就要按照科学的程序来开展社区评估。第一步是明确评估的目标，如上述目标中哪些是最突出需要完成的要进一步明确。第二步是收集资料，收集资料的方式可以通过问卷调查、访谈、焦点小组等，这一阶段还要明确评估检验的是产出还是影响，注意正确使用评估资料。第三步是确定评估内容，即确定需要对哪方面的社区工作内容进行评估分析。第四步是根据所要评估的内容，通过网络调查、电话调查、座谈会等形式了解社区居民对社区工作的满意度、前期社区工作不足等信息，并对反馈信息进行统计整理。第五步是根据收集统计的信息，与社区预期的治理服务目标比较得失，生成评估结果。第六步是根据评估结果确定今后社区工作的方针，并及时将社区下一步的工作重点反馈给社区居民，了解居民态度，对社区工作进行优化。因为评价社区治理优劣的决定权在社区居民手上，"只有居民满意，才是真的满意"。

怎样整理和总结社区治理经验，形成有特色的治理模式呢？以天福园社区为例，高档社区居民文化水平、个人素质和社会地位普遍较高，其最需要强调的就是"科学化"治理的概念，包括科学利用现有社区资源、科学化的社区服务、科学化的评估体系等高档社区科学治理的方式方法。一是"科学化"的首要位置。二是需求与资源的科学协调。社区治理需要从社区需求出发，而社区需求需要借助社区资源加以解决，科学利用现有资源，使其最大化程度满足居民现有需求就是社区治理的着力点。三是科学化的社区服务。高档社区居民所需要的社区服务贵在"精",而不在"多"。因此,社区服务水平和社区居民所需之间是否能够衔接?居民有需求社区就有服务的能力是否完备?这也是考察高档社区治理优劣的关键点。四是科学化的评估体系。应逐步完善治理评估在社区和居民之间的互动过程,使社区治理评估更为有效和可靠。

附录三　访谈提纲

尊敬的朋友，您好！

谢谢您百忙之中抽出时间接受本课题的访谈，您的大力协助将有助于课题的顺利开展！

本课题"北京城市社区权力结构及其运行机制研究"是受北京市教委委托开展的一项学术研究。本人是从事社区工作教学和研究的教师。在访谈开始前，需要向您说明的是：本课题采用质性研究方法，运用深度访谈的形式搜集资料。在访谈过程中需要录音。本课题严格遵循学术研究伦理和规范，受访者的姓名均使用编号，不会给您带来任何影响，请您在访谈过程中畅所欲言，表达自己的个人观点。深度访谈的时间需要 1～2 个小时，请您留出时间。

一　了解受访者的基本资料和对社区以及社区建设的认识

1. 受访者参与社区工作的动机

（1）请您谈一谈最初您参加社区工作的原因和动机？您当时有那些理想和目的？您是怎样成为一名街道办事处书记或主任的（街道办事处社区建设科科长、社区建设科外勤人员、社区主任或书记、社区居民代表大会代表、楼门组长、业主委员会或筹备会委员、志愿者）？

2. 受访者对社区和社区建设以及社区工作的认知状况

（1）您对社区的看法是什么？

（2）您对我国社区建设的看法是什么

（3）您对我国社区工作的看法是什么？

3. 受访者对于社区资源的了解和认识情况

（1）开展社区工作要运用很多的资源，您认为这些资源都包括哪些？

（2）目前在您的社区内外都有哪些资源是可以利用的？从您从事（参与）社区工作时，运用过哪些资源？

（3）您是怎样和这些资源的拥有者或者管理者进行沟通联系并取得资源的？

（4）在寻找资源过程中是否遭遇困难或者挫折？您如何应对这些困难和挫折？

二 了解受访者开展（参与）社区工作的情况

1. 受访者开展（参与）社区工作的成果

（1）自从您担任街道办事处书记或主任（街道办事处社区建设科科长、社区建设科外勤人员、社区主任或书记、社区居民代表大会代表、楼门组长、业主委员会或筹备会委员、志愿者）以来，为社区增添了哪些福利设施或者服务项目？

（2）您曾为社区居民或者受政府委托在社区（指导）举办过哪些活动，组织了什么团体？

（3）您曾为社区居民（指导）解决过哪些生活问题？提供过那些福利服务？

2. 受访者确定社区问题和需求以及做决策的方式

（1）当您要举办社区活动或者提供服务前，您如何确定社区的问题以及提供服务的必要性？您会找其他人一起商量吗？您会找什么样的人？为什么？能说出几个具体的人吗？

（2）当您要做出某项决策时，一般的程序是什么？您会考虑哪些人的意见？为什么？能说出几个具体的人吗？

（3）您认为对本社区的发展和决策能产生影响的人有哪些？为什么？

你对他们的看法是什么？你和他们的关系如何？

3. 受访者组织动员能力与方式

（1）你们社区居民代表大会多长时间召开一次？每次有多少人参加？都是哪些人（比如居民、驻区单位代表）？

（2）你们社区已经成立了哪些社区组织？一共有多少成员？这些成员有多少可以随时出来参与社区活动或者提供服务？

（3）你和社区组织怎样联系？你怎样取得他们的信任和支持？

（4）如果社区要开展一项工作，由您负责组织一个10人团队，您会选择哪些人进入您的团队，为什么您会选择这些人？（您会考虑这些人的什么特点？）

三　受访者的一些工作心得和感受

1. 受访者的工作经验心得与工作困境分析

（1）从事社区工作这么多年，过去的工作中让您感到最满意和最不满意的是哪些事情？

（2）您认为是哪些人或者因素促成了工作的成功？

（3）在工作中难免会遇到让人沮丧和产生挫败感的事情，您是怎么解决的，能举一个实例吗？

2. 受访者对目前社区工作存在问题的看法和分析

（1）您的社区目前能为居民提供哪些服务和活动？这些服务和活动的目标是什么？

（2）假如在社区推广某项政策，需要联系相关单位一起提供长期的服务，您觉得社区可能做到吗？

（3）如果不能做到，那么这个阻碍和造成困难的原因是哪些？

四　受访者对目前社区工作新动向的看法

1. 对社区服务站和居委会的看法

（1）您认为什么样的人可以从事社区服务站和居委会的工作？

（2）您认为社区服务站和居委会各自的工作范围是什么？两者之间的关系是什么？

2. 对社区居委会、业主委员会、物业公司的看法

（1）您认为业主委员会的人员应该具备什么特点？

（2）您所在的社区的物业公司的工作状况如何？

3. 在街道—居委会关系体系中，您怎样看待二者各自的权力？

五　了解受访者对于政府相关单位、专家学者以及专职社区工作者的定位和看法

1. 受访者对于政府以及相关单位的功能的看法

（1）您认为在推动社区建设的过程中，民政部，市、区政府的主管人员对于社区提供了什么帮助？或者限制？

（2）这些帮忙和限制对于社区有什么好处？有哪些引起不便或者失败？

（3）您希望他们用什么样的方式来帮助你？

2. 受访者对社区专家学者和专业社会工作角色功能定位与期待

（1）在社区工作中是否会有一些专家学者、教授来社区做评估、规划和给予一定的评价？他们怎样做？

（2）这些专家学者是否会给出一些建议？您是否会听取这些建议？这些建议是否有利于社区工作的开展？

（3）您希望专业社会工作者以怎样的方式来帮助您推广社区工作呢？

参考文献

一　中文文献

（一）专著类

1. 〔美〕彼得·布劳:《社会生活中的交换与权力》,孙非等译,华夏出版社,1984。

2. 〔美〕丹尼斯·朗:《权力论》,陆震纶、郑明哲译,中国社会科学出版社,2001。

3. 〔德〕斐迪南·滕尼斯:《共同体与社会》,林荣远译,商务印书馆,1997。

4. 〔澳〕马尔科姆·沃特斯:《现代社会学理论》,华夏出版社,2000。

5. 〔美〕凯特·纳什阿兰·斯科特主编《布莱克维尔政治社会学指南》,李雪、吴玉鑫译,浙江人民出版社,2007。

6. 〔德〕马克斯·韦伯:《经济·社会·宗教》,上海科学出版社,1997。

7. 〔德〕马克斯·韦伯:《社会科学方法论》,杨富斌译,华夏出版社,1999。

8. 〔美〕塞缪尔·亨廷顿:《文明的冲突与世界秩序的重建》,新华出版社,1997。

9. 〔法〕布迪厄、〔美〕华康德:《实践与反思:反思社会学引论》,李猛、李康译，中央编译出版社，1998。

10. 〔法〕费埃德伯格：《权力与规则》，张月等译，上海人民出版社，2005。

11. 〔法〕福柯：《规训与惩罚》，刘北成、杨远婴译，三联书店，1999。

12. 〔法〕涂尔干：《社会分工论》，渠东译，三联书店，2000。

13. 〔美〕布劳、梅耶：《现代社会中的科层制》，马戎、时宪民、邱泽奇译，学林出版社，2001。

14. 〔美〕科尔曼：《社会理论的基础》，邓方译，社会科学文献出版社，1999。

15. 〔美〕帕森斯：《社会行动的结构》，张明德、夏遇南译，译林出版社，2003。

16. 〔美〕特纳：《社会学理论的结构》，华夏出版社，2001。

17. 〔希腊〕波朗查斯：《政治权力与社会阶级》，叶林、马清文译，中国社会科学出版社，1982。

18. 〔意〕帕累托：《精英的兴衰》，刘北成译，上海人民出版社，2003。

19. 〔美〕罗伯特·S. 林德、海伦·M. 林德、米德尔顿：《当代美国文化研究》，商务印书馆，1999。

20. 〔美〕罗伯特·达尔：《现代政治分析》，王沪宁、陈峰译，上海译文出版社，1987。

21. 〔美〕罗伯特·达尔：《多头政体——参与和反对》，谭君久、刘惠荣译，商务印书馆，2003。

22. 〔美〕杜鲁门：《政治过程——政治利益与公共舆论》，陈尧译，天津人民出版社，2006。

23. 〔美〕华尔德：《共产党社会的新传统主义》，龚小夏译，香港：牛津大学出版社，1996。

24. 〔美〕彼德·布劳：《社会生活中的交换与权力》，孙非、张黎勤译，华夏出版社，1987。

25. 〔美〕丹尼斯·K. 姆贝：《组织中的传播和权力：话语、意识形态和统治》，陈德民等译，中国社会科学出版社，2000。

26. 〔美〕科恩：《论民主》，商务印书馆，2004。
27. 〔英〕迈克尔·曼：《社会权力的来源》，刘北成、李少军译，上海世纪出版社，2007。
28. 〔美〕戴维·斯沃茨：《文化与权力：布迪厄的社会学》，上海译文出版社，2006。
29. 〔德〕诺贝特·艾利亚斯：《论文明、权力与知识》，刘佳林译，南京大学出版社，2005。
30. 〔美〕托夫勒·阿尔温：《权力的转移》，刘江等译，中共中央党校出版社，1991。
31. 〔美〕莱瑞·赖恩：《社区社会学》，徐琦译，中国社会出版社，2004。
32. 〔美〕威廉多姆霍夫：《谁统治美国：权力、政治和社会变迁》，吕鹏、闻翔译，译林出版社，2009。
33. 〔美〕乔治·S. 布莱尔：《社区权力与公民参与》，尹佩庄、张雅竹译，中国社会出版社，2003。
34. 〔美〕乔纳森·H. 特纳：《社会宏观动力学：探求人类组织的理论》，林聚任、葛忠明译，北京大学出版社，2006。
35. 〔美〕华勒斯坦等：《学科、知识、权力》，三联书店，1999。
36. 〔美〕诺曼·K. 邓津等：《定性研究：经验资料收集与分析的方法》，风笑天等译，重庆大学出版社，2007。
37. 陈伟东：《社区自治——自组织网络与制度设置》，中国社会科学出版社，2004。
38. 〔英〕J. C. 亚历山大：《国家与市民社会：一种社会理论的研究路径》，邓正来译，中央编译出版社，2002。
39. 丁元竹：《社区研究的理论与方法》，北京大学出版社，1995。
40. 戴建中主编《2007年：中国首都社会发展报告》，社会科学文献出版社，2007。
41. 单菁菁：《社区情感与社区建设》，社会科学文献出版社，2005。
42. 窦泽秀：《社区行政——社区发展的公共行政学视点》，山东人民出版社，2003。

43. 费孝通：《乡土中国》，三联书店，1985。

44. 费孝通、张之毅：《云南三村》，天津人民出版社，1990。

45. 侯玉兰等主编《国外社区发展的理论与实践》，中国经济出版社，1998。

46. 胡忠明主编《现代城市街道管理》，广东人民出版社，2000。

47. 唐娟主编《城市社区业主委员会发展研究》，重庆出版社，2005。

48. 康晓光：《权力的转移——转型时期中国权力格局的变迁》，浙江人民出版社，1999。

49. 雷洁琼主编《转型中的城市基层社区组织》，北京大学出版社，2001。

50. 刘继同：《社区就业与社区福利：劣势妇女需要观念与生活状况》，社会科学文献出版社，2003。

51. 黎熙元、何肇发：《现代社区概论》，中山大学出版社，1998。

52. 孙立平：《转型与断裂——改革以来中国社会结构的变迁》，清华大学出版社，2004。

53. 沈肖：《谁还在行使权力：准政府组织个案研究》，清华大学出版社，2003。

54. 何晓玲主编《社区建设：模式与个案》，中国社会出版社，2004。

55. 唐忠新：《中国城市社区建设概论》，天津人民出版社，2000。

56. 文崇一：《台湾的社区权力结构》，台北：东大图书公司，1989。

57. 王振海、王存慧：《新视角下的政治——关于社区政治发展的专题研究》，中国社会科学出版社，1995。

58. 王邦佐：《居委会与社区治理：城市社区居民委员会组织研究》，上海人民出版社，2003。

59. 王青山、刘继同：《中国社区建设模式研究》，中国社会科学出版社，2004。

60. 王敬尧：《参与式治理——中国社区建设实证研究》，中国社会科学出版社，2006。

61. 王照东：《政治文明视野中的权力问题研究》，中国社会科学出版社，2006。

62. 徐中振主编《上海社区发展研究报告（1996~2000）》，上海大学出版社，2000。

63. 徐永祥：《社区发展论》，华东理工大学出版社，2000。
64. 徐震：《社区发展在欧美》，台北："国立编译馆"，1983。
65. 徐震：《社区发展：方法与研究》，台北：中国文化大学出版部，1985。
66. 徐震：《社区与社区发展》，台北：正中书局，1998。
67. 叶南客：《都市社会的微观再造——中外城市社区比较新论》，东南大学出版社，2003。
68. 严浩主编《我国城市社区发展政策研究》，中国计划出版社，2002。
69. 尹维真：《中国城市基层管理体制创新——以武汉市江汉区社区建设实验为例》，中国社会科学出版社，2003。
70. 张小劲、景跃进：《比较政治学导论》，中国人民大学出版社，2001。
71. 张静主编《国家与社会》，浙江人民出版社，1998。
72. 翟学伟：《中国社会中的日常权威——关系与权力的历史社会学研究》，社会科学文献出版社，2004。
73. 翟学伟：《人情、面子与权力的再生产》，北京大学出版社，2004。

（二）论文类

1. 陈伟东：《政府与社区：共生互补、双赢——以武汉市江汉区社区治安体制改革为例》，《华中师范大学学报》2001年第3期。
2. 陈伟东：《论城市社区民主的制度结构》，《社会主义研究》2001年第3期。
3. 陈伟东：《城市社区建设与公民社会的发育》，《华中师范大学学报》2003年第1期。
4. 陈伟东：《城市基层管理体制变迁：单位模式转向社区治理模式》，《理论月刊》2000年第12期。
5. 陈伟东：《城市基层公共服务组织管理运行的规范化研究》，《社会主义研究》2009年第4期。
6. 陈伟东：《权力平衡模式：居委会"两难困境"的破解》，《红旗文稿》2008年第22期。

7. 陈家喜、刘军：《街道办事处：历史变迁与改革趋向》，《城市问题》2002 年第 6 期。

8. 陈捷、薛元：《从社区行政化到社区自治——社区居委会功能角色的重新定位》，《鹭江职业大学学报》2002 年第 6 期。

9. 蔡小慎、潘加军：《转型期我国城市社区治理中的分权问题探讨》，《社会主义研究》2005 年第 2 期。

10. 蔡晶晶：《城市社区建设中权力转换的价值取向和目标模式》，《中共南京市委党校南京行政学院学报》2004 年第 2 期。

11. 陈宁：《共同体的幻象——对近年来社区建设与社区研究的反思》，《长春理工大学学报》（社会科学版）2006 年第 5 期。

12. 曹广存、刘钰、曹春梅：《城市社区管理主体权力的协调》，《城市问题》2006 年第 8 期。

13. 程玉申、周敏：《国外有关城市社区的研究述评》，《社会学研究》1998 年第 4 期。

14. 邓伟志：《关于当前中国的社区发展》，《江苏社会科学》1999 年第 6 期。

15. 邓锁：《社区服务研究》，《甘肃社会科学》2000 年第 4 期。

16. 丁军：《北京市物业管理现存问题及解决途径》，《城市问题》2006 年第 1 期。

17. 杜晓燕、李景平、尚虎平：《我国城市社区管理中的权力协调问题》，《城市发展研究》2006 年 2 期。

18. 费孝通：《对上海社区建设的一点思考——在"组织与体制：上海社区发展理论研讨会"上的讲话》，《社会学研究》2002 年第 4 期。

19. 冯玲：《中国城市社区治理结构变迁的过程分析：基于资源配置视角》，《社会学》2003 年第 5 期。

20. 范慧芳：《论社区研究的三种模式》，《理论月刊》2001 年第 8 期。

21. 桂勇：《邻里政治：城市基层的权力操作策略与国家-社会的粘连模式》，《社会》2007 年第 2 期。

22. 顾骏：《"行政社区"的困境及其突破》，《北京行政学院学报》2001 年第 1 期。

23. 高鉴国：《美国社区权力结构》，《社会》2002 年第 8 期。

24. 〔美〕J. 德勒斯、〔加〕D. 柯丹：《社区实验：市民社会的前兆？》，金淑霞编译，《当代世界社会主义问题》2003 年第 4 期。

25. 姜芃：《社区在西方：历史、理论与现状》，《史学理论研究》2000 年第 1 期。

26. 刘继同：《从依附到相对自主：国家、市场与社区关系模式的战略转变》，《毛泽东邓小平理论研究》2003 年第 3 期。

27. 刘继同：《从居民委员会到社区委员会：内源性革命与民间社会的兴起》，《社会科学辑刊》2003 年第 4 期。

28. 刘继同：《国家话语与社区实践：中国城市社区建设目标解读》，《社会科学研究》2003 年第 3 期。

29. 刘继同：《中国城市社区实务模式研究》，《学术论坛》2003 年第 4 期。

30. 卢汉龙：《发展社区与发展民主：我国城市基层社会的组织重建》，《民政论坛》1999 年第 4 期。

31. 刘晔：《公共参与、社区自治与协商民主——对一个城市社区公共交往行为的分析》，《复旦学报》（社会科学版）2003 年第 5 期。

32. 罗萍、张建设：《转型社会小城镇社区权力结构变迁研究》，《武汉职工大学学报》2001 年第 2 期。

33. 刘春荣：《中国城市社区选举的想象：从功能阐释到过程分析》，《社会》2005 年第 1 期。

34. 刘华安：《治理理论与宁波社区结构重构——以权力为中心的考察》，《三江论坛》2009 年第 11 期。

35. 李洁：《"居住型"街区下的街道办事处角色重塑》，《中共天津市委党校学报》2006 年第 2 期。

36. 李泽才：《一个基层社区的隐性权力网络与社会结构》，《社会学研究》2004 年第 1 期。

37. 胡宗山：《从社区建设看城市基层社会管理体制改革的若干走向》，《社会》2001 年第 10 期。

38. 胡宗山：《从 79 项指标看居委会的变化》，《民政论坛》2001 年第 6 期。
39. 胡宗山：《定位与培育：社区自治的路径选择》，《社会主义研究》2001 年第 3 期。
40. 何亚群：《从单位体制到社区体制——建国后我国城市社会整合模式的转变》，《前沿》2005 年第 4 期。
41. 何海兵：《我国城市基层社会管理体制的变迁从单位制、街居制到社区制》，《管理世界》2003 年第 6 期。
42. 何海兵：《"国家—社会"范式框架下的中国城市研究》，《上海行政学院学报》2006 年第 4 期。
43. 何水、朱宏寨：《社会变迁中的城市居委会建设》，《中共成都市委党校学报》2002 年第 2 期。
44. 贺雪峰：《乡村治理研究的三大主题》，《社会学研究》2005 年第 1 期。
45. 华伟：《单位制向社区制的回归——中国城市基层管理体制 50 年变迁》，《战略与管理》2003 年第 1 期。
46. 林尚立：《社区党建：中国政治发展的新生长点》，《上海党史与党建》2001 年第 3 期。
47. 林尚立：《上海市居委会组织建设与社区民主发展研究报告》，《政治学研究》2001 年第 4 期。
48. 林克雷、于显洋《北京市社区建设中的制度创新》，《北京社会科学》2004 年第 3 期。
49. 林新伟、赵康：《被动城市化过程中社区精英参与社区治理及其原因分析》，《中共青岛市委党校青岛行政学院学报》2006 年第 6 期。
50. 李友梅：《基层社区组织的实际生活方式——对上海康健社区实地调查的初步认识》，《社会学研究》2002 年第 4 期。
51. 李友梅：《城市基层社会的深层权力秩序》，《江苏社会科学》2003 年第 6 期。
52. 李立刚：《社区资源的获得》，《学术探索》2001 年第 6 期。
53. 刘春荣：《国家介入与邻里社会资本的生成》，《社会学研究》2007 第 2 期。

54. 卢晖临：《社区研究：源起、问题与新生》，《开放时代》2005 年第 4 期。

55. 陆凡、武文杰：《城市社区管理模式创新的理论思考——大连市创立社会导向型"三位一体"社区管理模式的启示》，《城市发展研究》2006 年第 6 期。

56. 吕鹏：《"权力精英"五十年：缘起、争论及再出发——兼论"权力精英"的中国叙事》，《开放时代》2006 年第 3 期。

57. 闵学勤：《转型时期居委会的社区权力及声望研究》，《社会》2009 年第 6 期。

58. 闵学勤：《社区自治主体的二元区隔及其演化》，《社会学研究》2009 年第 1 期。

59. 马姝：《我国城市社区定位的理论与实践分析》，《甘肃社会科学》2005 年第 1 期。

60. 潘泽泉：《参与与赋权：基于草根行动与权力》，《理论与改革》2009 年 4 月。

61. 宋时歌：《权力转换的延迟效应——对社会主义国家向市场转变过程中的精英再生与循环的一种解释》，《社会学研究》1998 年第 3 期。

62. 孙立平：《总体性资本与转型期精英形成》，《浙江学刊》2002 年第 3 期。

63. 孙立平：《社区、社会资本与社区发育》，《学海》2001 年第 4 期。

64. 孙立平、郭予华：《软硬兼施：正式权力非正式运用的过程分析——华北镇订购粮收购的个案研究》，载《清华社会学评论》2000 年卷，鹭江出版社，2000。

65. 唐忠新：《村落社区的权力结构透析》，《天津社会科学》1995 年第 5 期。

66. 唐亚林、陈先书：《社区自治：城市社会基层民主的复归与张扬》，《学术界》2003 年第 6 期。

67. 唐娟、余品词：《社区业委会选举制度实证研究（上）》，《现代物业》2009 年第 2 期。

68. 王刚、罗峰：《社区参与：社会进步和政治发展的新驱动力和生长点——以五里桥街道为案例的研究报告》，《浙江学刊》1999 年第 2 期。
69. 魏娜：《城市社区建设与社区自治组织的发展》，《北京行政学院学报》2003 年第 1 期。
70. 吴新叶、金家厚：《社区公共权力：理论框架、现实问题及其对策》，《河北学刊》2003 年第 5 期。
71. 吴海燕：《社会转型与城市社区多中心治理初探》，《湖州职业技术学院学报》2006 年第 1 期。
72. 吴新叶：《城市社区管理中的政府失灵》，《城市发展研究》1999 年第 6 期。
73. 王雪梅：《社区公共物品与社区治理——论城市社区"四轮驱动、一辕协调"的治理结构》，《北京行政学院学报》2005 年第 4 期。
74. 王飔：《治理理论下社会组织对于政府权力的制约》，《内蒙古工业大学学报》（社会科学版）2008 年第 1 期。
75. 王钰：《论社区公共权力的优化配置》，《广东青年干部学院学报》2004 年第 9 期。
76. 王铭铭：《小地方与大社会——中国社会的社区观察》，《社会学研究》1997 年第 1 期。
77. 夏建中：《中国公民社会的先声——以业主委员会为例》，《文史哲》2003 年第 3 期。
78. 夏建中：《城市社区基层社会管理组织的变革及其主要原因——建造新的城市社会管理和控制的模式》，《江苏社会科学》2002 年第 1 期。
79. 夏建中：《北京城市新型社区自治组织研究——简析北京 CY 园业主委员会》，《北京社会科学》2003 年第 2 期。
80. 夏建中：《"社区"概念与我国的城市社区建设》，《现代领导》2001 年增刊。
81. 夏建中：《现代西方城市社区研究的主要理论与方法》，《燕山大学学报》2000 年第 2 期。
82. 熊易寒：《社区选举：在政治冷漠与高投票率之间》，《社会》2008 年第

3 期。

83. 项辉、周俊麟：《乡村精英格局的历史演变及现状土地制度——国家控制力因素之分析》，《中共浙江省委党校学报》2001 年第 5 期。

84. 徐晓军：《城市社区自治：权力矛盾及其协调》，《广东社会科学》2005 年第 1 期。

85. 徐勇：《论城市社区建设中的社区居民自治》，《华中师范大学学报》（人文社会科学版）2001 年第 3 期。

86. 徐永祥：《政社分工与合作：社区建设体制改革与创新研究》，《东南学术》2006 年第 6 期。

87. 杨华：《试论城市新建商品房社区中的权力结构——以北京市郊某商品房社区 M 花园为个案的研究》，载张曙光、邓正来主编《中国社会科学评论》（第 3 卷），法律出版社，2005。

88. 杨敏：《公民参与群众参与与社区参与》，《社会》2005 年第 5 期。

89. 杨贵华：《重塑社区文化，提升社区共同体的文化维系力——城市社区自组织能力建设路径研究》，《上海大学学报》（社会科学版）2008 年第 3 期。

90. 尹志刚：《从中国大城市基层政府管理体制改革看城市管理及社会治理》，《北京行政学院学报》2006 年第 5 期。

91. 俞楠、张辉：《自治与共治："合作主义"视角下的社区治理模式》，《理论与改革》2006 年第 6 期。

92. 王思斌：《体制改革中的城市社区建设的理论分析》，《北京大学学报》2000 年第 5 期。

93. 王婷：《社区整合中的精英治理——中国化社会资本视角下的范式选择》，《学术界》2009 年第 5 期。

94. 赵孟营、王思斌：《走向善治与重建社会资本——中国城市社区建设目标模式的理论分析》，《江苏社会科学》2001 年第 4 期。

95. 朱健刚：《城市街区的权力变迁：强国家与强社会模式——对一个街区权力结构的分析》，《战略与管理》1997 年第 4 期。

96. 朱燕、朱光喜：《城市住宅小区业主维权的现状、困境与对策》，《城市》2008 年第 9 期。

97. 张鸿雁、殷京生：《当代中国城市社区社会结构变迁论》，《东南大学学报》（哲学社会科学版）2000 年第 4 期。

98. 张立荣、李莉：《当代中国城市社区组织管理体制：模式分析与改革探索》，《华中师范大学学报》（人文社会科学版）2001 年第 5 期。

99. 张洪武：《论社区治理中的多元权力互动》，《广东行政学院学报》2005 年第 2 期。

100. 周敏：《国外有关城市社区的研究述评》，《社会学研究》1998 年第 4 期。

101. 周业勤：《场域论视角下的城市社区建设》，《上海大学学报》（社会科学版）2006 年第 7 期。

102. 周怡：《寻求整合的分化：权力关系的独特作用》，《社会学研究》2006 年第 5 期。

103. 方盛举：《论城市社区建设中居委会的改革》，《学术探索》2003 年第 6 期。

104. 张民巍：《社区制度的培育与规则的形成——从几个案例考察城市社区权力的形成方式》，《北京联合大学学报》（人文社会科学版）2004 年第 6 期。

105. 朱琦：《社区结构与权力分布》，《社会》2002 年第 7 期。

106. 朱健刚：《城市街区的权力变迁：强国家和强社会模式》，《战略与管理》1997 年第 4 期。

107. 章友德：《从行政性依赖到双向互动——政府与社区关系初探》，《华东理工大学学报》（社科版）2001 年第 2 期。

108. 曾锡环：《城市社区管理模式的改革与创新——深圳市福田区试行"居委会"改"社区管理委员会"实践的理论思考》，《广东社会科学》2000 年第 5 期。

109. 张磊、刘丽敏：《物业运作：从国家中分离出来的新公共空间》，《社会》2005 年第 1 期。

二 外文文献

1. Mosca, G., *The Ruling Class*, New York: McGraw Hill, 1939.
2. Robert Dahl, *Who Governs? Democracy and Power in an American City*, New Haven and London: Yale University Press, 1961.
3. Paul Schumaker, *Critical Pluralism, Democratic Performance, and Community Power*, University Press of Kansas.
4. Robert Presthus, *Man at the Top: A Study in Community Power*, New York, Oxford University Press, 1964.
5. Robert. J. Waste, *Community Power: Directions for Future Research*, SAGE Publications, 1986.
6. Yasumasa Kuroda, Reed Town, Japan, *A Study in Community Power Structure and Political Change*, The University Press of Hawaii, Honolulu, 1974.
7. Community Power and Grassroots Democracy, *The Transformation of Social Life*, Edited by Michael Kaufman and Haroldo Dilla Alfonse, Zed Books, 1997.
8. Rothman, J. &Tropman, J. E., Models of Community OrganiZtion and Macro Practice Perspectives, Their Mixing and Phasing, Rothman, J., Eriick, J. L. & Tropman, J. E. (eds.), *Strategies Community Intervention.*, New York: Peacock.
9. Timoth A. Gibson, "NIMBY and the civic good," *City and Community*, Volume 4, December, 2005.
10. Andrew S. McFarland, Comment, "Power-Over, To, and With," *City and Community*, Volume 5, Number 1, March, 2006.
11. Colin C. williams, "Cultivating community Selp-Help in Deprived Urban Neighborhoods," *City and Community*, Volume 4, Number 2, June, 2005.
12. Charles Kadusin, Matthew Lindholm, Dan Ryan, Archie Brodsky, Leonard Saxe, "Why it is so difficult to form effective community coalitions," *City and Community*, Volume, 4, Number 3, September, 2005.

后 记

我的博士研究方向是"城市社会学与社区研究",自此与城市社区结下不解之缘。北京类型多样的社区为我的学术研究提供了营养丰富的土壤。无论是参加社区老饭桌的启动仪式,还是旁听业主委员会议上的关于停车位的激烈争吵,又或是和社区志愿者一起设计服务项目,都让我感到社区研究是如此的真实、生动。社区不再是歧义颇多的概念,而是夜幕降临时的万家灯火,居民不再是统计表里的数字,而是喜怒哀乐活泛的生命。

我要感谢调研过程中遇到的很多普通社区工作者和居民,社区邢主任、陈书记、有社工专业背景的街道干部小刘、合唱队里的王大爷、志愿者李老师、业委会的小赵、物业公司张经理……他们热情、坦率地回答我每一个问题,分享他们对于社区的所思所想。我在持续观察、倾听和记录的同时,脑海中有关社区权力的结构和基层社区治理的脉络逐渐清晰。

我要感谢我的导师夏建中教授,他严谨的治学态度,精湛的学术造诣是我学习的榜样。感谢北京工业大学的唐军教授、胡建国教授,他们在教学和科研方面给我很多的建议和支持。感谢社会科学文献出版社的编辑陈颖和杨鑫磊,他们专业和细致的工作使本书更加流畅。

最后,我要感谢父母一直陪伴在身边,无论我多晚回家,都有热饭热汤和无微不至的关爱。还有我的爱人和女儿,他们是我快乐和前行的力量源泉。

杨 荣
2019 年 2 月